fv *Fehnland-Verlag*

Kralik von Meyrswalden, Rochus: Ein Kuss von Franz Liszt. Mathilde Kralik von Meyrswalden. Hamburg, Fehnland Verlag 2022

1. überarbeitete Neuauflage
ISBN: 978-3-96971-181-1

Dieses Buch ist auch als eBook erhältlich und kann über den Handel oder den Verlag bezogen werden.
ePub-eBook: ISBN 978-3-941404-03-8

Lektorat: Miriam Olvermann, acabus Verlag
Umschlaggestaltung: Sandramarie Schweda

Bibliografische Information der Deutschen Nationalbibliothek: Die Deutsche Nationalbibliothek verzeichnet diese Publikation in der Deutschen Nationalbibliografie; detaillierte bibliografische Daten sind im Internet über https://dnb.d-nb.de abrufbar.

Der Fehnland Verlag ist ein Imprint der Bedey & Thoms Media GmbH, Hermannstal 119k, 22119 Hamburg.

Rochus Kralik von Meyrswalden

Ein Kuss von Franz Liszt
Mathilde Kralik von Meyrswalden

 Fehnland-Verlag

Inhaltsverzeichnis

Vorwort

Es sind oftmals Zufälle in unserem Leben, die plötzlich Bedeutung erlangen. So war es auch im September des Jahres 2002, als ich im Internet auf den Namen Mathilde Kralik von Meyrswalden stieß. Weitere Recherchen ergaben, dass Mathildes Vater und mein Ururgroßvater Wilhelm Kralik von Meyrswalden identisch waren. Nie hatte ich ihren Namen vorher gehört, mein Vater hatte ihn nie erwähnt, wie sollte er auch, denn Mathilde hatte noch 4 Geschwister und 13 Halbgeschwister, wer sollte da schon den Überblick über Kinder und Kindeskinder behalten? Da saß ich nun als ihr Urgroßneffe am PC-Bildschirm und betrachtete via Internet erstmals ihr Foto.

Wer sich jemals mit Familienforschung beschäftigt hat, erkennt bald die opiate Wirkung seines Tuns; man kann nicht aufhören noch mehr zu erfahren. Jede neu gewonnene Information ist immer nur der Anfang eines Zipfels an dem man zieht, in der Erkenntnis, dass man nie das gesamte Tuch zu Gesicht bekommen wird. Neugier ist die Triebfeder für Recherchen, Neugier lässt uns die Zeit am Computer vergessen, wenn wir im Internet, unserer „Dampfmaschine der Neuzeit", sitzen und surfen. Die Neugier steigerte sich mit jedem neuen Dokument, mein Erstaunen wuchs mit jeder weiteren Person, mit der Mathilde persönlichen Kontakt hatte. Das waren unter anderen Anton Bruckner, Gustav Mahler, Johannes Brahms, Karl Goldmark, Caroline von Gomperz-Bettelheim, Arnold Josef Rosé und seine Tochter Alma Rosé, Julius Epstein, Franz Krenn, Vilma von Webenau, Alban Berg, Alma Mahler-Werfel und die sicherlich wichtigste Begegnung für sie, Franz Liszt.

Es war der 8. September 1877, als Mathilde bei einer Konzertveranstaltung im Wiener Konservatorium einen Kuss von Franz Liszt bekam, für sie damals ein besonderer Tag, an den sie sich bis ins hohe Alter erinnerte. Welche junge Musikerin wäre nicht auch heute stolz darauf, von Franz Liszt geküsst worden zu sein. Wie es zu diesem Kuss kam … einfach weiter lesen. Der geneigte Leser hat damit auch schon erkannt, dass jedes Buch einen Titel braucht, ich habe mich deshalb für den Lisztschen Kuss entschieden.

Schaut man heute in die Programmhefte großer Konzerthäuser, könnte man fast glauben, es habe damals keine komponierenden Frauen gegeben, denn gespielt wird nur Musik von Männern! Ist denn die Musik von Frauen schlechter? Diese Frage sollte sich jeder Leser selbst stellen. Vielleicht liegt es an uns Konzertbesuchern, die wir dazu neigen, Konzerte mit Musik bekannter Komponisten zu besuchen, selbst wenn wir Beethovens Pathétique schon 20 Mal gehört haben. Unter welchem Zwang aber steht erst ein Intendant, der seine Konzerthalle füllen muss. Mozart wird für alle Ewigkeit ein „Renner" bleiben, also setzt er auf bekannte Komponisten, um kein wirtschaftliches Risiko einzugehen.

Dieses Buch ist eine Annäherung an die Biografie von Mathilde Kralik. So halte ich es denn mit Lessing, dass das Streben nach Wahrheit kostbarer ist als ihr voller Besitz. Vielleicht gibt es später Musikwissenschaftler, die sich intensiver mit den Musikdokumenten dieser „vergessenen" Komponistin beschäftigen. Der Leser erfährt in diesem Buch nicht ausschließlich Biografisches von Mathilde Kralik, sondern auch biographische Informationen zu Personen, mit denen sie Kontakt hatte, oder zu Zeitgenossen Mathildes, die meiner Meinung nach erwähnenswert sind.

Dankbar bin ich für die vielen helfenden Hinweise von Personen, die ich ange-sprochen habe und die bereitwillig Informationen zu diesem Buch beigesteuert haben. Mein besonderer Dank gilt Karl Liko, Generalleutnant des Österreichischen Heeres im Ruhestand, meinem Verwandten aus Wien. Karl ist mit Elfriede, geb. Kralik von Meyrswalden verheiratet, die wiederum eine Großnichte Mathildes ist. Karl hatte eifrig Familienforschung betrieben, die bisher nie veröffentlichten Bilder von Mathilde und deren Eltern beigesteuert, sowie wertvolle Hinweise gegeben. Das älteste Foto stammt aus dem Jahr 1860! Ich danke ebenfalls Herrn Dr. Thomas Leibnitz, Leiter der Musikabteilung an der Österreichischen Nationalbibliothek Wien, Herrn Dr. Jürgen May vom Richard Strauss Institut in Garmisch Partenkirchen, Herrn Dr. Johannes Volker Schmidt und Herrn Dr. Uwe Harten von der Hans-Rott-Gesellschaft Wien, sowie dem Schönberg Center Wien, Frau Dr. Heidi Brunnbauer und Herrn Harald Rath, Chef der Fa. Lobmeyr, Wien. Weiterhin bedanke ich mich bei Frau Maria Laglstorfer, Musiklehrerin in Steyr/ Österreich. Sie schrieb im Jahr 2004 ihre Diplomarbeit mit dem Thema: *„Mathilde Kralik von Meyrswalden im Spiegel der Zeit"*. Frau Laglstorfer studierte an der Wiener Universität für Musik und darstellende Kunst, Institut für Analyse, Theorie und Geschichte der Musik. Auszüge aus ihrer Diplomarbeit werden im Buch eingebunden und besonders gekennzeichnet.

Von Johann Sebastian Bach wissen wir, dass seine Werke erst 100 Jahre nach seinem Tod gebührend gewürdigt wurden. Es war das Verdienst von Felix Mendelssohn Bartholdy (1809 – 1847), der die Werke von Johann Sebastian Bach aus der Versenkung hob und sie einem breiten Publikum bekannt machte. Heute sind Bachs Kompositionen weltweit eine feste Größe in den Konzerthäusern. Mathilde Kralik, die J. S. Bach als ihren Lehrmeister beschrieb, wäre dieses Jahr 152 Jahre alt geworden. Sie ist eine „vergessene" Komponistin, wer aber kann schon sagen, ob das für immer so bleibt?

Rochus Kralik von Meyrswalden
Krefeld im Mai 2009

Leben in der Donaumonarchie

Kaiser Franz Joseph I. 1885   *Kaiserin Elisabeth (Sisi) 1890*

N ach der Niederschlagung der Märzrevolution von 1848 waren große politische Veränderungen erforderlich. Die Monarchie sollte ein neues Gesicht erhalten. Daher entsagte der Onkel von Franz Joseph I., Ferdinand I., der aus Krankheitsgründen die Regierung einer Staatskonferenz überlassen hatte, am 2. Dezember 1848 dem Thron. Erzherzog Franz Karl, Franz Josephs Vater, verzichtete auf die Thronfolge wie im Familienrat vereinbart.

Franz Joseph I. wurde daher bereits mit 18 Jahren neuer Kaiser von Österreich. Von Anfang an sah er seine Hauptaufgabe darin, eine weitere Revolution zu verhindern, und stützte sich dabei hauptsächlich auf das Militär (Armee, Kriegsmarine) und die römisch-katholische Kirche. Kaum eine Darstellung zeigt ihn anders als in der Uniform des obersten Kriegsherrn. Der erzkonservative „rothosige Leutnant", wie er von Kritikern bezeichnet wurde, war in seinen ersten Regierungsjahren keineswegs beliebt und entging 1853 nur knapp einem Attentat. Im gleichen Jahr lernte er in seiner Sommerresidenz in Bad Ischl seine erst 16jährige Cousine Elisabeth kennen. Elisabeth war die zweite Tochter von Herzog Max Joseph in Bayern und Ludovika Wilhelmine, Tochter des bayerischen Königs Maximilian I. und Schwester von Franz Josephs Mutter Sophie. Eigentlich war zwischen den Müttern vereinbart, dass Elisabeths ältere Schwester Helene die Braut des 23-jährigen Franz Joseph I. werden sollte. Stattdessen verliebte sich Franz Joseph in Elisabeth, die er am 24. April 1854 in Wien heiratete. In dieser Zeit also, Franz Joseph war bereits 9 Jahre auf dem Thron, wurde Mathilde Kralik (Taufname Aloisia) am 3. Dezember 1857 geboren.

Das Geburtsjahr von Mathilde Kralik fällt zeitgleich mit den Geburten der Kinder des Kaiserpaars zusammen: Sophie (*1855, †1857), Gisela (*1856, †1932) und Kronprinz Rudolf (*1858, †1889 Suizid). Als Nesthäkchen folgt später Marie-Valerie (*1868, †1924).

Kaiser Franz Joseph I. war es auch, der genau 20 Jahre später Mathildes Vater Wilhelm in den Adelsstand hob. Ab diesem Zeitpunkt durfte Mathilde dann den Familiennamen „Kralik von Meyrswalden" tragen. Auf ihren Vater Wilhelm Kralik soll näher eingegangen werden, denn durch sein erarbeitetes Vermögen wird sie es später leicht haben, ihre künstlerischen Ambitionen frei von Geldsorgen vertiefen zu können um sich vollkommen der Musik zu widmen.

Mathildes Vater Wilhelm Kralik

Wilhelm Kralik wurde am 17. Dezember 1807 in Kaltenbach/ Böhmen geboren, er wuchs in bescheidenen Verhältnissen auf. Bei seiner Taufe stand der Glasmachermeister und spätere Glashüttenbesitzer Johann Meyr (1775-1841) Pate. Auch die Lebensdaten seiner Eltern, sowie seines Großvaters sind bekannt. Sein Vater war Wenzel Kralik (* 1769 in Mehlhüttl/ Böhmen, † 24. Mai 1835 in Neugebäu/ Böhmen), , Gastwirt, Büchsenmacher und Tischler wie sein Großvater Georg Kralik (* 1738 Planie, Böhmen, † 24. März 1813 in Klein-Zdikau). Wilhelms Mutter hieß Theresia geb. Hopfner (* 3.4.1779 in Gutwasser/ Böhmen, † 1848 in Obermoldau/ Böhmen). Das heute im Familienbesitz befindliche Ölbild von Theresia Kralik zeigt eine etwas ernst dreinschauende Frau mit großen blauen Augen. Gemalt wurde das Bild um 1840 von Charles Louis Philippot (1801-1859) dem Hofmaler des Fürsten Adolf von Schwarzenberg.

Johann Meyr war nicht nur Pate, sondern im verwandtschaftlichen Verhältnis auch der Onkel von Wilhelm Kralik. Unweit von Kaltenbach baute Johann Meyr im Jahr 1834 an der Warmen Moldau 765 m über NN hoch im Böhmerwald eine neue Glashütte. Der Standort war gut gewählt, denn Holzreichtum garantierte genügend Brennmaterial zur Befeuerung der Glasöfen, gleichzeitig konnte auf der Warmen Moldau das Holz bequem angeflößt werden. Um die Glashütte bildete sich mit den Arbeitern und deren Familien eine neue Siedlung. Die Gegend um die Ortschaft Eleonorenhain war armselig, das tägliche Brot schwer zu verdienen. Und doch schien es hier eine Wiege zu geben, die berühmte Menschen hervorbrachte, z.B. den späteren Schriftsteller, Maler und Pädagogen Adalbert Stifter (*23. Oktober 1805 in Oberplan /Horní Planá, †28. Januar 1868 in Linz). Er wurde ein bedeutender Schriftsteller des Biedermeier.

Adalbert Stifter und Wilhelm Kralik waren fast gleichaltrig. Sie begegneten sich nicht nur in ihrer Heimat Böhmen, sondern siedelten beide später mit ihren Familien nach Linz um. Adalbert Stifter wird als unmäßiger Esser und Trinker geschildert, der pro Jahr 600 Liter Wein und Bier verbrauchte. Diese Maßlosigkeit blieb nicht ohne Folgen. Stifters Gesundheitszustand verschlechterte sich rasch. Mehrmals begab er sich zu Kuraufenthalten für ein „Nervenleiden"; die Arbeit an seinem historischen Roman „Witiko" verzögerte sich. Durch die Intervention eines Gönners wurde er mit dem Titel eines Hofrates pensioniert. Von den zunehmenden Beschwerden einer Leberzirrhose geplagt, öffnete sich Stifter am 26. Januar 1868 auf dem Krankenbett mit einem Rasiermesser die Halsschlagader und starb zwei Tage darauf. Auf dem St.-Barbara-Friedhof der Stadt Linz fand Adalbert Stifter seine letzte Ruhestätte. Fürst Johann Adolf von Schwarzenberg (1799-1888) dem das Waldgebiet um die neu errichtete Glashütte gehörte, gab der Ansiedlung zu Ehren seiner Gattin Eleonore (1812–1873) den Namen „Eleonorenhain".

Fürst Adolf von Schwarzenberg   *Fürstin Eleonore von Schwarzenberg*

Die geplante und auf der „Grünen Wiese" gebaute Glashütte sollte bald zum größten Glasmacherstandort ganz Böhmens aufsteigen. Auch die von Eleonorenhain etwa 10 km entfernte Kunstglashütte „Adolf" bei Winterberg, die im Besitz von Wilhelm Kralik war, wurde zu Ehren des Fürsten nach ihm benannt.

Es war nach der Geburt von Wilhelm Kralik vorauszusehen, dass Johann Meyr, der zeitlebens kinderlos blieb, seine ganze Aufmerksamkeit auf die Entwicklung seines Neffen und Patenkindes richten würde. Meyr finanzierte seinem Zögling später den Besuch des Polytechnikums in Wien und weihte den herangewachsenen Wilhelm in alle Geheimnisse der Glasmacherkunst ein. Der Begriff „Geheimnisse" kann wörtlich genommen werden.

Die Erfahrungen und das gesammelte Wissen der Glasmacher, wurden in den Familien möglichst geheim gehalten. Wie kompliziert manche Glasherstellungsprozeduren sein können, soll am Beispiel der Farberzielung des berühmten Goldrubinglases veranschaulicht werden.

Die Entdeckung des Goldrubinglases wird Johann Kunckel (1631 – 1703) zugeschrieben. Für diese Entdeckung schenkte ihm der Kurfürst Friedrich Wilhelm I. die Pfaueninsel, den Sandwerder und das Dorf Cladow bei Potsdam. Die Rotfärbung des Glases ist zwar schon seit ca. 1200 vor Christus bekannt, allerdings nicht mit Gold, sondern als Kupferrubin. In der Handwerkskunst finden wir nur zwei Berufe, die Gold veredeln können, den Goldschmied und den Glasschmelzer.

Nicht die Beimengung des Goldes oder des Goldchlorids zur Schmelze, wofür nur geringe Mengen notwendig sind, ist das Geheimnis, sondern die gezielte Glaszusammensetzung, die Herstellung der Fritte (lösliche Glasurbestandteile) und die weitere Verarbeitung des geschmolzenen Glases. Gold ist im Glas in Form einzelner Atome vollständig gelöst. Erst bei einem richtigen Wiedererwärmen des Glases beginnen sich die Goldatome zu winzigen Teilchen, den Kolloiden, zusammenzuballen und plötzlich verfärbt sich das vorher farblose Glas zum prächtigen Rubinrot. Wenn aber der Anlaufprozess gestört ist, entsteht eine schmutzigbraune Farbe, das so genannte „lebrige" Goldrubin. Den besonderen Wert des Goldrubinglases erkennt man daran, dass sie kunstvoll eingeblasen und mit Rippen und Noppen verziert wurden, um die Optik der Farbe zu erhöhen.

In den Hütten von Wilhelm Kralik wurde Dukatengold der Schmelze beigefügt. Um diese Farbe auch kostengünstiger zu erzielen, wurde nach Alternativen gesucht, um mit anderen Zutaten für die Glasschmelze gleiche Ergebnisse zu erzielen. Auf der Welzschen Glasfabrik hatte man ein Patent entwickelt, nachdem man Rubinglas mit Selenmetall geschmolzen hatte. Die Anregung dafür bekam Alois Welz von einem Chemiker namens Otto Matzialek im Jahre 1890. Nach vielen Experimenten war es gelungen, eine besonders schöne rosa Farbe zu entwickeln.

Alois Welz ließ sich am 5.10.1892 die Färbung von Kaliglas mit Selenmetall in Wien patentieren. Doch bald darauf ließ sich ein gewisser Dr. Spitzer, Inhaber einer chemischen Fabrik in Wien, die Färbung mit allen Seleniten und Seleniden patentieren. Dieses Patent erwarben dann gemeinschaftlich die Glasfabrik Welz in Klostergrab und die „kaiserlich-königliche privilegierte Glasfabrik *Wilhelm Kralik Sohn*" in Eleonorenhain.

Inhaber der Glasfabrik *Wilhelm Kralik Sohn* war nach dem Tod von Mathildes Vater ihr Halbbruder, Heinrich Ritter Kralik von Meyrswalden (mein Urgroßvater). Die beiden Fabriken teilten sich nun mit dem Lizenzverkauf dieser neuen Glasfärbung, die „Lachsrosa" oder „Cremrose" genannt wurde, alle Einnahmen und Ausgaben.

Das Prinzip der Wissensübermittlung von einer Generation zur nächsten innerhalb der Glasmacherfamilien funktionierte, solange die Glasfabrik bestand. Damals war es üblich, dass der Vater die minderjährigen Söhne mit in die Fabrik nahm und ihnen so das Wissen beim Arbeitsprozess vermittelte.

Ein Foto aus dem Jahr 1890 aus der Glashütte Eleonorenhain zeigt Kinder bei der Arbeit.

Wenn die Söhne jahrelang von ihren Vätern in der Fabrik das Schmelzen, Blasen, Schleifen und Bemalen lernten, konnten diese später darauf hoffen, vom Fabrikanten fest eingestellt zu werden. Der Fabrikant erhoffte sich seinerseits, dass der Sohn vom Vater in die Geheimnisse der Glasmacherkunst eingeweiht worden war und so nach dem Ausscheiden des Vaters die Produktqualität erhalten bliebe. So hatten alle etwas davon, Arbeit und Brot waren für die Familien gesichert und der Vater konnte sich zur Ruhe setzen. Besser gesagt musste sich der Vater bald zur Ruhe setzen, denn die Lebenserwartung eines Glasmachers war damals nicht hoch. Viele Glasmacher litten an Lungentuberkulose. Besonders gefährdet waren Pocher und Glasschleifer, die im Glasstaub arbeiteten.

Eleonorenhain (Lenora)

V ier Jahre vor der Gründung Eleonorenhains, verliebte sich der inzwischen 23-jährige Wilhelm Kralik in seine 7 Jahre jüngere Cousine Anna Maria Pinhak (* 24. Februar 1814 in Sofienwald, Böhmen, † 19. November 1850 in Eleonorenhain), meine Ururgroßmutter.

Anna Maria und Wilhelm Kralik standen beide im gleichen verwandtschaftlichen Verhältnis zu Johann Meyr, er war ihr gemeinsamer Onkel. Vieles deutet darauf hin, dass es eine Glasmacher-Heiratspolitik gab, denn auch der Vater von Anna Maria, Ferdinand Pinhak, hatte mit Glas zu tun, er war Pächter der ungarischen Glashütte Innocenzthal und Ehemann von Anna, der Lieblingsschwester Johann Meyrs. Auch Johann Meyrs Ehefrau Katarina, geb. Abel, entstammte einer alten böhmischen Glasmacherfamilie. So war es nicht verwunderlich, dass auch der Neffe Wilhelm Kralik diese Tradition fortsetzte. Die Beziehung zu Anna Maria war allerdings etwas heikel, denn sie war erst 16 Jahre als er sie schwängerte; dazu aber später mehr.

Die Vorbereitungen für den Bau einer neuen Glashütte waren im Jahr 1834 endlich abgeschlossen. Schaut man auf die Zeittafel, welche Persönlichkeiten in dieser Gründungszeit um 1834 von Bedeutung waren, dann sind mit Bezug auf Musik, Literatur und Politik die folgenden zu nennen: Ludwig van Beethoven starb vor 7 Jahren in Wien. Johann Wolfgang von Goethe starb vor 2 Jahren in Weimar. Der spätere Kaiser Franz Joseph I. war erst 4 Jahre alt und seine zukünftige Frau Sisi noch nicht geboren. Joseph Karl von Habsburg-Lothringen (* 1768; † 1835) war Herrscher der habsburgischen Erblande und als Franz II. von 1792 bis 1806 der letzte Kaiser des Heiligen Römischen Reiches.

Er begründete 1804 das erbliche Kaisertum Österreich und machte sich damit als Franz I. (1804 bis 1835) zum ersten Kaiser von Österreich. Nach Franz I. regierte Ferdinand I. Karl Leopold Joseph Franz Marcellin, genannt *Ferdinand der Gütige*, (*1793; † 1875) war Kaiser von Österreich von 1835 bis 1848 und als Ferdinand V. seit 1830 auch König von Ungarn. Er stammte aus dem Hause Habsburg-Lothringen.

In dieser Zeit also krempelte Johann Meyr die Ärmel hoch, nahm sich zwei seiner Neffen an die Seite, Wilhelm Kralik und Josef Taschek, und begann in der neuen Glashütte Eleonorenhain mit der Produktion. An diesem Standort würde 160 Jahre lang Glas produziert werden. Das Unternehmen wuchs, denn die Nachfrage nach Glas war groß. Der Firmenchef Johann Meyr steuerte mit seinen beiden Neffen die Geschicke der neuen Glashütte in Eleonorenhain und der Glashütte Adolf in Winterberg ganze 7 Jahre lang. Im Jahr 1841 starb Johann Meyr und in seinem Testament verfügte er, dass seine beiden Neffen Wilhelm Kralik und Josef Taschek die Glashütten erben sollten. Das Gemälde von Johann Meyr stammt vermutlich aus dem Jahr 1830.

Wilhelm war zu diesem Zeitpunkt 34 und Josef 27 Jahre alt, heute würde man die beiden als Jungunternehmer bezeichnen. Nun sollte sich zeigen, ob sie auch ohne den Onkel die geerbten Fabriken auf der Erfolgsspur halten konnten. Die gute Ausbildung am Polytechnikum und der jahrelange Lernprozess in der Kunst Glas herzustellen, zahlten sich jetzt aus. Wie später aus dem Glaskatalog zu entnehmen ist, erbten sie die Glasfabriken Adolf, Eleonorenhain, Franzensthal, Kaltenbach, Idathal, Louisenhütte und Ernstbrunn.

Zu Ehren ihres verstorbenen Onkels gaben sie dem Unternehmen einen neuen Firmennamen: „Meyr's Neffen". Es wurde viel experimentiert, neue Verfahren wurden entwickelt und die Qualität der Gläser stetig verbessert. Der gute Ruf der Glasprodukte aus „Meyr's Neffen" drang über die Ländergrenzen hinweg. Später wurden diese Gläser sogar auf der Weltausstellung präsentiert und erzielten erste Preise.

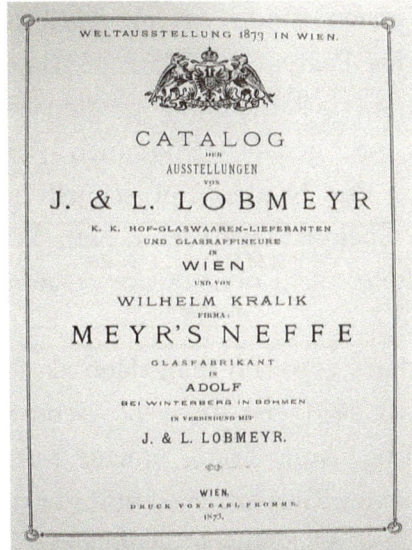
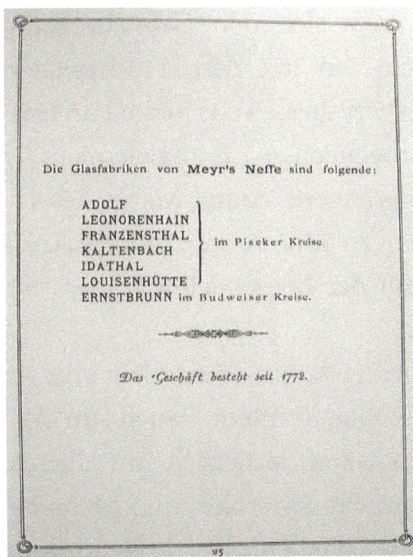

Gemeinsamer Katalog zur Weltausstellung Lobmeyr & Kralik Wien 1873

Wilhelm Kraliks Aktivitäten erstreckten sich allerdings nicht nur auf die Glasfabrikation, sondern auch auf das Zeugen von Kindern. Seine Frau Anna Maria brachte 13 Kinder von ihm zur Welt:

1.	Ferdinande Johanna	04.04.1831 – 16.04.1888
2.	Hanns	17.08.1832 – 24.01.1905
3.	Wilhelm	10.01 .1834 – 22.03.1877
4.	Josef	16.08. 1835 – 02.08.1837
5.	Karl	14.04. 1837 – 22.11.1898
6.	Adolf	04.06. 1839 – 04.05. 1840
7.	Heinrich	21.04. 1840 – 11.02.1911 (mein Urgroßvater)
8.	Richard	03.04. 1842 – 10.01.1845
9.	Anna	06 02 1844 – 28.01.1892
10.	Rudolf	31.03. 1845 – 31.03.1845
11.	Marie Therese	29.07. 1846 – 30.09. 1846
12.	Hugo	03.08. 1849 – 05.10.1883
13.	Edmund	13.11. 1850 – 14.11.1850

Schaut man sich den Geburtstermin des ersten Kindes an (4. April 1831) und vergleicht ihn mit dem Hochzeitstermin des Paares (21. März 1831), ist davon auszugehen, dass es das junge Pärchen in der streng katholisch geprägten Gegend mit der vorehelichen Enthaltsamkeit nicht so genau genommen hatte. Die hochschwangere Anna Maria 14 Tage vor der Niederkunft schnell noch zum Traualtar zu führen, gibt jedoch Anlass zur Spekulation. Warum hatte Wilhelm so lange mit der Eheschließung gewartet, wollte er nicht oder durfte er sie nicht eher heiraten?

Ein Grund könnte das Alter von Anna Maria gewesen sein, denn sie feierte mit schon wohlgeformtem Bauch am 24. Februar 1831 erst ihren 17. Geburtstag. Die Familien waren sicherlich in heller Aufregung. Anna Maria brachte jedenfalls als *verheiratete* Frau vor Gott und Menschen ihr erstes Kind zur Welt und nur das zählte, da konnten die Leute nun hinter ihrem Rücken schwätzen wie sie wollten.

Nur noch 10 Jahre und sie sollte die geachtete Frau eines Fabrikbesitzers sein, der die ganze Gegend in Arbeit hält. Sie selbst würde mit einem Heer von Angestellten einen großen Haushalt führen und Anweisungen geben. Ob es aber ihr Herzenswunsch war, für den Rest ihres kurzen Lebens ständig schwanger zu sein, sei dahingestellt. Wie viel körperliche Schmerzen musste sie aushalten, um 13 Kinder zur Welt zu bringen, wie viel seelischen Schmerz ertragen, wenn sie 6 ihrer geborenen Kinder, die nicht älter als 2 Jahre alt wurden, wieder zu Grabe trug.

Dieses Schicksal konnte nicht ohne Folgen bleiben. Am 13. November 1850 brachte sie ihr letztes Kind zur Welt, schon einen Tag später starb der kleine Edmund. Anna Maria lag geschwächt von diesen Strapazen im Wochenbett, aus dem sie nicht mehr aufstand. Das Wochenbett wurde ihr zum Totenbett. Am 19. November 1850, genau 6 Tage nach der Entbindung, starb Anna Maria.

Es ist nicht überliefert, ob das damals noch weit verbreitete „Kindbettfieber" die Todesursache war, der zeitliche Zusammenhang zwischen Entbindung und Tod der Mutter könnte allerdings darauf hinweisen. Meine Ururgroßmutter Anna Maria

Kralik war 19 Jahre mit Wilhelm Kralik verheiratet, sie wurde nur 36 Jahre alt. Sie trug noch keinen Adelstitel, da ihr Mann erst 27 Jahre später nobilitiert wurde.

Da es in Eleonorenhain keinen Friedhof gab, wurde ihr Leichnam im Nachbarort Obermoldau (Horní Vltavice) an der Friedhofskapelle bestattet. Auf einer Gedenktafel sind ihre Lebensdaten noch heute zu lesen.

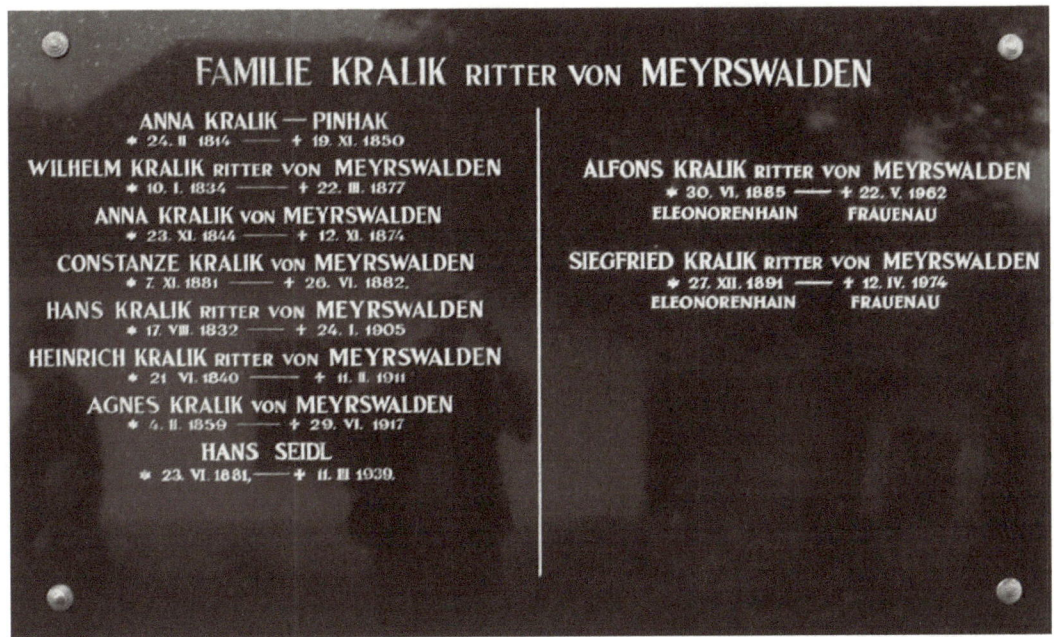

FAMILIE KRALIK RITTER VON MEYRSWALDEN

ANNA KRALIK — PINHAK
* 24. II. 1814 ——— † 19. XI. 1850
WILHELM KRALIK RITTER VON MEYRSWALDEN
* 10. I. 1834 ——— † 22. III. 1877
ANNA KRALIK VON MEYRSWALDEN
* 23. XI. 1844 ——— † 12. XI. 1874
CONSTANZE KRALIK VON MEYRSWALDEN
* 7. XI. 1881 ——— † 26. VI. 1882.
HANS KRALIK RITTER VON MEYRSWALDEN
* 17. VIII. 1832 ——— † 24. I. 1905
HEINRICH KRALIK RITTER VON MEYRSWALDEN
* 21. VI. 1840 ——— † 11. II. 1911
AGNES KRALIK VON MEYRSWALDEN
* 4. II. 1859 ——— † 29. VI. 1917
HANS SEIDL
* 23. VI. 1881, ——— † 11. III. 1939.

ALFONS KRALIK RITTER VON MEYRSWALDEN
* 30. VI. 1885 ——— † 22. V. 1962
ELEONORENHAIN   FRAUENAU
SIEGFRIED KRALIK RITTER VON MEYRSWALDEN
* 27. XII. 1891 ——— † 12. IV. 1974
ELEONORENHAIN   FRAUENAU

Da stand er nun, der Witwer Wilhelm Kralik, allein mit 7 Kindern, von denen das jüngste erst 15 Monate alt war. Lange Zeit zur Trauer konnte und wollte sich Wilhelm offenbar nicht nehmen, denn die Kinder sollten wieder eine Mutter bekommen. Das Leben musste weitergehen und auch die Arbeit in der Fabrik konnte nicht warten.

Der Witwer Wilhelm Kralik ging bald auf Brautschau, die neue Frau musste zu den Kindern, zu ihm und natürlich zum Geschäft passen. Was lag daher näher, als sich in den Familien seiner Geschäftspartner umzusehen? Sein Blick fiel auf eine junge Dame von 19 Jahren. Er selbst war zwar nicht mehr so jung, schon 45 Jahre, dafür aber Mitinhaber von mehreren Glasfabriken. Sie war schön und passenderweise auch aus einem Elternhaus mit Bezug zur Glasindustrie, die Tochter des Glaswarenhändlers

Josef Lobmeyr aus der Kaiserstadt Wien. Ihr Name war Louise Lobmeyr (* 25. April 1832 in Wien, † 3. Oktober 1905 in Wien-Vorderbrühl). ‚Diese Frau oder keine', muss sich Wilhelm gesagt haben. Bereits 6 Monate nach dem Tod seiner Frau Anna Maria machte er Louise einen Heiratsantrag. Louises Familie war in Anbetracht des großen Altersunterschiedes von 25 Jahren vorerst skeptisch. Ob das wohl gut ginge? Diesmal hatte Wilhelm aber eine Frau gewählt, die vor dem Gesetz zwar knapp, aber letztlich doch volljährig war und sie entschied: „Ja, ich will dich Wilhelm zum Manne!"

Die Hochzeitsvorbereitungen wurden getroffen, das Aufgebot bestellt und am 28. Mai 1851, genau 190 Tage nach dem Tod von Anna Maria brachte die Hochzeitskutsche Wilhelm Kralik mit seiner neuen Braut Louise zum Traualtar. Die Hochzeit wurde in Wien- St. Schotten gefeiert. Hier war sie wieder, die Glasmacher-Heiratspolitik. Wie sich diese Hochzeit anbahnte, schilderte Wilhelm Kraliks späterer Schwager, Ludwig Lobmeyr, in seinen Lebenserinnerungen.

Ob bei seinem verstorbenen Onkel Johann Meyr mit seiner Ehefrau Katharina geb. Abel, Wilhelm Kraliks erster Ehefrau Anna Maria geb. Pinhak oder nunmehr Wilhelm Kraliks zweiter Frau Louise, geb. Lobmeyr, alle Familien hatten untereinander einen Bezug zur Glasindustrie. Die verwandtschaftlichen Verbandelungen der Glas-macherdynastien in den Generationen nach Wilhelm Kralik sind vielzählig und sie weiter zu verfolgen, würde den Rahmen dieses Buches sprengen. Nur einige Familiennamen berühmter Glasproduzenten aus damaliger Zeit, mit denen die Kraliks durch Heirat verwandt wurden,

seien hier erwähnt. Es waren die Glasproduzenten der Familien Welz, Riedel, Palda, Schreiber, Moser und Göpfert.

Da in der ersten Hälfte des 19. Jahrhunderts zur Glasproduktion riesige Mengen von Holz zur Befeuerung der Glasöfen benötigt wurden, war es günstig, eine verwandtschaftliche Beziehung auch zu Waldbesitzern aufzubauen. Später, mit Fortschreiten der Industrialisierung und Umstellung der Befeuerung von Holz auf Kohle, wurde nach künftigen Verwandten mit Kohlegrubenbesitz Ausschau gehalten. Heirat war also nicht nur eine Liebesangelegenheit, sondern auch Zweck zum Erhalt und Ausbau wirtschaftlicher Macht.

Mit der zweiten Ehe von Wilhelm Kralik vertiefte sich die Beziehung zum Haus des Großindustriellen Lobmeyr, einem profilierten Glasexperten seiner Zeit in Wien. Louise wurde später mit ihren 3 Geschwistern Josef, Ludwig und Mathilde (nicht zu verwechseln mit Mathilde Kralik) Miterbin des großen Vermögens ihres Vaters Josef. Die Namensgebung der damaligen Zeit macht es für spätere historische Betrachtungen oft schwierig, die Personen auseinander zu halten, so gab es den Firmengründer Josef Lobmeyr, der wiederum seinem Sohn den Vornamen Josef gab.

Wilhelm Kralik war jetzt durch Heirat mit den Lobmeyr-Brüdern verschwägert. Besonders mit dem Schwager Ludwig Lobmeyr pflegte Wilhelm Kralik später besonders engen Kontakt. Auf die Firma Lobmeyr soll kurz eingegangen werden, denn sie existiert noch heute in Wien.

Josef Lobmeyr gründete im Jahr 1822 in Wien ein Handelshaus für Glaswaren, das in zweiter Generation unter seinen Kindern Josef, Ludwig, Louise und Mathilde unter dem Namen *J. & L. Lobmeyr* Weltruhm erlangte. Im Jahr 1855 übernahmen die Brüder Josef und Ludwig von ihrem Vater die Firmenleitung; Josef wurde kaufmännischer Direktor, während Ludwig für das künstlerische Programm verantwortlich zeichnete.

Ludwig Lobmeyr (*02.08.1829; †25.03.1917) baute die Kontakte zu böhmischen Glashütten und Glasveredelungswerkstätten aus, die sein Vater bereits geknüpft hatte; er unterhielt mehrere Niederlassungen in der Region und verpflichtete die besten Glasschneider und Graveure für sich. Unter Ludwigs Leitung wurde die Firma *J. & L. Lobmeyr* k.u.k. Hoflieferant. Sie lieferte unter anderem Kristall-Lüster für die Hofburg, für das Schloss Schönbrunn und die bayrischen Königsschlösser.

Eine autobiografische Notiz von Ludwig Lobmeyr in Zusammenhang mit der sich anbahnenden und später erfolgten Eheschließung seiner Schwester Louise mit Wilhelm Kralik:

Es war Ostersonntag, 20. April 1851. Zwei Tage früher hatte ich von zu Hause die Nachricht erhalten, daß Schwester Louise Braut des Glasfabrikanten in Eleonorenhain, Wilhelm Kralik's sei und daß Bruder Franz als einer der ersten seiner Klasse die Prüfungen bestand - gewiß schöne Osterfreuden für mich! Allerdings gar zu froh wurde ich der ersten Nachricht nicht, denn Kralik mochte um beiläufig 25 Jahre älter als die Schwester sein, hatte eine Tochter, die etwas älter als Louise war, außer dieser noch eine von wenigen Jahren, aber auch fünf Söhne im Alter zwischen den beiden Mädchen. Doch die Schwester Louise wollte es, und schließlich ging's auch sehr gut aus.

Die Hochzeit meiner Schwester war auf den 25. Mai anberaumt, ich wollte dabei sein, am 20. Mai versicherte mich der Referent, daß ich nichts versäume, wenn ich wegfahre, und am andern Morgen 5 Uhr fuhr ich davon. Die Meinen waren angenehm überrascht, als ich sie begrüßte, sie hegten schon Zweifel, ob ich kommen könne, und Sorge dazu, denn mir war das Amt des Ceremonienmeisters zugedacht, das ich auch gerne übernahm. Mein Bruder Franz war schon vor Monaten als Kadett bei der Kriegsmarine eingetreten, befand sich auf der Goelette Sphinx in Ancona und vermochte sich keinen Urlaub zu erwirken. Wir kamen nie wieder vollzählig zusammen.

Luise war wie früher bemerkt, vor zwei Jahren mit der Mutter mehrere Tage in Eleonorenhain gewesen und, wie wir Brüder später erfuhren, war damals schon Kralik voll Aufmerksamkeit für sie. Im letzten November starb seine Frau Anna, im März darauf erhielt ich einen Brief Kralik's, in welchem er in scherzender Art frug, was Louise mache und ob sie ihm treu geblieben sei und heiraten wolle.

Das war allerdings für uns Alle eine ganz außerordentliche Überraschung. Die Mutter nahm sie nicht ungünstig auf, der Vater sagte, er wolle auf Louisens Entscheidung keinen Einfluß nehmen, wenngleich es ihm lieber wäre, sie verbliebe in Wien an der Seite eines jüngeren Gatten. Diese äußerte zunächst gar nichts, Bruder Josef und ich waren nicht erbaut. Die Schwester war noch nicht 19 Jahre alt, Kralik 43, was uns so viel Jüngeren sehr alt vorkam. Wir ließen aber der Schwester gerne ein paar Tage Zeit, sich zu besinnen, dann brachten wir ihr unsere Bedenken vor, welche sie zu unserer Befriedigung noch vermehrte, so daß die Entscheidung gefasst wurde, jene Anfrage so zu beantworten, als betrachteten wir sie nur als Scherz. Es war uns gewiß sehr darum zu thun, die geschäftlichen Beziehungen nicht zu trüben, aber höher stand uns gewiß das Glück der Schwester. Nun ward eingehendst beraten, wie ich eigentlich antworten solle; manche Vorschläge wurden verworfen, endlich im Wesentlichen der Louisens angenommen, zu erwirken, sie habe noch nicht Anlaß gehabt, Jemandem untreu zu sein, beabsichtige aber noch nicht, sich zu vermählen. Es war Alles mehr als Scherz gegeben; nachdem aber Kralik bemerkt hatte, er wolle demnächst selbst kommen und dies früher meist nur geschah, wenn er mit dem Fürsten Schwarzenberg zu verhandeln hatte, bemerkte ich zum Schlusse, daß der Fürst eben nach Prag gereist sei u.s.w.

Es vergingen mehrere Tage, ohne daß eine Antwort erfolgte, namentlich die Mutter machte uns Brüdern den Vorwurf, daß ich doch etwas unpassend geschrieben habe; sie sprach öfter mit der Schwester über die glänzende Versorgung und anscheinend nicht ohne Wirkung, kurz, ich mußte, da sich geschäftlich leicht ein Anlaß bot, einen zweiten Brief nachfolgen lassen, der allerdings auf jenen Antrag nicht zurückgriff, aber doch die

Nachricht erhielt, der Fürst sei wieder hierher zurückgekehrt. Es kam nun ein Schreiben Kralik's das aber schon abgesendet war, bevor er mei-nen zweiten Brief erhalten hatte; er erneuerte verblümt seine Werbung, in dem er mittheilte, wie nahezu alle seine Kinder auswärts untergebracht seien, wie seine Wirtschaft wohl bestellt sei, so daß der Frau nur zu thun bleibe, was ihr beliebe.

Louisen empfahl er sich als ihren Zukünftigen. Nun hielten wir Brüder die Angelegenheit nahezu für entschieden, denn Louise schien sich darein zu finden, wir erwogen, daß sie gar ruhigen Gemüthes sei und wahrscheinlich in dieser glänzenden Stellung, als sie sonst erreichen könnte, genug Entschädigung für Anderes finden dürfte.

So stand es, als ich abreiste; bald erhielt ich, wie schon gesagt, die Nachricht von ihrer Verlobung und wie sie sich, die ja doch in ihrem ganzen Wesen noch ziemlich kindlich war, an dem Schmuck, den sie erhielt, den Theaterbesuchen und Ausfahrten mit der Mutter und mit Kralik erfreute. Sie lernte noch, da in Eleonorenhain löblicher Weise viel Musik getrieben wurde, Harmonium spielen, was ihr, einer guten Klavierspielerin, nicht schwer fiel, auch etwas von feinerer Kochkunst, die Ausstattung war zu beschaffen, die häufigen Briefe Kralik's sollten doch auch immer rasch erwidert werden, es galt, Abschiedsbesuche zu machen, kurz, für Mutter und namentlich für die Schwester gab's Arbeit in Hülle und Fülle.

Eine alte, unverheirathete Muhme, mit der wir sonst nicht in Verkehr waren, ließ mittheilen, sie möchte bei den Abschiedsbesuchen nicht übergangen werden und so ging denn Schwester mit dem Bruder auch zu ihr, um sie nicht zu kränken.

Sie wurden aber böse empfangen, es regnete Vorwürfe, daß Louise einen so viel älteren Mann mit sieben Kindern ehelichen will, an dem sie in ihrem Alter keine Stütze mehr haben könne, daß sie solcher Verhältnisse wegen von Wien wegziehe u. s. w. Sie holte Bücher herbei, um anzusagen, an welchen Tagen Louise nichts unternehmen solle, bespritzte sie mit Weihwasser, wickelte Münzen in Papier, mit denen sich die Schwester etwas Glückbringendes kaufen solle - es waren sechs Zwanziger - das Ganze war hexenartig.

Bruder und Schwester waren froh, als sie wieder zur Türe draußen waren, es verblieb aber kein nachhaltig ungünstiger Eindruck zurück. Am erquicklichsten war der Besuch bei Frau Eckel, welche der Schwester manchen trefflichen Rath ertheilte.-

Ich hatte in unserem Währinger Hause die Vorhalle und andere Räume mit Blumen zu schmücken und sonst noch Vorbereitungen zu treffen, weil dort die Hochzeitstafel stattzufinden hatte, selbstverständlich auch noch Anderes vorzukehren, was ich mit Vergnügen besorgte.

Am 24. Mai Abends kam Kralik mit seinen Kindern Ferdinande, Wilhelm, Hans und seinem Compagnon Josef Taschek; ich holte sie vom Bahnhofe ab, brachte sie in's Hotel.

Kralik machte noch Abends einen Besuch bei uns, am andern Tag – es war ein Sonntag - wurde nach Schönbrunn gefahren, das Theater besucht, am Montag wurde in Währing musiziert, auch am Dienstag wurde vergnüglich verbracht, und Mittwoch um 9 Uhr war die Trauung, von der wir - Dr. Eckel war Louisens Beistand - geradewegs nach dem Landhause fuhren. Vor Tisch wurde noch Musik getrieben, Billard gespielt, um 11 Uhr das so genannte Gabelfrühstück genommen, das ein bekanntes Restaurant, Dolee, trefflich besorgte und das um so heiterer verlief, als Louise in bester Stimmung verblieb. Nach Tisch ging's in die Stadt zurück, es wurde gepackt, um 6 Uhr abgereist.

Als wir Anderen nach Hause zurückkamen, ließ der Vater sogleich das Geschäft sperren, wir setzten uns traulich beisammen, da wir das Bedürfnis hatten nun auszuruhen.

Die hier geschilderte Hochzeitszeremonie von Mathildes Eltern aus der Sicht des Zeitzeugen Ludwig Lobmeyr gibt einen Einblick in die Verhältnisse des Jahres 1851. Die Hochzeitsfeier war kurz und knapp, die Braut samt Aussteuer noch am Trauungstag in den Zug gepackt und ab ging es wieder in das von Wien etwa 300 km entfernte Eleonorenhain, in das Kronland Böhmen zu Wilhelm Kralik. Ludwig Lobmeyr, selbst ein begeisterter Kunstmäzen und Sammler, kannte auch erstrangige Künstler und Wissenschaftler außerhalb der Glasherstellung, wie Theophil von Hansen, Josef Hoffmann, August von Pettenkofen und Carl Spitzweg. Besonders seine persönliche Begegnung mit Carl Spitzweg ist kulturhistorisch wertvoll und soll hier wiedergegeben werden. Mathildes Onkel, Ludwig Lobmeyr, schrieb sie in seinen Lebenserinnerungen auf.

Erinnerung an Carl Spitzweg (*1808 † 1885 in München)

Ich kam zu Spitzweg (etwa im Jahr 1880), der im obersten Stock eines unansehnlichen Hauses am Münchener Viktualienmarkt, in der er eine recht bescheidene Wohnung inne hatte. Ein Atelier konnte man das Zimmer nicht nennen, in welchem er malte, aber bald ward einem wohl, wenn man von dem schon greisen, schlichten Meister in leutseliger Weise begrüßt wurde. Er gab sich anspruchslos und liebenswürdig, war sichtlich erfreut, wenn man zu ihm hinaufkam und wies gerne seine begonnenen Bildchen vor, welche all' überall in Menge herumstanden und von denen er Tag für Tag eine Anzahl vornahm, um wieder daran herum zu tüfteln. Denn er behandelte jedes seiner Bildchen wie ein gar liebes Kind mit zärtlicher Fürsorge, damit es ja zur besten Entwicklung gelange. Ihm war das seltene Glück beschieden bis an sein spätes Lebensende - er erreichte das 77. Lebensjahr, - in gleichwerthiger Weise an seiner Staffelei thätig sein zu können.

Ja, was er zeitlebens schuf seine hinterlassenen Skizzen inbegriffen, gewann wesentlich an Werth, als der Meister die Augen für immer geschlossen hatte. Es ist dies ganz leicht zu erklären, denn er war, wenn auch kein Künstler ersten Ranges, doch so eigenartig, daß ich keinen aus früherer Zeit wüßte, mit dem ich ihn völlig vergleichen konnte und überzeugt bin, daß unsere aufgeregte Zeit keinen der Kunstjünger mit so harmlosen gen Spitzweg'sche Bilder stets von erquicklicher Wirkung sein. Der liebe alte Herr erzählte selbst, daß auch August von Pettenkofen (1822-1889) ihn einmal besuchte und daß dieser, nachdem er eine Anzahl Bilder durchgesehen hatte, die gewiß zutreffende Äußerung that:

„Aber wo bleibt da die Natur?"

Die beiden Künstler waren entschiedene Gegensätze.

Pettenkofen's Bedeutung lag nicht in seiner Phantasie, sondern in der edelsten Wiedergabe der Natur, aus dieser Quelle mußte er immer wieder schöpfen, er konnte nahezu nichts ohne Modell malen, denn sonst schien ihm das, was er gab, nicht wahr genug. Dadurch erlangten aber auch seine Bilder eine Wirklichkeit und den hohen Werth, welcher meiner Überzeugung nach stets verbleiben wird.

Daß Spitzweg wenigstens in seiner Jugend viele Naturstudien machte, ist zweifellos, dann aber traten die Phantasie und sein überaus liebenswürdiger Humor die Herrschaft an.

Für die launigen Einfälle, welche er hatte, mußte er sich die Landschaften und Architekturen selber schaffen, ebenso die Figuren, welche wohl die Hauptsache in seinen Bildern sind, und das wußte er alles auch so zu bewältigen, daß die Bilder wie sie sind, helle Freude machen und es kaum einem gar einfällt, nach etwas mehr oder weniger Naturwahrheiten zu fragen. Die Bedeutung Spitzweg's liegt in seinem harmlosen, feinen Humor, in seiner lustigen Satyre, die aus allem und jedem Bilde klingen. Das Treiben der alten deutschen Kleinstädterei regte ihn besonders zu launigen Schilderungen an.

Er schuf sich von interessanten , malerischen kleinen Häusern, umrahmte Plätze und Straßen, durch welche die nächtliche Scharwache ziemlich ungeordnet aber von einem seiner Würde voll erfüllten Führer geleitet, dahinhumpelte oder in denen in Mondenschein ein Verzückter seiner Verehrten ein Ständchen darbringen ließ.

Oder dann wie die halbe Einwohnerschaft in ehrerbietiger Bewunderung der alterterthümlichen Staatskarosse nachsah welch den lieben Landesvater wieder entführte, der sie eben mit seinem Besuche beglückte. Aber war es auch nur ein Briefbote, der in seiner verschlissenen Uniform einem Kinde ein Briefchen reichte, ein zerlumpter Bettelmusikant welcher, nachdem er sein Flötenspiel beendet, in flehendster Haltung bat, daß man ihn dafür mit einer Gabe beschenkte, ja waren es noch viel kleinere Vorwürfe, er wußte alles so drollig, liebenswürdig zu geben, daß diese Scherze Jedermann herzlich Freude bereiteten und wohl immer wieder bereiten werden.

Im Jahr 1882 stattete Ludwig Lobmeyr in Zusammenarbeit mit Thomas Alva Edison die Redoutensäle mit den ersten elektrischen Lustern der Welt aus. Er wurde 1887 von Kaiser Franz Joseph I. in das Herrenhaus (Oberhaus des Parlaments) berufen und 1889 Ehrenbürger der Stadt Wien. Das Angebot, um den Adelsstand anzusuchen, schlug er aus. Als Ludwig 1917 kinderlos verstarb, vererbte er das Unternehmen an Stefan Rath, den Sohn seiner Schwester Mathilde. Stefan Rath schrieb 1962 die Geschichte seiner Familie und Firma auf.

Die Zusammenarbeit von Ludwig Lobmeyr mit seinem Schwager Wilhelm Kralik war sehr fruchtbar. Es bestand Arbeitsteilung, Ludwig Lobmeyr entwarf entweder selbst oder mit namhaften Künstlern Glasprodukte und fertigte entsprechende Zeichnungen an. Diese Entwürfe gab er seinem Schwager Wilhelm Kralik, der sie in seinen Glasfabriken „Meyr's Neffe" entweder in Eleonorenhain oder auf der Glashütte in Adolf bei Winterberg (heute Vimperk) produzieren ließ. Die Winterberger Glashütte hatte sich damals offenbar auf komplizierte Fertigungen spezialisiert, man bezeichnete sie als die erste „Kunstglashütte" Europas. Ein Dokument über die enge Zusammenarbeit von Kralik und Lobmeyr zeigen die nachfolgenden Abbildungen eines gemeinsamen Katalogs der Weltausstellung in Wien aus dem Jahr 1873.

Als im Jahr 1862 Wilhelm Kraliks Miteigentümer der Glashütten, sein Cousin und Schwiegersohn Josef Taschek verstarb (Taschek heiratete Ferdinande, die älteste Tochter von Wilhelm Kralik), zahlte er dessen Erben aus und wurde so zum alleinigen Firmenchef. Der vorherige Firmennamen „Meyr's Neffen" wurde nun, da es nur noch einen lebenden Neffen von Johann Meyr gab, in „Meyr's Neffe" umbenannt.

Ab dieser Zeit waren die geschäftlichen Beziehungen zum Hause Lobmeyr schon weit ausgebaut. Immer wieder wurde experimentiert und neue Verfahren wurden entwickelt, um die Produkte zu verbessern. Die Kunstgläser aus den Hütten „Meyr's Neffe" erzielten erste Preise bei Weltausstellungen und zierten die Fürstentafeln in ganz Europa. Glas hat bekanntlich die Eigenschaft, zerbrechlich zu sein, darum sind Kriege und sonstige Gewalt die Feinde des Glases. Umso wertvoller sind die Stücke, die alle Wirren der Zeiten überstanden haben. Noch heute sind Kunstgläser aus den Fabriken „Meyr's Neffe" und der später umbenannten Fabrik „Wilhelm Kralik Sohn" gefragte Sammlerstücke und werden hoch gehandelt.

Eine Historismus-Prunkvase, Meyr´s Neffe, Adolf bei Winterberg Entwurf Oberbaurath Theophil von Hansen, Wien, 1867, Auftraggeber J. & L. Lobmeyr, Wien. Sign.: mit Etikette K. K. Hof Glaswaren-Niederlage, J. & L. Lobmeyr, Wien. H. 70 cm Grünes Glas. Modelgeblasen. Geschliffen, Goldmalerei im Stil der Neorenaissance. Dreiteilig, mit vergoldeter Bronzemontierung. Unikate Vase. Einer der Schwerpunkte der Lobmeyr-Exposition, die auf den Weltausstellungen in Paris 1867, Wien 1873 und Philadelphia 1876 vorgestellt wurde.

Ein Paar Historismus-Vasen, Meyr´s Neffe, Adolf bei Winterberg. Entwurf Girard & Rehländer, Wien, 1872. Auftragggeber J. & L. Lobmeyr, Wien. Form und Ausführung: Prod. Nr. 239 (Weltausstellungs-Comission), Serie „Aquamarin" H. 49,7 cm Aquamarinblaues Glas. Modelgeblasen. Symmetrischer Dekor nach orientalischen Vorlagen in Malerei mit farbigen Opakemail und Gold. Unikate Ausstellungsstücke aus der Kollektion für die Weltausstellung in Wien 1873.

Ein Historismus-Römer aus der „Parcivalserie", Meyr´s Neffe; Adolf bei Winterberg. Entwurf Richard von Kralik, 1889. Auftraggeber J. & L. Lobmeyr, Wien Form und Dekor: Prod. Nr. M.N.A. 7235-89, Parcivalserie H. 29,3 cm Blassrosa Glas. Modelgeblasen und geformt. Email- und Goldmalerei - König Artus Tafelrunde.

Bei diesem Kunstglas ist es interessant, dass Mathildes Bruder Richard, auf den im 2. Teil des Buches näher eingegangen wird, den Entwurf vorgenommen hatte. Richard war später Professor für Literatur und Geschichte in Wien, offenbar aber auch künstlerisch begabt im Umgang mit Bleistift, Pinsel und Farben.

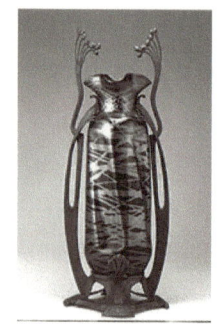

Eine Jugendstil-Vase mit Montierung, Wilhelm Kralik Sohn, Eleonorenhain, um 1902 H. 60,3 cm Dunkelviolettes Glas, mit Silbergelbfäden umsponnen. Modelgeblasen, Mündung vierpassig geformt. Reduziert und irisiert. Montierung aus Zinnlegierung, patiniert.

Gibt man z.B. auf der Online-Auktionsplattform www.ebay.de den Begriff „Kralik" ein und lässt weltweit suchen, werden immer einige interessante Glasstücke zu sehen sein. Man kann sie ersteigern, muss dafür aber oftmals tief in die Tasche greifen. Eine umfangreiche Sammlung schönster Stücke kann im Glasmuseum Passau bewundert werden. (siehe www.Glasmuseum.de)

Mathildes Bruder Richard Kralik wurde noch in Eleonorenhain geboren, sie selbst schon in Linz. Eine musikalische Beziehung zu Eleonorenhain gibt es aber noch zu zwei anderen Personen. Andreas Hartauer (*1839; † 1915), ein ehemaliger Glasmacher, der 2 Jahre auf der Kralikschen Glashütte in Eleonorenhain gearbeitet hatte, ging danach auf Wanderschaft und ließ sich später in St. Pölten/ Niederösterreich als Glas- und Porzellanhändler nieder. Andreas Hartauer wurde immer wehmütig, wenn von seiner alten böhmischen Heimat gesprochen wurde. Ohne musikalische Ausbildung, aber in tiefer Sehnsucht nach seiner Heimat, komponierte er spontan ein Lied, das zum Volkslied wurde: „Tief drin im Böhmerwald"

Dieses Lied ist bei allen in Böhmen geborenen Menschen, besonders aber bei denen nach 1945 vertriebenen Böhmerwäldlern emotional tief verwurzelt. Es gibt zwar keine Dokumente, die belegen, dass sich der Volksliedkomponist Andreas Hartauer und die spätere Komponistin klassischer Musik Mathilde Kralik kannten, aber die Verbindung zu Eleonorenhain, seine Popularität und sein Geschäft als Glaswarenhändler geben Anlass zu dieser Vermutung.

Auf einer Anhöhe in Eleonorenhain wurde dem Komponisten Andreas Hartauer im Jahr 1937 ein Denkmal in deutscher und tschechischer Sprache errichtet. Nach alten Zeitungsberichten nahmen über 5.000 Menschen an der Einweihungszeremonie teil. Nach dem zweiten Weltkrieg versuchte ein Unbekannter, im Hass auf Deutsche, das Hartauer-Denkmal mit einer Spitzhacke zu zerstören. Er konnte jedoch nur eine kleine Ecke herausschlagen. Nachdem er dieses Vorhaben nicht zu Ende bringen konnte, zerstörte er den kleineren Felsstein mit Inschrift in tschechischer Sprache. Über 60 Jahre nach diesem Vorfall wurde im Juli 2007 ein neuer Gedenkstein in tschechischer Sprache aufgestellt. Ein Chor sang bei der Wiedereinweihung das berühmte Volkslied sowohl in deutscher, als auch in tschechischer Sprache. Mit Musik als einem versöhnenden Element feierten viele ehemalige Einwohner von Eleonorenhain und heutige Einwohner von Lenora gemeinsam dieses Ereignis mit einem Volksfest.

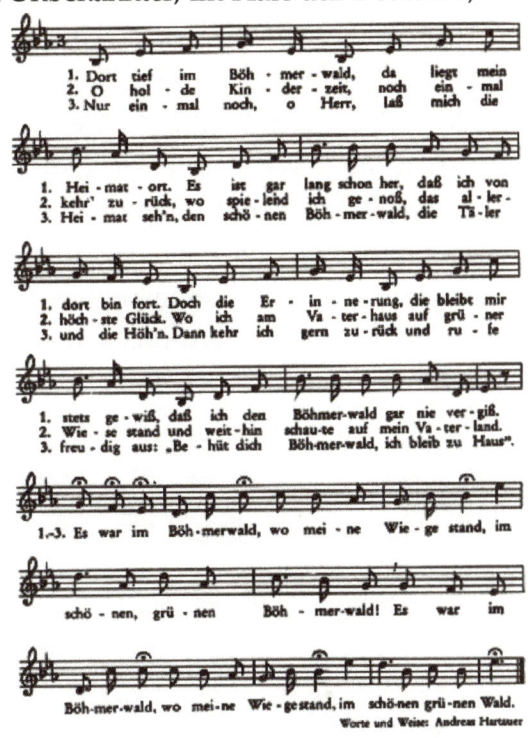

Von meinem Großvater Gottlob Kralik von Meyrswalden (Enkel von Wilhelm) weiß ich, dass ihn das Böhmerwaldlied viel Geld gekostet hatte. Auch Gottlob verließ seine Heimatstadt Eleonorenhain und siedelte sich im Jahr 1910 in Fürstenberg/ Oder (Land Brandenburg) an, um dort eine Glashütte zu leiten. Wie damals üblich, wurde in den Gastwirtschaften zur Unterhaltung der Gäste Livemusik gespielt. Wenn mein Großvater Gottlob am Abend eine solche Gastwirtschaft besuchte, dauerte es nicht lange und die schlauen Musiker stimmten das Böhmerwaldlied an. Tief ergriffen und in Erinnerung an seine alte Heimat Eleonorenhain und aus Dankbarkeit dieses Lied zu hören, nahm er seine Brieftasche und spendierte den Musikern ein Fässchen Bier oder steckte ihnen Bares zu.

Man mag es heute nicht glauben, aber dieses verschlafene Nest Eleonorenhain war nicht nur Glasmacherstandort, sondern auch touristischer Anziehungspunkt, besonders für Prager Beamte, Kaufleute, Militärs und Künstler, die hier in der Sommerfrische Erholung und Abwechslung fanden.

Um von dieser touristischen Nachfrage wirtschaftlich zu profitieren, baute Heinrich Kralik von Meyrswalden ein Hotel, welches später als „Touristenhaus" bekannt wurde. Seine Frau Agnes führte die Hotelwirtschaft, sie kümmerte sich um Angestellte und Gäste. Viele Anekdoten ranken sich um dieses Touristenhaus. Zum Beispiel soll sich Agnes intensiv um das Wohlbefinden eines feschen Kaufmanns gekümmert haben, der dort logierte. Neun Monate nach dieser Fürsorge gebar sie einen Sohn. Die alten Eleonorenhainer glaubten nicht, dass Heinrich der Vater sein könne, da er 19 Jahre älter und schon etwas gebrechlich war, und der Bub absolut keine Ähnlichkeit mit ihm hatte.

Eleonorenhain. Saal. Touristenhaus.

Auf einen Gast konnten die Wirtsleute aber besonders stolz sein, auch hier sei wieder der Bezug zur Musik hergestellt. Kein geringerer als der böhmische Komponist (Friederich) Bedřich Smetana (*1824; †1884) besuchte Eleonorenhain. Smetana litt stark an Tinnitus, offensichtlich wollte er sich in Eleonorenhain vom Prager Stress erholen. Sein Aufenthalt in Eleonorenhain ist durch seinen Gästebucheintrag belegt.

Zu Hause und während seiner Schulzeit sprach Smetana stets deutsch. Erst als Erwachsener entwickelte er ein tschechisches Nationalgefühl, erlernte die tschechische Sprache und änderte seinen Vornamen bewusst von Friedrich zur tschechischen Namensform *Bedřich*. Sein erster tschechischer Brief stammt aus dem Jahre 1856, in seinen Tagebüchern verwendete er jedoch bis 1861 die deutsche Sprache. Sein bekanntestes Werk aus dem sinfonischen Zyklus *Mein Vaterland* ist „Die Moldau". Es wird spekuliert, dass er sich in Eleonorenhain, in der Nähe der Moldau-Quelle, zu seinem Werk „Die Moldau" inspirieren ließ.

Leider ist nicht belegt, ob sich die junge Komponistin Mathilde Kralik und der bereits bekannte Bedřich Smetana in Eleonorenhain begegneten. Es wäre durchaus möglich, da auch Mathilde oft die Sommerferien mit ihrer Familie im Eleonorenhainer Schlösschen, dem alten Stammsitz der Kraliks, verbrachte.

Zurück zu Wilhelm Kralik, dessen zweite Ehe mit Louise 26 Jahre dauerte. Am 9. Mai 1877 verstarb Wilhelm Kralik Ritter von Meyrswalden in Wien an einer nicht näher beschriebenen Herzkrankheit. Für sein Lebenswerk wurde Mathildes Vater kurz vor seinem Tod im Jahr 1877 von Kaiser Franz Joseph I. ausgezeichnet und in den Adelsstand gehoben. Zum Andenken und zu Ehren seines verstorbenen Onkels Johann Meyr, dem er viel zu verdanken hatte, erwählte sich Wilhelm im Adelsprädikat den Namenszusatz „Meyrswalden", um den kinderlosen Onkel für die nachfolgenden Generationen in Erinnerung zu halten.

Ich werde oft gefragt, wo denn der Ort „Meyrswalden" liege. Die Erklärung ist damit gegeben, dass es diesen Ort nicht gibt. Warum Wilhelm an den Namensstamm seines Onkels „Meyr" noch das „walden" anhängen ließ, ist nicht überliefert. Vermutet wird, dass dies einen Bezug zu seiner Heimat, dem Böhmer-*wald*, herstellen sollte.

Wilhelm Kralik Ritter von Meyrswalden erfuhr auch vor seiner Adelserhebung Ehrungen. Nachgewiesen sind vier Orden:

Eiserne Krone III. Klasse, Goldenes Verdienstkreuz mit Krone, Franz Joseph Orden, kaiserlich-russische Verdienstmedaille am Bande des St. Anna-Ordens (v.l.n.r.)

Die beiden Glasfabrikanten Wilhelm Kralik und Josef Taschek wurden nebeneinander auf dem Friedhof in Winterberg beerdigt. Die Skulptur eines Engels auf dem Grab von Josef Taschek wurde von dem Bildhauer Emanuel Max aus Prag gefertigt. Weitere Werke dieses bedeutenden Bildhauers sind auf der Karlsbrücke in Prag zu bewundern. Der Grabschmuck von Mathildes Vater Wilhelm Kralik bestand aus einem segnenden Christus des Bildhauers Ludvik Simek. Leider wurden beide Skulpturen gestohlen.

Grabmal für Josef Taschek

Grabmal für Wilhelm Kralik

Der Friedhof in Winterberg (Vimperk) ist sehr alt. Er soll schon im Jahr 1279 angelegt worden sein. Als vor einiger Zeit bei Instandsetzungsarbeiten die Särge von Wilhelm Kralik und Josef Taschek ausgegraben werden mussten, um sie in einen Urnenhain umzubetten, brachen die Särge auseinander. In beiden Särgen fand man neben den sterblichen Überresten jeweils ein unbeschädigtes Glaskreuz. Die beiden Glaskreuze wurden entnommen und werden heute im Archiv des Winterberger Schlosses aufbewahrt Das Glaskreuz für Josef Taschek misst 9 x 22 cm und trägt die Aufschrift: *Josef Taschek, Glasfabriken Besitzer geb. 1814 gest. 1862.* Das Glaskreuz für Mathildes

Vater Wilhelm Kralik ist etwas größer und misst 13 x 29 cm, es trägt die Gravur: *Wilhelm Kralik sen. Ritter von Meyrswalden geboren am 17. Dezember 1807 gestorben am 9. Mai 1877.*

Glaskreuz aus dem Sarg von Josef Taschek

Glaskreuz aus dem Sarg von Wilhelm Kralik v. Meyrswalden

Obwohl Wilhelm zweimal verheiratet war, liegt keine seiner beiden Ehefrauen an seiner Seite. Seine erste Frau Anna Maria liegt auf dem Friedhof in Obermoldau und seine zweite Frau Louise wurde auf dem Zentralfriedhof in Wien beigesetzt.

Das Kapitel zu Mathildes Vater, meinem Ururgroßvater, dem Glasfabrikanten Wilhelm Kralik Ritter von Meyrswalden, soll mit diesem Spruch beendet werden:

„Sollte es wahr werden, dass die Erde durch Feuer vernichtet werden wird, dann wird die Erdrinde nach der Wiedererstarrung von einer dicken, braungrünen Glasschicht umgeben sein und der Herrgott selbst war der letzte Glasmacher."

Kinder- und Jugendzeit von Mathilde Kralik

D as älteste Dokument von Mathilde stammt aus dem Taufbuch der Pfarre St. Joseph in Linz (Familienpfarre). In ihr sind die Eltern Wilhelm und Luise, die Paten Josef Taschek und dessen Frau Ferdinande (Wilhelms Tochter aus erster Ehe, Mathildes Stiefschwester), der Pfarrer und sogar die Hebamme genannt.

Mit seiner 2. Frau Louise, geb. Lobmeyr, zeugte Wilhelm Kralik weitere 5 Kinder. Mathilde Kralik wurde am 3. Dezember 1857 in Linz a. d. Donau geboren. Sie ist das siebzehnte Kind von Wilhelm Kralik und bekommt den gleichen Vornamen wie die Schwester ihrer Mutter. Mathildes Geschwister, Wilhelm Kraliks Kinder aus zweiter Ehe, seien hier mit Lebensdaten aufgeführt:

1. Richard   01.10.1852 - 04.02.1934
2. Ludwig   10.03.1854 - 08.08.1903
3. Julius   1855 -   1861
4. Mathilde   03.12.1857 - 08.03.1944
5. Aloisia   14.05.1862 -   ?

Das Aufnahmedatum des ältesten Fotos von Mathilde kann nur geschätzt werden. Es zeigt Mathilde als etwa dreijähriges Kind im Jahr 1860 auf einem Stuhl vor dem Fotografen sitzend.

Mathilde ca. 1860   *Mathilde ca. 1863*

Zu diesem Zeitpunkt lebte die Familie bereits 4 Jahre in Linz, nachdem sie im Jahr 1856 Eleonorenhain in Böhmen verlassen hatte und eine Wohnung im Haus des Grafen Saint Julien auf der Landstraße 34 angemietet hatte. Später wurden in der Bethlehemstraße 20 zwei Häuser erworben.

   Das Schlösschen in Eleonorenhain wurde aber beibehalten und immer wieder zum Aufenthalt in der Sommerfrische genutzt. Die Geschicke der böhmischen Glashütten wurden von Linz aus gesteuert.

In dieser Großfamilie muss es turbulent zugegangen sein, schließlich gab es oft Geburtstage oder sonstige Anlässe zu feiern. Wenn bei solchen Gelegenheiten alle Kinder aus Wilhelm Kraliks erster und zweiter Ehe am Tisch saßen, zählte man immerhin 12 Kinder. Leider verstarb auch ein Bruder Mathildes im Kindesalter. Es war Julius, der mit 6 Jahren eine Scharlacherkrankung nicht überlebte. Laut Linzer Heimatmatrik waren 9 Personen im Haushalt in der Betlehemstraße 20 polizeilich gemeldet:

Wilhelm Kralik	geb. 1807, Glasfabrikant
Gattin Louise	geb. 1832
Sohn Hugo	geb. 1849 (aus erster Ehe)
Sohn Richard	geb. 1852
Sohn Ludwig	geb. 1854
Sohn Julius	geb. 1855
Tochter Anna	geb. 1844 (aus erster Ehe)
Tochter Mathilde	geb. 1857
Tochter Aloisia	geb. 1862

Mathilde und Aloisia

Richard Kralik   *Ludwig Kralik*   *Aloisia (Luisa) Kralik*

Da keine Aufzeichnungen der Mutter oder des Vaters von Mathilde mit Familienbezug überliefert sind, kann nur auf eine autobiografische Notiz Mathildes vom 19. Oktober 1910 zurückgegriffen werden. Lassen wir sie nun selbst zu Wort kommen, um mehr über ihr Elternhaus und ihren späteren Werdegang zu erfahren. Einiges wissen wir schon aus der Biografie ihres Vaters:

Ich bin am 3. Dezember 1857 zu Linz an der Donau geboren. Mein Vater Wilhelm Kralik von Meyrswalden (gest. 1877) war Glasfabrikant (Chef der Firma Meyr's Neffe in Böhmen), meine Mutter Louise ist eine geborene Lobmeyr (Schwester des Herrenhausmitglieds und Glasindustriellen Ludwig Lobmeyr zu Wien). Meinem Vater und meiner Mutter verdanke ich den musikalischen Sinn und die Liebe zur Musik. Mein Vater war passionierter Geigenspieler, wiewohl Autodidakt und pflegte im Böhmerwalde eifrig das Quartettspiel. Meine Mutter spielte als Dilettantin gut Klavier und neigte schon als Mädchen der klassischen Richtung zu. Von meinen Eltern hörte ich zuerst Beethovens Violin-Klavier-Sonaten, Haydns und Mozarts Klänge wurden mir zunächst durch die häuslichen Quartette vermittelt. Später übernahmen dann meine beiden älteren Brüder und schließlich ich mit ihnen die Hausmusik, die in Duos, Trios und Quatuors unserer Klassiker bestand.

Meinen ersten Klavierunterricht genoss ich bei meiner Mutter, dann bei Eduard Hauptmann in Linz. Meine ersten Kompositionsversuche (Anmerkung, Mathilde war damals erst 15 Jahre) förderte mein Bruder Richard, der sich lebhaft dafür interessierte. Nach unserer Übersiedlung nach Wien im Jahre 1870 erhielt ich Unterricht im Klavierspiel und in der Harmonielehre von Carl Hertlein (Flötist der Hofoper). Im Jahre 1875 wurde ich Privat-Schülerin von Professor Julius Epstein für Klavier. Er nahm ernsten Anteil an meinen Kompositionen und riet mir zur weiteren Ausbildung Anton Bruckner für Contrapunkt, dessen Unterricht ich privat ein Jahr genoss bis zu meinem Eintritt in die Kompositionsschule des Wiener Konservatoriums im Oktober 1876. Ich wurde in den zweiten Jahrgang, Schule Professor Franz Krenn, übernommen. Nach Absolvierung des folgenden dritten Jahrgangs erhielt ich den ersten Preis. In den folgenden Jahren pflegten wir in unserem Hause den A-capella-Gesang, wodurch ich mit den Werken der niederländischen, italienischen und deutschen Meister des XV. und XVI. Jahrhunderts vertrauter wurde. Als meinen hauptsächlichsten Lehrmeister betrachte ich Bach, für die modernen Formen interessiert mich primär Liszt. Meine Kompositionen sind zum Teil gedruckt, zum größeren Teil noch Manuskript."

Das hier von Mathilde geschilderte Familienmilieu beweist, dass Hausmusik eine wichtige Rolle in der Talententwicklung spielte. Damals gab es noch keine Tonträger, darum musste man selbst musizieren, um Musik zu hören, oder in ein Konzert gehen. Das Grammophon mit einem scheibenförmigen Tonträger zum Aufnehmen und Abspielen von Musik wurde erst im Jahr 1887 (Patentanmeldung 26.09.1887) von Emil Berliner erfunden.

Zur Illustration soll kurz auf diesen berühmten Mann eingegangen werden. Emil Berliner wurde am 20. Mai 1851 in Hannover geboren. Er entstammte einer angesehenen jüdischen Kaufmannsfamilie aus Hannover.1870 wanderte er als junger Mann in die USA aus, um der preußischen Einberufung zu entgehen. Den Namen *Grammophone* ließ er sich gesetzlich schützen. Er starb am 3. August 1929 in Washington D.C.

Emil Berliner um 1920...   *... und seine Erfindung, das Grammophon*

Die Schallplatte als industriell hergestelltes Massenprodukt war geboren und eroberte die Welt. Sie war etwa 90 Jahre lang das wichtigste Medium im Verkauf von aufgezeichneten Sprach- und Musikaufnahmen. Erst im Jahr 1979 wurde die Schallplatte durch die uns heute bekannte Audio-CD, einem optischen Massenspeicher, abgelöst. Alle bisherigen Recherchen nach Tonträgern mit von Mathilde selbst vorgetragener Musik blieben bisher erfolglos. Vielleicht schlummern sie noch in irgendwelchen Tonarchiven vornehmlich in Wien und warten nur darauf entdeckt zu werden. Bis zu ihrem Todesjahr 1944 war die Schallplatte schon weltweit verbreitet.

Wie Mathilde berichtet, spielte ihr Vater Geige und ihre Mutter Klavier. In diesem musikalisch geprägten Milieu hörten die Kinder nicht nur Musikvorträge ihrer Eltern, vorzugsweise von Haydn, Mozart und Beethoven, sondern wurden auch angehalten selbst zu musizieren. Das eigene Musizieren im Elternhaus kann man nicht hoch genug einschätzen, denn hier wird das „musikalische Korn" gesät, in der Hoffnung, dass später das Pflänzchen Früchte trägt. Bei Mathilde fiel dieses Korn auf fruchtbaren Boden, ihr Talent wurde rechtzeitig von ihren Eltern erkannt und weiter gefördert. Die Glasfabriken ihres Vaters brachten genug Geld ein, um Mathilde später Privatunterricht bei den besten Musikpädagogen ihrer Zeit zu ermöglichen.

Musikalische Ausbildung

Die Hausmusik und die gezielte musikalische Förderung von Mathilde in Linz ließen die Eltern immer mehr erkennen, dass ihre Tochter die eingeschlagene Richtung weiter verfolgen sollte. Ihr älterer Bruder Richard bestärkte sie in ihrer Entscheidung sich vollkommen der Musik zu widmen. Nachdem ihre Mutter als Klavierlehrerin keinen nennenswerten Beitrag mehr leisten konnte, wurde ein Klavierlehrer mit Namen Eduard Hauptmann engagiert.

Nach 14 Jahren Wohnaufenthalt in Linz (1856 - 1870) siedelte die Familie im Jahr 1870 nach Wien über. Gemeldet war die Familie anfangs im Wiener 1. Bezirk, Ecke Johannesgasse 18 und ab 1876 in der Adresse Elisabethstraße 1. Die Übersiedlung nach Wien war für Mathilde ein weiterer Glücksfall, denn hier versammelten sich die besten Musikpädagogen Österreichs, wenn nicht sogar ganz Europas. Als ersten Lehrer bekam Mathilde den Flötisten der Hofoper, Carl Hertlein zugeteilt.

Die heutige Elisabethstraße Nr. 1

Von ihm bekam sie Unterricht in Klavier- und Harmonielehre. Im Jahr 1875 absolvierte Mathilde die Mittelschule, danach wurde die weitere pianistische Ausbildung in die Hände von Julius Epstein gelegt.

Julius Epstein war ein österreichisch-ungarisch-jüdischer Pianist. In Zagreb geboren, war er Schüler des dortigen Chordirigenten Vatroslav Lichtenegger. In Wien studierte er Komposition bei Johann Rufinatscha und Klavier bei Anton Halm. Er debütierte 1852 und wurde bald einer der bekanntesten Pianisten und Klavierpädagogen Wiens. Von 1867 bis 1901 war er Professor am Konservatorium in Wien. Unter seinen Schülern waren neben Mathilde auch Ignaz Brüll, Marcella Sembrich und Gustav Mahler. Epstein gab unter anderem Beethovens *Claviersonaten*,

Mendelssohns *Sämmtliche Clavierwerke* and Schuberts *Kritisch Durchgesehene Gesammtausgabe* heraus. Seine beiden Töchter Rudolfine (Cellistin) und Eugénie (Violinistin) begaben sich 1876 - 1877 auf eine sehr erfolgreiche Tournee durch Deutschland und Österreich. Sein Sohn Richard (1869 - 1921) war ebenfalls Professor

für Klavier am Wiener Konservatorium.

Noch war Mathilde als Privatschülerin bei Epstein, später würde sie mit Eintritt in das Konservatorium weiter bei ihm lernen. Ihren Lehrer Julius Epstein verehrte sie und widmete ihm aus Dankbarkeit die später herausgegebenen *5 Klavierstücke*, die bei Gutmann veröffentlicht wurden. (Siehe Anhang: Werkverzeichnis.) Julius Epstein war es, der den Eltern Mathildes empfohlen hatte, ihre Tochter zu (Josef) Anton Bruckner (1824 – 1896) für den Unterricht in Kontrapunkt zu geben. Das Familienbudget des Vaters ließ genügend Spielraum, alle Lehrer privat zu engagieren. So kam es dann auch zu dem Zusammentreffen von Anton Bruckner und Mathilde Kralik in der Zeit zwischen 1875 bis 1876.

In dem von Bruckner als Notizbuch verwendeten *Österreichischen Volks- und Wirtschaftskalender* des Jahres 1876 ist auf dem Maiblatt (11.) ein „Frl. Mathilde Kralik, Hütteldorf, Dornbacherstr. 2" als Privatschülerin vermerkt. Der Unterricht wurde mit großer Wahrscheinlichkeit in der Wohnung Anton Bruckners, im Höhnehaus, Währinger Str. 42 gegeben. Bruckner war zu diesem Zeitpunkt 52 und Mathilde 19 Jahre alt.

In der Literatur wird über Bruckner berichtet, dass er zeitlebens auf der Suche nach einer Frau war. Vielen jungen Frauen schrieb er Briefe mit Heiratsanträgen, alle seine Bemühungen blieben jedoch ohne Erfolg. Er war kein schöner Mann und offensichtlich kein Typ wie Chopin oder Liszt, denen die Frauen nachliefen.

Ob Mathilde auch eine dieser auserwählten jungen Frauen war, die einen schriftlichen Heiratsantrag von Bruckner bekamen, ist aus Familiendokumenten nicht ersichtlich. Eine Frage ergibt sich allerdings zu der von Bruckner eingetragenen Adresse „Hütteldorf Dornbacherstr. 2" für Mathilde. Ihre Eltern wohnten nicht dort. Hatte Mathilde mit 19 Jahren schon ein eigenes Appartement? Für ein so junges Fräulein zur damaligen Zeit wäre das eher ungewöhnlich. Kam der große Meister etwa in ihre Wohnung, um sie zu unterrichten? Wenn der Unterricht bei ihm stattfinden sollte, macht die Adresseintragung zusätzlich zum Namen in den Kalender jedenfalls nicht viel Sinn. Leider hatte Mathilde kurz vor ihrem Tod verfügt, private Briefe zu vernichten. Sollte ein solcher Brief von Bruckner dabei gewesen sein, hat sie dieses Wissen mit ins Grab genommen.

 Dieses Bild von Mathilde ist im Mai 1875 aufgenommen worden, in der Zeit als sie bei Bruckner Privatunterricht nahm. (Josef) Anton Bruckner, ein österreichischer Komponist der Romantik, sowie Organist, wurde erst spät von seinen Zeitgenossen gewürdigt. Er zählt zu den wichtigsten und innovativsten Tonschöpfern, sowie Musikpädagogen seiner Zeit. Er gilt zudem als einer der größten Organisten der Musikgeschichte; seine Improvisationen riefen viel Bewunderung hervor. Seine bedeutenden Kompositionen sind die großen Sinfonien, darunter drei große Messen und ein Te Deum.

Te Deum laudamus, -Dich Gott loben wir-, wird auch als Ambrosianischer Lobgesang bezeichnet. Nach der Legende sollen die beiden vom Heiligen Geist Ergriffenen Augustinus und Ambrosius von Mailand gemeinsam diesen Gesang komponiert haben. Als Augustinus als Erwachsener zu Ostern 387 das Sakrament der Taufe empfing, soll Ambrosius diesen Hymnus angestimmt haben. Augustinus soll versweise darauf geantwortet haben. Kaiser Franz Joseph I. war von Bruckners *Te Deum* so ergriffen, dass diese Komposition den Ausschlag für die Auszeichnung des *Franz-Josef-Ordens* gegeben haben soll. Dieser Orden ist auf dem Foto von Anton Bruckner am Revers zu sehen.

Bruckners Hinwendung zu kirchlichen Themen in der Komposition war nicht ohne Einfluss auf Mathildes spätere Tonschöpfungen, ein großer Teil ihrer Werke hat religiösen Bezug, wie man aus dem im Anhang befindlichen Werkverzeichnis entnehmen kann. Ein komplettes Jahr lang erhielt Mathilde Unterricht bei Anton Bruckner. Diese Stunden waren so erfolgreich, dass Mathilde die Aufnahmeprüfung für das Konservatorium der Gesellschaft der Musikfreunde in Wien mit Bravour bestand, den ersten Jahrgang überspringen konnte und sofort in den zweiten Jahrgang aufgenommen wurde. Ihre Mutter Louise, Eduard Hauptmann, Carl Hertlein, Julius Epstein und Anton Bruckner hatten sie für das jetzt beginnende Musikstudium gut vorbereitet.

Wie sehr Mathilde ihren alten Lehrer Anton Bruckner verehrte, geht auch aus einem Brief vom 12. Oktober 1899 mit einer Spendenzusage für das Wiener Bruckner-Denkmal hervor. Darin teilen Mathilde und ihr Bruder Ludwig mit („…zwei Verehrern der Brucknerschen Muse…"), dass jeder 50 Gulden für den Denkmalfonds beisteuern werde.

Mathildes Zeit am Konservatorium

der *Gesellschaft der Musikfreunde* in Wien

Der Verein der *Gesellschaft der Musikfreunde* ist älter als das Haus. Im Jahr 1812 wurde die Gesellschaft der Musikfreunde in Wien gegründet, 1870 entstand das Musikvereinsgebäude am Karlsplatz. Der Bau war die strahlende Krönung einer Geschichte, die 1812 mit einer gewagten Neuerung begann.

Wiens Konzertleben, bis ins 18. Jahrhundert noch weitgehend eine Domäne des Adels, verlangte nach einer neuen Form. Den Bedürfnissen eines breiteren Publikums sollte Rechnung getragen werden und die bürgerliche Öffentlichkeit wollte die Musikpflege selbst in die Hand nehmen. Wie groß das Interesse daran war, zeigte sich 1812. Wohltätigkeitskonzerte, angeregt von der *Gesellschaft adeliger Frauen zur Beförderung des Guten und Nützlichen*, halfen der bürgerlichen Musikbegeisterung auf die Sprünge. Fast 600 musikbegeisterte Laien kamen zusammen, um gleich zweimal vor je 5.000 Zuhörern Händels Oratorium „Thimotheus oder die Gewalt der Musik" aufzuführen.

Gewaltig wirkte die Musik, gewaltig war der Erfolg. Josef Sonnleithner, Sekretär des Damenvereins und Beethovens erster Textdichter beim „Fidelio", nutzte diesen Erfolg und machte sich geschäftig an die Gründung der *Gesellschaft der Musikfreunde*. Zwei Jahre lang ließ die Genehmigung des Kaisers auf sich warten. Denn noch stand den Monarchen das Schreckgespenst des Jakobinismus ins Gesicht geschrieben und bürgerliche Ideen wurden mit Argwohn aufgenommen. Doch dann glückte die Vereinsgründung unter Mithilfe des Hochadels. Erzherzog Rudolf, der Bruder des Kaisers und Beethovens Schüler, übernahm das Protektorat der 1814 offiziell genehmigten *Gesellschaft der Musikfreunde des österreichischen Kaiserstaates*.

Haus der Gesellschaft der Musikfreunde

Die „Emporbringung der Musik in allen ihren Zweigen": so lautete das oberste Ziel der jungen Gesellschaft. Ihm dienten drei wesentliche Initiativen: Die Musikfreunde veranstalteten eigene Konzerte und setzten damit den entscheidenden Schritt zur Etablierung eines öffentlichen Konzertlebens in Wien. Sie gründeten ein eigenes Konservatorium und leisteten auch damit Pionierarbeit: Das Konservatorium der Gesellschaft war die erste öffentliche Musikschule Wiens überhaupt. Sie erkannten die Notwendigkeit, musikhistorische Dokumente systematisch zu sammeln. So entstand das Archiv der *Gesellschaft der Musikfreunde*, eine der bedeutendsten Musiksammlungen der Welt.

Von diesen drei Teilbereichen hat die Gesellschaft der Musikfreunde einen einzigen abgegeben. Das Konservatorium, zu klein geworden für den Andrang von Studenten aus der ganzen Monarchie, ging 1909 in staatliche Hände über und wurde als „k. k.

Akademie" zur Vorläuferin der heutigen Universität für Musik und darstellende Kunst in Wien.

Bis dahin hatte das Konservatorium der Gesellschaft schon Musikgeschichte geschrieben. Neben anderen berühmten Lehrern unterrichtete Anton Bruckner hier als Professor für Harmonielehre, Kontrapunkt und Orgelspiel. Gustav Mahler und Alexander Zemlinsky, Leo Janàcek und Hugo Wolf drückten im Musikverein die Schulbank. Die beiden anderen Bereiche, Konzertbetrieb und Archiv, werden seit fast zwei Jahrhunderten vom Verein getragen. Privates Engagement ist die Triebfeder des Unternehmens geblieben. Die persönliche Begeisterung der Musikfreunde prägt nach wie vor das persönliche Profil der Gesellschaft und Individualität bürgt seit fast zwei Jahrhunderten für Qualität.

Bei der Zulassung von Frauen zum Musikstudium gab es zur damaligen Zeit keine Beschränkungen. Ging man doch davon aus, dass musizierende und komponierende Frauen ohnehin nicht die Vorherrschaft der Männer in diesem Bereich gefährden konnten. Anders hingegen wurde der Zugang von Frauen zum Universitätsstudium von offizieller Seite gesehen. Ein aus heutiger Sicht haarsträubendes Gutachten des Senats der Universität Wien aus dem Jahr 1873 dokumentiert die damaligen Ansichten:

Eine Änderung des scientifischen und disciplinaren Charakters der Universität aber zu Ungunsten der Männer und zu Gunsten der Frauen, namentlich einiger, im besten Falle lediglich neugieriger und solcher, welche, den ihnen durch Natur und Sitte angewiesenen Wirkungskreis verkennend, darüber hinaus in den Kreis der Männer störend einzutreten beabsichtigen, kann weder im Interesse der Wissenschaft noch einer selbst fortschrittlichen sozialen Ordnung liegen. Die Universität ist heute noch und wohl für lange hinaus wesentlich eine Vorschule für die verschiedenen Berufszweige des männlichen Geschlechtes, und so lange die Gesellschaft, was ein günstiges Geschick verhüten möge, die Frauen nicht als Priester, Richter, Advokaten, Ärzte, Lehrer, Feldherren, Krieger aufzunehmen das Bedürfnis hat, das heißt, so lange der Schwerpunkt der Leitung der sozialen Ordnung noch in dem männlichen Geschlechte ruht, liegt auch keinerlei Nötigung vor, den Frauen an der Universität ein Terrain einzuräumen, welches in den weiteren Folgen unmöglich zu begrenzen wäre.

Das Gutachten zeigt, dass die männlichen Macht- und Positionsinhaber die Frauen von den klassischen Eliteberufen fern halten wollten. Denn nur aus solchen Berufszweigen konnten sich die Männer gesellschaftliche Machtpositionen erobern. Die Zulassung von Studentinnen an Universitäten wurde demnach als eine Gefährdung des traditionellen Geschlechterverhältnisses gesehen. Trotz heftiger Proteste von konservativen Kräften, wurden jedoch ab 1897 Frauen an der philosophischen Fakultät der Wiener Universität als ordentliche Hörerinnen zugelassen. Dies war ein früher Erfolg der sich abzeichnenden Frauenbewegung in ihrem Kampf, das weibliche Geschlecht aus der intellektuellen Unmündigkeit zu befreien.

M athildes Mutter Louise Kralik stellte am 6. Oktober 1876 ein Aufnahmegesuch für ihre Tochter zum Eintritt in das Wiener Konservatorium. Louise Kralik als „Obsorger" und „Glasfabrikantengattin" erklärte, sie wolle ihre Tochter Mathilde „beobachten" und diese solle sich der „Vollzugsvorschrift" des Konservatoriums unterwerfen. Als Einschreibgebühr wurden 6 Gulden bezahlt. Aus der Matrikel des Jahres 1876 geht weiterhin hervor, dass monatlich 120 Gulden Schulgeld zu zahlen waren und sie davon nicht befreit wurde. Als Wohnadresse ist Wien, Elisabethstrasse 1 angegeben.

Mathilde war bei Eintritt in das Konservatorium 18 Jahre alt. In der Matrikel findet sich allerdings der falsche handschriftliche Eintrag „Geburtsjahr 1858", denn Mathilde wurde 1857 geboren. „Das Hauptfach für welches sich der Schüler aufnehmen liess: Composition". Mathilde wird in die Kompositionsklasse von Franz Krenn aufgenommen. Direktor des Konservatoriums war zu jener Zeit Josef Hellmesberger.

In den zwei Studienjahren lernte Mathilde berühmte Komponisten kennen, beziehungsweise Musikstudenten, die später zu großem Ruhm gelangen würden. Darunter waren, neben den bereits erwähnten Männern wie Anton Bruckner und Josef Epstein, die Komponisten Johannes Brahms und Franz Liszt. Kommilitonen in

Mathildes Kompositionsklasse waren Gustav Mahler, Rudolf Krzyzanowski, Rudolf Pichler, Katharina Haus[1], Ernst Ludwig, Hans Rott und Hugo Wolf.

Das Konservatorium war der Sammelpunkt, der musikalische Garten Eden für Tonschöpfer. Hier konnte die Pflanze „Musik" gedeihen, denn die besten Gärtner kümmerten sich um die jungen Gewächse. Viele Früchte, die wir heute in den Konzerthäusern genüsslich konsumieren, wurden in diesem Garten angebaut. Zum Verständnis und für den Spiegel der Zeit Mathildes lohnt es sich deshalb, auf die Biografien einiger ihrer Bekanntschaften zu schauen.

Franz Krenn wurde in Droß (Bez. Krems) als Sohn eines Schullehrers geboren. Dort erhielt er von seinem Vater seinen ersten Musikunterricht. Später wurde er von seinem Onkel, einem Schüler Joseph Preindls, und vom Pfarrer seines Heimatortes unterrichtet. Nach Abschluss des pädagogischen Kurses in Krems war er zunächst Schulgehilfe in Weikersdorf, ging aber 1834 nach Wien, wo er bei Ignaz von Seyfried Komposition studierte und einige Jahre als Klavierlehrer und Hofsängerknaben tätig war.

Ab 1844 hatte er mehrere Organistenposten inne, 1862 wurde er Kapellmeister an der Michaelerkirche und 1869 erhielt er neben Anton Bruckner die Professur für Harmonielehre, Kontrapunkt und Komposition am Konservatorium, wo er bis 1891 wirkte. Sein überaus umfangreiches Werk umfasst 29 Messen, die zwei Oratorien „Bonifazius" und „Die vier letzten Dinge" sowie Requiem, Kantaten, kleinere Kirchenkompositionen, eine Symphonie, Streich- und Klavierquartette, Orgel- und Klavierstücke, ferner eine Orgelschule, eine Schulgesanglehre sowie eine Musik- und Harmonielehre. Franz Krenn starb im Alter von 81 Jahren in St. Andrä-Wördern.

---

[1] Zu Katharina Haus (* 25.11.1855 in Varaždin/ Warasdin, Kroatien; † 4.10.1916 in Wien, Österreich.) gab es auch andere Namensschreibweisen wie Kitty von Escherich-Haus, Katharina von Escherich oder Katharina von Escherich-Haus.

J osef **Hellmesberger** sen. (1828 – 1893) war ein österreichischer Hofkapellmeister, Violinist, Dirigent und Komponist der Romantik, sein Vater Georg war Musiker und Lehrer.

Das Violinspiel lernte er von seinem Vater. Josef Hellmes-  berger wurde im Jahr 1851 Professor und Direktor des Wiener Konservatoriums. Trotz seines Rücktritts als Professor 1859 blieb er bis zu seinem Tod Direktor des Konservatoriums. Im Jahr 1849 gründete er das Hellmesber- ger-Quartett. Sein Sohn Josef Hellmesberger junior wurde ebenfalls ein hervorragender Musiker. Der Vorname des Kaisers war offenbar so beliebt, dass Väter und Söhne gleichermaßen Josef hießen und nur durch die Namenszusätze Senior und Junior zu unterscheiden waren. Mathilde hatte in der Kompositionsklasse zwei Kommilitonen, die später Berühmtheit erlangen würden, Hugo Wolf und Gustav Mahler. Schriftliche Aufzeichnungen, die über den normalen studentischen Kontakt zwischen Mathilde, Hugo Wolf und Gustav Mahler am Konservatorium hinausgingen, sind nicht bekannt. Es ist jedoch anzunehmen, dass sich alle drei gut kannten, da sie sich zwei Jahre lang täglich in der Kompositionsklasse begegneten.

H ugo **Wolf** (1860-1903) wurde in Windischgrätz  (slowenisch: *Slovenj Gradec*) geboren. Er war ein österreichisch-slowenischer Komponist und bedeutender, deutschsprachiger Liedkomponist.

Wolf wurde als Sohn einer slowenischsprachigen Mutter und eines deutschsprachigen Vaters geboren. Seine Familie änderte den Familiennamen vom Slowenischen *Vouk* in das deutsche Äquivalent *Wolf*. Von seinem Vater, einem Lederhändler, der gleichzeitig leidenschaftlicher Musiker war, lernte Wolf das Klavier- und Geigenspiel. Nach Abschluss einer wenig glücklichen Schulzeit in Graz und am Stiftsgymnasium

St. Paul im Lavanttal, in der er für kaum etwas anderes als die Musik besondere Fähigkeiten bewies, ging er 1875 auf das Konservatorium nach Wien (u. a. bei Robert Fuchs).

Seine Lernleistungen scheinen nicht besonders gewesen zu sein. Im Jahr 1877 wurde er wegen eines „scherzhaften Drohbriefes" an den Direktor entlassen. Ab einem Alter von 17 Jahren war er für seine musikalische Ausbildung auf sich selbst angewiesen. Vom Klavierunterricht und dank unregelmäßiger finanzieller Unterstützung durch seinen Vater konnte er für einige Jahre in Wien leben.

1884 wurde Wolf Musikkritiker der Wiener Boulevardzeitung *Salonblatt* und gewann durch seinen kompromisslos beißenden und sarkastischen Stil einige Berühmtheit, die ihm allerdings in seinem späteren Erfolg eher hinderlich sein sollte. Seine glühende Verehrung für Wagner war mit einer harten Ablehnung Brahms' verbunden, dessen Werk er zeitlebens verachtete. 1887 veröffentlichte er zwölf seiner

Lieder, kündigte seine Stellung am *Salonblatt* und begann, sich nur noch der Komposition zu widmen. Die folgenden neun Jahre sollten seinen Ruhm als Komponist begründen: Sie waren von Perioden intensiver Schaffenskraft im Wechsel mit Zeiten geistiger und physischer Erschöpfung geprägt, in denen es ihm manchmal sogar unerträglich war, jegliche Art von Musik zu hören.

Im September 1897 machten die Auswirkungen der Syphilis, die er sich im Alter von achtzehn Jahren zugezogen hatte, eine Einweisung in eine Nervenheilanstalt notwendig, aus der er im folgenden Januar entlassen wurde. Einige Monate später, nach einem Selbstmordversuch im Traunsee, ging er auf eigenen Wunsch in die Anstalt zurück. Nach vier leidvollen Jahren verstarb er am 22. Februar 1903. Seine Grabstelle befindet sich auf dem Wiener Zentralfriedhof.

Wolf hatte zeitlebens unter extremer Armut zu leiden, was für ihn aufgrund seiner schwachen Gesundheit und seines stolzen, sensiblen und nervösen Charakters schwer erträglich war. Im Wege stand seinem beruflichen Erfolg insbesondere sein empfindliches und schwieriges Temperament. Sein Einkommen verdankte er fast ausschließlich den ausdauernden Bemühungen einer kleinen Gruppe von Freunden, Musikkritikern und Sängern, seine Lieder bekannt zu machen, der Unterstützung des *Wiener akademischen Wagner-Vereins* und der Gründung von Hugo-Wolf-Vereinen, z.B. 1887 von Michael Haberlandt in Wien. Selbst die Veröffentlichung seiner Lieder durch den Musikverlag Schott 1891 brachte ihm zwar Ansehen, aber selbst nach fünf Jahren aber lediglich 85 Mark und 35 Pfennige ein. Dementsprechend lebte Wolf zumeist in einfachen Unterkünften, bis die Großzügigkeit seiner Freunde ihm 1896 eine eigene Bleibe verschaffte, in der er ein Jahr leben konnte.

Gustav Mahler (* 7. Juli 1860 in Kalischt, Böhmen; † 18. Mai 1911 in Wien), war der Sohn einer jüdischen Familie. Sein Großvater war Šimon Mahler. Er pachtete 1827 die Weinbrennerei in Kalischt, die er später kaufte.

Nach der Heirat erwarben die Eltern Gustav Mahlers zu der Weinbrennerei einen Gasthof in Kalischt, das spätere Geburtshaus Gustavs. 1865 verkauften seine Eltern ihren Gasthof und das Geschäft in Kalischt und zogen in die mährische Stadt Iglau, wo Mahler den überwiegenden Teil seiner Jugend verbrachte. Von den vierzehn Kindern starben sechs früh. Gustav war das zweitälteste; sein Bruder Isidor war jedoch schon vor Gustavs Geburt gestorben. Besonders der Tod seines Bruders Ernst mit dreizehn Jahren, als Gustav selbst erst fünfzehn war, machte ihm sehr zu schaffen. Beide Eltern starben, als Mahler noch keine dreißig Jahre alt war. Nach dem Tod der Eltern fühlte sich Gustav verpflichtet, für seine jüngeren Geschwister zu sorgen. Er half seinen Brüdern, bis sie selbstständig waren.

Einer seiner Brüder wanderte nach Amerika aus. Mahler nahm seine Schwester Justine zu sich, die ihm viele Jahre den Haushalt führte, bis sie beide im selben Jahr heirateten. Justine und eine andere Schwester, Emma, heirateten die Brüder Rosé, die Musiker im Philharmonischen Orchester von Wien waren. Als Gustav Mahler vier Jahre alt war, begann seine musikalische Ausbildung mit dem Akkordeon. Kurz darauf bekam er seinen ersten Klavierunterricht. Mit sechs Jahren gab er bereits selbst Unterricht und komponierte erste Stücke, die jedoch nicht erhalten sind.

Mahler besuchte die Grundschule, später das Gymnasium. Er las sehr viel, hörte Volks- und Tanzmusik bei entsprechenden festlichen Gelegenheiten, die Militärmusik der in Iglau stationierten Soldaten und in der Synagoge auch jüdische Musik. Alle diese Elemente sind in seinen Werken immer wieder zu finden. Mit zehn Jahren trat er zum ersten Mal als Pianist auf, und mit zwölf Jahren gab er Konzerte mit technisch sehr anspruchsvollen Stücken von Liszt und Thalberg. Mit fünfzehn Jahren ging er auf Empfehlung eines Freundes der Familie nach Wien ans Konservatorium und studierte bei Julius Epstein Klavier und bei Franz Krenn Komposition. In beiden Fächern gewann er im nächsten Jahr den ersten Preis.

Den Schulstoff lernte er als Externer selbstständig weiter. 1877 machte er die Abschlussprüfung am Gymnasium in Iglau. Zwar fiel er beim ersten Mal durch, schaffte es jedoch bei der Wiederholung. Im Dezember hörte er die Uraufführung von Anton Bruckners 3. Sinfonie und wurde beauftragt, einen vierhändigen Klavierauszug dafür herzustellen. 1878 schrieb er den Text für *Das klagende Lied* nach einem Märchen in der Bechstein-Sammlung, beendete das Kompositionsstudium mit dem Diplom und gewann mit einem *Klavierquintett*, das verschollen ist, den ersten Preis. In seinen Konservatoriumsjahren arbeitete er an zwei Opern, die unvollendet blieben: *Die Argonauten* nach einem Drama von Grillparzer und *Rübezahl*. An der

Universität studierte er einige Semester lang Archäologie, Geschichte, bei Eduard Hanslick Musikgeschichte und hörte Vorlesungen bei Bruckner.

Während dieser Studienjahre in Wien gehörte Mahler mit Siegfried Lipiner und anderen zu dem philosophischen und literarischen Freundeskreis um Engelbert Pernerstorfer, wo Lebensfreundschaften entstanden und aus dem er vielfältige geistige Anregungen bekam. Für einige Jahre wurde er so auch zum strengen Vegetarier. Friedrich Eckstein gibt dazu folgende Beschreibung Mahlers:

Einer von ihnen war eher klein von Gestalt; schon in der sonderbar wippenden Art seines Ganges machte sich eine ungewöhnliche Reizbarkeit bemerkbar, sein geistig gespanntes, überaus bewegtes und schmales Gesicht war von einem braunen Vollbart umrahmt, sein Sprechen sehr pointiert und von stark österreichischer Klangfarbe. Er trug immer einen Pack Bücher oder Noten unter dem Arm und die Unterhaltung mit ihm ging zumeist stoßweise vor sich. Sein Name war Gustav Mahler.

Im Jahr 1880 wurde Gustav Mahler Kapellmeister im Sommertheater in Bad Hall und vollendete im November die Kantate *Das klagende Lied*. Es folgten verschiedene Kapellmeisterstellen, an denen er hauptsächlich Opern zu dirigieren hatte und mit diesem Genre reiche Erfahrungen sammeln konnte. Er hörte auch die bedeutendsten Dirigenten seiner Zeit in Konzerten, machte ihre Bekanntschaft und die der Komponisten Pjotr Iljitsch Tschaikowski und Richard Strauss. Die Stationen waren: Laibach (1881-82), Olmütz (1883), Kassel (1883-85), Prag bei dem Intendanten Angelo Neumann (Juli 1885 bis 1886), Leipzig (Juli 1886 bis Mai 1888) als Kollege von Arthur Nikisch, mit dem es zu Rivalitäten kam, und Budapest (Oktober 1888 bis März 1891), wo er Königlicher Operndirektor war. Er kam (1883) auch zum ersten Mal nach Bayreuth, hörte Festspielaufführungen und machte die Bekanntschaft von Cosima und Siegfried Wagner. In Budapest besuchte Brahms eine Vorstellung des *Don Giovanni*, in der Lilli Lehmann sang, und er war von Mahler als Dirigent sehr beeindruckt.

Von März 1891 bis April 1897 war Mahler erster Kapellmeister am Stadttheater Hamburg. Er gehörte inzwischen zu den besten und anerkanntesten Dirigenten

Europas, dessen große Städte er mit Gastdirigaten bereiste, z.B. mit großem Erfolg in London von Juni bis Juli 1892. Mahler erfüllte in diesen Jahren ein überaus anstrengendes Arbeitspensum. Er dirigierte so häufig - in der Saison 1894/95 z. B. 138 von 367 Vorstellungen, dazu acht Philharmonische Konzerte - wie es heute (Stand 2005) kein Dirigent mehr tun würde, komponierte im selben Jahr verschiedene Lieder und vollendete die *2. Sinfonie*, leitete in Berlin die Uraufführung der ersten drei Sätze und komponierte in wenigen Sommerwochen fünf Sätze (nur noch nicht den ersten) der *3. Sinfonie*. In Hamburg legte er außerdem mit seiner Opernarbeit den Grundstein für einen ganz neuen Musiktheaterstil.

In der Hamburger Zeit ging Mahler einige neue Freundschaften ein. Besonders wichtig wurde die Freundschaft mit dem jungen Bruno Walter, der als Chorleiter an das Stadttheater kam. Walter folgte ihm als zweiter Kapellmeister nach Wien und setzte sich im Laufe seines ganzen Lebens mit all seinem Können für die Musik Gustav Mahlers ein.

1897 bis 1907 war Mahler mit seiner Karriere am angestrebten Ziel. Er hatte die in Europa herausragende Stellung eines ersten Kapellmeisters und Hofoperndirektors in Wien. Hier führte er mit Alfred Roller, einem bildenden Künstler, den er zur Tätigkeit als Bühnenbildner animierte, seine Opernreform durch. Durch intensive Probenarbeit steigerte er die Leistung von Orchester und Sängerensemble und fügte sie in ein dramatisches Gesamtkonzept ein. Hohle pathetische Gesten am Bühnenrand stehender Gesangskünstler in überladenen Kostümen und Bühnenbildern verwandelte Roller in entrümpelte, interessant durchstrukturierte Bühnenräume und in Bewegungskostüme, in denen Mahler die Sängerdarsteller wirklich spielen und ihre Rollen auch als Schauspieler ausgestalten ließ.

Da er in Wien die besten lebenden Sänger und Sängerinnen engagieren konnte, wurde seine Zeit als Hofopernintendant eine Hochblüte und der Beginn der neuzeitlichen Operninszenierung. Einige nennenswerte Personen in diesem Zusammenhang sind die Sänger-Schauspielerin Anna von Mildenburg, die beste Wagner-Darstellerin dieser Zeit, die Koloratursängerin Selma Kurz, deren besonders lange „Kurz-Triller" berühmt wurden, Marie Gutheil-Schoder mit ihrer hinreißenden Carmen und anderen leidenschaftlichen Mezzorollen, der Heldentenor Erik Schmedes und der humorvolle Komödiant Leo Slezak, dessen überaus hohe engelsgleiche Stimme noch auf ersten Schallplatten von 1905 in einer Arie aus „Die weiße Dame" und in Lohengrins Abschiedsgesang zu hören ist, sowie die dramatische Ausdruckskraft dieses ganz von Mahlers Inszenierungskunst geprägten Sängers in Tannhäusers „Romerzählung".

Um diese Stellung zu bekommen, hatte Mahler sich taufen lassen und war zum Katholizismus konvertiert, da er mit Recht antisemitische Hindernisse fürchtete. Dem jüdischen Glauben stand er nicht besonders nahe. Seine Weltanschauung war eher eine naturreligiöse und philosophische, was an seinen Angaben und Texten zur *3. Sinfonie*, zur *8. Sinfonie* und zum *Lied von der Erde* besonders ausgeprägt zu erkennen ist.

Gustav Mahler befasste sich jedoch auch intensiv mit dem Auferstehungs- und Erlösungsgedanken des Christentums, was besonders in der *2. und 3. Sinfonie* deutlich wird. Während der Wiener Jahre reiste er durch ganz Europa, u.a. bis Sankt Petersburg, Venedig, Rom, Paris, Amsterdam, um zu dirigieren und seine eigenen Kompositionen mit unterschiedlichem Erfolg aufzuführen. Er gewann überall enthusiastische Anhänger. In Amerika wurden seine Werke ebenfalls aufgeführt und sehr geschätzt.

Neue Freundschaften entstanden unter anderem mit den Brüdern Rosé, den Malern der Sezession und besonders den jungen Komponisten Arnold Schönberg, Alexander

von Zemlinsky und Alban Berg, die seine Musik bewunderten und hoch schätzten. Willem Mengelberg in Amsterdam gehörte zu den jungen Dirigenten, die seine Sinfonien aufführten. Zur Uraufführung der *6. Sinfonie* in Essen kamen viele Freunde von weit her angereist.

Mahlers Ungeduld mit Sängern und Orchestermitgliedern, die seinen Ansprüchen nicht genügten, sein nicht sehr erfolgreicher Umgang mit den Finanzen des Opernbetriebs, eine Pressekampagne gegen ihn mit antisemitischen Tendenzen sowie Streitigkeiten mit seinen Vorgesetzten bei Hof über häufige Abwesenheiten und die Programmgestaltung, deren Gipfel das Verbot der Uraufführung von Richard Strauss' *Salome* war, brachten schließlich beide Seiten dazu, Mahlers Wiener Amt zu beenden.

Er erhielt jedoch eine hohe Pension. Im Januar 1908 begann sein Vertrag bei der Metropolitan Opera in New York. Wieder arbeitete er mit den besten Sängern und Sängerinnen, darunter Enrico Caruso, Emmy Destinn und Leo Slezak, aber seine Inszenierungsvorstellungen konnte er nicht so ganz seinen Wünschen entsprechend umsetzen wie in Wien. Ab 1.November 1909 leitete er ausschließlich die Konzerte der New Yorker Philharmoniker. Bei der Metropolitan Opera blieb er bis zu seinem Tod.

S eine Mutter war Mahler sehr lieb und wichtig. Mit seiner Schwester Justine verband ihn nicht nur das gemeinsame Leben, sondern auch Verständnis und Freundschaft. An jedem Ort seines wechselhaften Lebens war er in eine neue junge Frau leidenschaftlich verliebt. Immer floss etwas davon in seine Musik ein. Mit sechs Jahren war Mahler zum ersten Mal verliebt. Für diese Freundin komponierte er ein Lied. Anfang 1880 in Wien komponierte er drei Lieder für Josephine Poisl, die seine Gefühle aber nicht erwiderte. In Kassel war es die Sopranistin Johanna Richter. 1884 entstanden dort die ersten *Lieder eines fahrenden Gesellen*. 1888 in Leipzig schrieb er, inspiriert durch seine Liebe zu Marion von Weber, der Frau eines Enkels von Carl Maria von Weber, und durch den Roman Titan von Jean Paul in sechs Wochen die *1. Sinfonie* und erste Lieder zu *Des Knaben Wunderhorn*, einer Textsammlung mit Volksdichtungen, die er sehr schätzte.

In Hamburg spielten zwei Frauen eine wichtige Rolle: Die Geigerin Natalie Bauer-Lechner liebte ihn sehr, schrieb ausführliche Tagebücher über die Gespräche mit ihm, woraus eine sehr gründliche Quelle für seine Gedanken, Vorstellungen und viele Erlebnisse wurde; sie war ihm geistig gewachsen und blieb ihm in ihrer Liebe bis ans Lebensende treu. Für ihn war es eine enge, aber nur platonische Freundschaft. Mit der auch im Alltag hochdramatischen Anna von Mildenburg ging er die intensive, leidenschaftlichste Liebesbeziehung vor seiner Ehe ein, die jedoch mit dem Wechsel nach Wien, wo sie ebenfalls engagiert war, von ihm beendet wurde.

Eine Ehe zwischen zwei ihre Berufung ernstnehmenden Künstlern konnte er sich nicht vorstellen. Deshalb endete auch die Beziehung zu Selma Kurz in den ersten Wiener Jahren sehr bald. Dabei war gerade die gemeinsame Vertiefung in die Musik und die Gabe beider Sängerinnen, seine Musiktheatervorstellungen aufs Eindrucksvollste zu verwirklichen, ein wesentlicher Teil der Beziehung. Und darauf brauchte er bei beiden ja nicht zu verzichten.

Ein gemeinsames Wollen muß sich ergeben, ein Begegnen auf dem geistigen Urgrund eines Werkes muß zu geheimem, aber innigstem Einverständnis führen, das allein den Willen seines Schöpfers erfüllen kann.

Das schrieb Anna von Mildenburg über die gemeinsame Arbeit in ihren Erinnerungen, die zehn Jahre nach Mahlers Tod erschienen, ohne jede Bitterkeit ihm gegenüber, und die darin enthaltenen Briefe zeigen, wie eng die Bindung zwischen Mahler und ihr gewesen war.

Von der Ehe hatte Mahler eher konservative Vorstel-
lungen und als er im März 1902 Alma Schindler (geboren 1879) heiratete, bestand er darauf, dass sie nicht weiter komponierte, um stattdessen ihre Aufgaben als Ehefrau und Mutter wahrnehmen zu können. Alma ging darauf ein, nahm es ihm jedoch bis ins Alter hinein übel. Sie selbst war unter Künstlern aufgewachsen. Ihr Vater Emil Jakob Schindler und ihr Stiefvater, Carl Moll, waren Maler. Über ihr Elternhaus lernte sie Max Klinger, Gustav Klimt, Alexander von Zemlinsky (bei dem sie Kompositionsunterricht nahm) und andere kennen. Sie wurde in die Gespräche einbezogen, geliebt und für ihre Schönheit bewundert.

Mahler und sie hatten sich im „Salon" Bertha Zuckerkandls kennen gelernt. Alma war von Mahler als Persönlichkeit und Dirigent fasziniert. Mit seiner Musik konnte sie jedoch wenig anfangen. In der Ehe mit dem 19 Jahre älteren Gustav schien Alma auch einiges zu vermissen. Mahler liebte seine Frau leidenschaftlich und innig, hatte durch sein hohes Arbeitspensum jedoch wenig Zeit für Besuchsabende und andere Vergnügungen und hielt sich während der Ferien in einem extra für ihn gebauten Komponierhäuschen auf (1893-96: Steinbach am Attersee, 1900-07: Maiernigg am Wörthersee, 1908-10: Toblach), wo er sich vollkommen in seine Musik vertiefte. Er fühlte sich als ihr „Lehrer" in Bezug auf Weltanschauung und Lebensart. In seinen Briefen äußerte er des Öfteren den Wunsch, sie hätte mehr „Reife". Die beiden bekamen zwei Töchter, im November 1902 Maria Anna, im Juni 1904 Anna Justina, worüber Mahler sehr glücklich war. Alma konnte jedoch nicht verstehen, dass er 1904, während die beiden vergnügt im Garten spielten, seine *Kindertotenlieder* vollendete, auf Texte von Friedrich Rückert, die dieser nach dem Tod einer Tochter geschrieben hatte.

Nach Mahlers Tod heiratete Alma den Architekten Walter Gropius und später den Dichter Franz Werfel, ließ sich jedoch bis ans Lebensende als „Witwe Gustav Mahlers" feiern. Die Tochter Anna ging mit ihrer Mutter zunächst nach Kalifornien und lebte später als Bildhauerin in Spoleto, wo sie 1988 starb.

Hans Rott (* 1. August 1858 in Braunhirschen, heute zu Wien; † 25. Juni 1884 Wien) war ein weiterer Kommilitone Mathildes in der Kompositionsklasse des Wiener Konservatoriums.

Bei meinen Recherchen zu Mathilde fand ich in ihren Nachlässen keine Hinweise auf Hans Rott. Erst über den Kontakt zur Hans-Rott-Gesellschaft Wien konnte ich aus Rotts Nachlass erfahren, dass Mathilde Kralik und Hans Rott dieselbe Kompositionsklasse besucht hatten und es weitere Kontakte gegeben hatte.

Hans Rott war der außereheliche Sohn des seinerzeit berühmten Wiener Schauspielers Carl Matthias Rott, der seine Karriere 1874 auf Grund eines Bühnenunfalls aufgeben musste und 1876 starb. Trotz seiner finanziell schlechten Lage (seine Mutter, die seit 1862 mit C. M. Rott verheiratete Sängerin und Schauspielerin Maria Rosalia, geb. Lutz, war bereits 1872 verstorben) konnte Rott am

Wiener Konservatorium studieren und wurde Orgel- und Lieblingsschüler von Anton Bruckner, der seine Fähigkeiten hoch schätzte. Rott war wie Mathilde bei Franz Krenn in der Kompositionsklasse. Zudem wurde er in Harmonielehre von Hermann Grädener und im Klavierspiel von Leopold Landskron unterrichtet.

Als am 2. Juli 1878 der Konkurs für Komposition stattfand, meldeten sich 7 Teilnehmer: Mathilde Kralik, Gustav Mahler, Rudolf Krzyzanowski und Rudolf Pichler. Alle vier erhielten jeweils den ersten Preis. Die zweiten Preise erhielten Katharina Haus und Ernst Ludwig. Nur Hans Rotts Konkurs-Arbeit, dem ersten Satz seiner Sinfonie E-Dur, blieb ohne Preis. Nach Bruckners Erzählung soll die Prüfungskommission bei Anhörung der Sinfonie höhnisch gelacht haben. Bruckner soll daraufhin aufgestanden sein und gesagt haben: „Lachen sie nicht meine Herren, von dem Manne werden Sie noch Großes hören."

Rotts Sinfonie wird heute weltweit gespielt. Sie ist aus meiner Sicht tief emotional komponiert und es ist kaum zu glauben, dass ein so junger Mensch ein solches Werk schaffen konnte. Sein früher Tod machte all seine Pläne zunichte. Was hätte er uns nicht alles noch an schöner Musik hinterlassen können! Rott schied ohne Diplom und Medaille aus der Kompositionsschule. Sein Abgangszeugnis bekundet allerdings, dass er die Prüfung in Komposition mit vorzüglichem Erfolg bestand.

Im Tagebuch von Hans Rott finden sich Eintragungen zu Mathilde Kralik, so zum Mittwoch 29. Mai 1878 der Hinweis: „Schulmesse, Frl. Kralik" und zum Freitag 31. Mai 1878 der Eintrag: „Notizen des Frl. Kralik abschreiben", sowie die Adresseintragung: „Mathilde Kralik, I. (1. Bezirk), Elisabethstr. 1, 2. Stock".

Von 1876 bis 1878 hatte Rott eine Organistenstelle an der Piaristenkirche in Wien, widmete sich dann - neben Privatstunden - ganz der Komposition, vor allem seiner Sinfonie in E-Dur. Dieses Hauptwerk wurde jedoch von Johannes Brahms negativ beurteilt und eine Aufführung von dem interessierten Dirigenten Hans Richter aus Zeitgründen zurückgestellt. Als auch ein Antrag auf Gewährung eines staatlichen Stipendiums abgelehnt wurde, verließ Rott 1880 Wien, um eine Stelle als Chorleiter in Mulhouse anzutreten.

Bei der Abreise dorthin manifestierte sich seine schwere psychische Krankheit, seinerzeit als „halluzinatorischer Irrsinn und Verfolgungswahn" bezeichnet. Der Abschied von Wien bedeutete offenbar eine derart schwere Belastung, dass es im Zug zur persönlichen Katastrophe kam. Rott bedrohte einen Mitreisenden mit dem Revolver, als der sich eine Zigarre anzünden wollte, weil Brahms den Zug mit Dynamit habe füllen lassen. Rott wurde nach Wien zurückgebracht und dort zunächst in die Psychiatrische Klinik, 1881 in die Niederösterreichische Landes-Irrenanstalt eingewiesen. Den Rest seines kurzen Lebens verbrachte er dort, empfing Besuche seiner Freunde, komponierte ab und zu, vernichtete aber auch viele seiner Werke. Er starb im blühenden Alter von nur 26 Jahren an Tuberkulose.

Ein Kuss von Franz Liszt

Die hier geschilderte Episode, die dem Buch den Titel gibt, sei nunmehr erzählt. Sie stützt sich auf einen Zeitungsausschnitt der Wiener Tagespresse vom 7. Dezember 1932, mit der Überschrift:

„Mathilde Kralik zum 75. Geburtstag"

Die Komponistin Mathilde Kralik feiert in diesen Tagen ihren 75. Geburtstag. Ich habe die alte Dame in ihrem Heim kennen gelernt, eine Frau von würdevoller, bescheidener Liebenswürdigkeit in einem Milieu echter Altwiener Geschmackskultur. Die gleiche Atmosphäre wie einst im Hause ihres Onkels Ludwig Lobmeyr liegt über diesen mit schönstem, stilvollem Hausrat ausgestatteten Räumen. Über Wert und Wirkung des Lebenswerkes der Tonkünstlerin mögen Berufenere urteilen. Auf alle Fälle hat diese stille Frau, die sich eine herbe Mädchenhaftigkeit bewahrte, in mehr als fünfzigjähriger Arbeit ernste, gute Musik geschrieben, eine Musik, die zu Herzen geht und dennoch keine Spur von Sentimentalität oder Goldschnittromantik aufweist. Kein Geringerer als Anton Bruckner war ihr Lehrer in Kompositionslehre und Kontrapunkt, und während sie nur zögernd und ganz allmählich von ihrer Kunst, die ihr Lebenszweck ist, zu sprechen beginnt, gerät sie ins Erzählen, und Bruckners aus heiterem Spießertum und höchstem Genie gemengte Persönlichkeit samt Schnupftabakdose wird lebendig. Mathilde Kralik hat am Wiener Konservatorium bei Krenn, Klavier bei Epstein studiert, und als sie im Jahre 1878 die Ausbildungsklasse verließ, wurde sie für einen Suitensatz, den sie auch dirigierte, einstimmig mit dem ersten Preis ausgezeichnet.

Alle guten Geister der Musik waren um sie, als ihre Erstlingswerke entstanden und gespielt wurden: Brahms, Goldmark, die Gomperz-Bettelheim, Rose.

Vor allem aber bleibt ihr eine Episode unvergesslich, dessen Held Franz Liszt war, dem sie als Sprecherin für die Konservatoriumsklasse zum Namenstag gratulierte und einen Lorbeerkranz überreichte. Von dem Gefeierten aufgefordert, spielte sie ihren für die Feier komponierten Festmarsch.

Als sie geendet hatte, setzte er sich selbst an das Klavier und gab der Komposition die Klangfülle seines Virtuosenspiels; dann drückte er der jungen Kollegin einen K u ß auf die Stirn.

Alle Hoffnungen, die man in sie gesetzt, hat sie ein Leben lang zu rechtfertigen gesucht. Reklame und Ruhmsucht gänzlich abgeneigt, hat sie sich einen kleinen Kreis erworben, der ihr begeistert und hingebungsvoll Gefolgschaft leistet.

In fünfzig Jahren entstanden Werke aller Formen des musikalischen Ausdrucks. Von den zarten Liedern ihrer Jugendtage, zumeist nach Texten ihres Bruders Professor Richard Kralik, über Oper, Messe und Kantate bis zum Schaffen der allerjüngsten Zeit, das wie in einem neuen Sich-Erschließen die edelsten Früchte eines starken Talents zur Reife brachte.

A. Sch.

Eine zeitliche Zuordnung dieser Begegnung von Mathilde mit Franz Liszt ist möglich. Es ist mit großer Wahrscheinlichkeit der 8. September 1878 gewesen, der Namenstag des heiligen „Franz". Wie sehr Mathilde Franz Liszt verehrte, kommt in ihrer autobiografischen Notiz zum Ausdruck, in der sie Liszt als ihren „Lehrer für moderne Formen" bezeichnet. Franz Liszts unverwechselbarer Stil hat sie offensichtlich so stark beeinflusst, dass man in ihrer 1903 komponierten Rhapsodie in f-moll für Klavier den Herzschlag eines stürmischen Liszt herauszuhören glaubt. Der von der 20jährigen Mathilde im Jahr 1878 komponierte Festmarsch in D-Dur, den sie später in Druck gab, ist hier mit seinen ersten Takten abgebildet. Der Überlieferung nach spielte Franz Liszt anlässlich seines Namenstages diesen Festmarsch Mathildes vom Blatt.

Acht Jahre nach der Begegnung zwischen der Musikstudentin Mathilde Kralik und Franz Liszt, schloss er für immer die Augen, aber sein Name wird für alle Zeiten im Gedächtnis der Menschen bleiben. Welche Bedeutung hatte dieser Kuss für Liszt und welche für Mathilde? Ich denke, es ist eine stille Botschaft des Meisters an seine junge Schülerin, die Anerkennung ausdrücken und Ansporn geben sollte. Kein Händedruck oder noch so wohlgesetzte Worte konnten diese musikalische Seelenverwandtschaft besser ausdrücken als ein Kuss. Die Erinnerung an die Begegnung mit Franz Liszt bewahrte Mathilde ihr Leben lang. Deshalb soll an dieser Stelle umfassend über ihren Lehrer berichtet werden.

Franz (im Ungarischen Ferenc) **Liszt** wurde am 22. Oktober 1811 zu Raiding bei Ödenburg in Ungarn geboren; sein Vater, einem ehemaligen Adelsgeschlecht entstammend, bekleidete daselbst eine Beamtenstelle; selbst musikkundig, unterrichtete er den Knaben im Klavierspiel seit dessen sechsten Lebensjahr. Schon mit neun Jahren trat Franz öffentlich im Konzert als Klavierspieler auf, und die Gunst

des Esterhazyschen Hauses, die er sich durch seinen ersten Erfolg erworben hatte, machte es ihm möglich, sich in Wien bei dem berühmten Czerny ausbilden zu lassen.

Auch Franz Liszt hatte als junger Künstler die Magie des Kusses zu spüren bekommen - durch keinen geringeren als Ludwig van Beethoven! In einem Abschiedskonzert von Liszt kam der alte Beethoven auf das Podium und küsste den jungen Künstler, von dessen Vortrag er hingerissen war. So gesehen war es ein „wandernder Weihekuss" von Beethoven zu Liszt und von Liszt zu Mathilde.

Von Wien zogen die Eltern mit dem jungen Franz nach Paris. Hier wurden Paer und Reicha seine Lehrer. Das geistreiche Treiben der Pariser Salons wirkte auf den empfänglichen, feurigen Jüngling nach allen Richtungen hin anregend. Den nachhaltigsten Eindruck aber machte die poetische Individualität Chopins auf ihn. Mit mächtiger Gewalt zog es den jungen Klavierspieler zum geistlichen Stande und erst die phänomenale Erscheinung des Geigerkönigs Paganini gewann ihn ganz und gar für die Kunst. Der Papagini des Pianoforte zu werden, war nun sein Ideal. Der schon 1827 verstorbene Vater, der nur noch der Ausbildung seines Sohnes sein Leben gewidmet hatte, und die damit an den Sohn herantretende Pflicht, die vereinsamte Mutter zu versorgen, hatten diesen angespornt, alle Kraft an die Erreichung seines Zieles zu setzen. Die Künstlerreisen, die ihn 1839-1847 durch ganz Europa führten, trugen ihm nicht bloß beispiellose Triumphe und Ehren aller Art, sondern auch klingenden Lohn ein. Er konnte seiner geliebten Mutter eine gesicherte Zukunft schaffen, indem er sofort ein Kapital von 100.000 Francs für sie festlegte.

Liszt hatte der Welt nun bewiesen, dass er der erste aller Klaviervirtuosen war. Aber das befriedigte den vielseitig angelegten, durch den Umgang mit Dichtern und Künstlern nach allen Seiten hin offenen Geist nicht. In Weimar, wo er schon 1842 mit großer Begeisterung aufgenommen worden war, bot sich ihm Gelegenheit, als künstlerischer Leiter der Oper und – tatsächlich wenigstens – des ganzen Musikwesens Einfluss auf die Entwicklung der Musik zu gewinnen. Mit feuriger Kraft trat er für die „moderne Richtung" ein; selbstlos nahm er sich des damals in der Verbannung weilenden Richard Wagner an, brachte dessen „Lohengrin" und „Tannhäuser" zur Aufführung und machte so die alte klassische Stätte abermals zu einem künstlerischen Wallfahrtsort. Weimar wurde die Pflanzschule der Zukunftsmusik, die „Altenburg". Liszt, obgleich persönlich der Wagnerschen Kunstrichtung mit Leib und Seele ergeben, war großsinnig und weitherzig genug, jedes ehrliche und wahrhaft überzeugungstreue Streben nachdrücklich zu fördern: Stets hatte er eine offene Hand, oft weit über seine Mittel hinaus. Er blieb bis zuletzt der großherzige Mann, als welcher er 1839 die noch fehlenden Kosten zum Beethoven-Denkmal in Bonn (etwa 30.000 M) auf sich genommen hatte. 1863 nahm Liszt seinen Wohnsitz in Rom und Pius IX. verlieh ihm die niederen Weihen und die Würde eines Abbés. So erfüllte sich noch der Wunsch seiner Jugend, dem Priesterstande anzugehören.

Später siedelte er nach Pest über: Der Enthusiasmus der Ungarn für ihren berühmten Landmann kannte keine Grenzen. Jeder Sommer fand ihn am Fuße der Wartburg, als den Gast des Großherzogs von Weimar. Eine Häuslichkeit im deutschen Sinne des Wortes hat Liszt stets entbehrt. In den Jugendtagen verband ihn innige Liebe mit der Gräfin d'Agoult (Daniel Stern); aus diesem Verhältnis stammen drei Kinder, ein Sohn und zwei Töchter, Blanche, die spätere Gattin des französischen Ministers Ollivier, und Cosima, erst Hans von Bülows, dann Wagners Gattin. Liszt erlebte ähnlich wie Chopin einen jähen Bruch, er schied von der Mutter seiner Kinder.

Gräfin d'Agoult um 1843

Fürstin Carolyne zu Sayn-Wittgenstein 1847
(seltene Aufnahme, Daguerreotypie)

So hat sein Dasein etwas Ruheloses behalten, auch darin ist er den Spuren der Romantiker gefolgt. Während einer Tournee lernte er 1847 in Odessa die Fürstin Carolyne zu Sayn-Wittgenstein kennen, die ihn dazu veranlasste, sein Leben neu zu organisieren. Er entschied sich, mit der Fürstin nach Weimar zu ziehen und sein unruhiges Leben als Virtuose zu beenden. Ab 1848 lebten die Fürstin und Liszt über mehrere Jahre wie ein Paar, auch Heiratspläne wurden geschmiedet, die aber an rechtlichen Belangen in Verbindung mit der Annullierung der Ehe Sayn-Wittgensteins scheiterten. Weimar wurde bis 1861 ein Zentrum für Musiker, Schriftsteller, Gelehrte, Maler, Bildhauer und Bühnenkünstler.

Nun verlagerte Liszt sein künstlerisches Wirken auf das Komponieren und das Aufführen von Musikwerken. Er zog einen Kreis von Klavierschülern an, die er wie stets unentgeltlich unterrichtete. Als sich 1861, einen Tag vor der geplanten Eheschließung in Rom, erneute, unüberwindbar erscheinende Widerstände zeigten, resignierten Liszt und die Fürstin und ließen von ihren Heiratsplänen ab.

Als Künstler ist Liszt in erster Linie Meister des Klavierspiels. Unbestritten steht er hierin als der Erste da. Als Komponist vertritt er rückhaltlos die Grundsätze der Wagnerschen Schule, unbedingte Unterordnung der musikalischen Form unter eine poetische Idee, beziehungsweise den Text des dichterischen Wortes, welches die Musik zu interpretieren hat. Am konsequentesten hat er diese Grundsätze in den „Sinfonischen Dichtungen" angewandt, jenen in einen Satz zusammengefassten, groß angelegten Orchesterwerken, in welchen die Musik die Aufgabe hat, den Reflex darzustellen, den eine gewaltige Persönlichkeit („Tasso", „Hamlet", „Dante", „Faust-Sinfonie") oder ein großartiges Geschichtsbild („Mazeppa", „Hunnenschlacht") oder ein Natureindruck („Berg-Sinfonie") ins Gemüt wirft.

Wie auch bei Mathilde, findet man bei Liszt durch seinen tiefen Glauben viele Werke mit Bezug zu christlichen Themen. In Liedern, in den Oratorien („Die heilige Elisabeth", 1867 zur 800-jährigen Jubelfeier der Wartburg komponiert, „Christus") und Kirchenkompositionen („Graner Messe", „Missa solemnis", „Missa choralis", „Ungarische Krönungsmesse") bleibt er den modernen Grundsätzen treu. Das Urteil über Liszts schöpferische Tätigkeit fällt darum sehr unterschiedlich aus. Während er von vielen als bahnbrechender Meister gefeiert wird, werfen ihm andere einen Mangel an schöpferischer Kraft, Ideenleere oder Formlosigkeit vor. Wie unterschiedlich auch der Komponist beurteilt wird, über den Menschen in ihm sind sich alle Parteien einig gewesen: Liszt hatte wenig Feinde, möglicherweise überhaupt keine. Ihm wurden viele Ehrungen zugedacht, Orden schmückten seine Brust, die Universität Königsberg verlieh ihm einen Doktortitel.

Wie eingangs erwähnt, wurde Mathildes Vater Wilhelm im Jahr 1877 durch Kaiser Franz Joseph I. wegen industrieller und humanitärer Verdienste in den Ritterstand gehoben. Was viele Musikliebhaber vielleicht nicht wissen, ist, dass auch Franz Liszt durch Kaiser Franz Joseph I. nobilitiert wurde. Im Österreichischen Staatsarchiv Wien, Allgemeines Verwaltungsarchiv, liegt ein Adelsakt über Franz Liszt. Mit Wirkung vom 30. 10. 1859 wurde aus Franz Liszt durch kaiserliches Handschreiben „Franz Ritter von Liszt".

Den erloschenen Adel seiner Familie hatten demnach seine Kunst und der Kaiser wieder hergestellt. Seine hier im übertragenen Sinn „ritterliche" Großherzigkeit gewann und besiegte mögliche Gegner.

Nun gehörte seine Familie wieder zum Adel und doch hatte er noch 23 Jahre zuvor eine ganz eigene Ansicht über die Gesellschaft der „Blaublüter" vertreten. Seine Ansichten über die Salons und den Adel kommen in folgenden Worten aus einem Brief an eine Schülerin 1833 zum Ausdruck:

Mehr als vier Monate habe ich weder Schlaf noch Ruhe gehabt: Geburtsaristokratie, Begabungsaristokratie, Glücksaristokratie, elegante Koketterie der Boudoirs, die schwere Atmosphäre der diplomatischen Salons, der sinnlose Tumult der Routs, Bravorufe in literarischen und künstlerischen Abendveranstaltungen, Plaudereien und Dummheiten in Teegesellschaften, Scham und Selbstvorwürfe am nächsten Morgen, Triumph im Salon, überspannte Kritiken und Lobhudeleien in Zeitungen aller Art, künstlerischen Enttäuschungen, Erfolg beim Publikum, alles das habe ich durchgemacht, alles erlebt, alles gefühlt, verachtet, verflucht und beweint.

Mit lebendiger Frische steht allen, die ihm begegnet sind, die ritterliche, sich vornehm bewegende Gestalt des Künstlers in der Soutane, mit dem von langem, weißem Haar umrahmten, scharf ausgeprägten Antlitz vor der Seele, wie er, umschwärmt und umworben von Künstlern und Künstlerinnen, für jeden ein wohlwollendes Wort, einen warmen Händedruck, einen aufmunternden Blick hatte. In der Tat war er vielen ein „Vater Liszt", wie in künstlerischen Kreisen sein Ehrentitel lautete.

Der vergötterte Interpret: Franz Liszt in einer Karikatur von 1842

„Wir werden niemals seinesgleichen sehen" – diese Klage hallt aus den Nachrufen, Gedenkworten, Erinnerungsblättern wider. Die Klage hat ihre volle Berechtigung, wenn man dabei den ganzen Liszt im Auge hat, denn selten wird es einen Künstler geben, der wie er den vollendeten Virtuosen mit dem vielseitig gebildeten, schaffenden Meister und dem ritterlichen Menschen in seiner Person vereinigt. Aber sie gilt ganz besonders der phänomenalen Erscheinung des Klavierspielers Liszt, und wehmütig berührt sind alle, die das Glück gehabt haben, einmal dem Spiele dieses Mannes zu lauschen bei dem Gedanken, dass das nun für immer vorbei sein soll, dass nur noch die Erinnerung die Eindrücke festhalten und wiedergeben kann, welche das wunderbare Spiel einst in jedem Hörer hervorrief.

„Thalberg ist der erste, Liszt aber der einzige" – so bezeichnete man in den Pariser Salons treffend und schlagend das Neue, was in dem damals kaum vierzehnjährigen „petit Liszt" frappierte und überraschte: Es war nicht die vollendete Meisterschaft in der Technik – wer konnte darin einen Thalberg übertreffen, dem die Töne wie leuchtende Perlen unter den Fingern hervorquollen! –, sondern der faszinierende

Zauber der Unmittelbarkeit, die geistige Beseeltheit des Vortrages, welche demselben freilich den Stempel des durchaus Persönlichen aufdrückte, aber dafür die zündende Frische einer immediaten Offenbarung des Geistes verlieh, der das künstlerische Werk unter Anteilnahme des ganzen Selbst nachschaffen konnte.

Nicht immer hat die Subjektivität des Lisztschen Spiels Billigung gefunden. Als er einst auf dem Landsitz der George Sand in ihrem Salon vor erlesenen Gästen ein Chopinsches Nocturne vortrug und dasselbe ins Lisztsche übersetzte, da war der anwesende Chopin keineswegs zufrieden. Er unterbrach ihn und sagte:

„Ich bitte dich, lieber Freund, wenn du mir die Ehre erweisest, etwas von meinen Kompositionen zu spielen, so spiele sie entweder so, wie sie geschrieben sind, oder spiele etwas anderes!"

Darauf antwortete Liszt:

„Eh bien, so spiele selbst!"

Man darf als oberste Regel festhalten, dass der Künstler das Werk spielen soll, nicht sich selbst, aber wer will es einem Genius verargen, wenn er im Gefühl der eigenen Kraft das ihm selbst Kongeniale in dem Werk des Tondichters einseitig auf sich wirken lässt, wenn das eigene Empfinden ihn fortreißt. Mit Recht charakterisiert Robert Schumann Liszts Spiel mit den Worten:

Das Instrument glüht und sprüht unter seinem Meister – es ist nicht mehr Klavierspiel dieser oder jener Art, sondern Aussprache eines kühnen Charakters überhaupt, dem zu herrschen, zu siegen das Geschick einmal statt gefährlichen Werkzeugs das friedliche der Kunst zuteilte.

Liszts Spiel hatte immer etwas von Improvisation an sich. Er gab immer sich selbst, sein augenblickliches Sein und Empfinden, die Wirkung des Kunstwerks, das er vortrug, auf sein eigenes Wesen. Das schloss keineswegs die Fähigkeit aus, mit dem feinsten Zartsinn in die Eigenart, in das Auffassen und Empfinden des anderen einzugehen. Dies bewies er einmal genau dem Künstler, den er ein andermal durch das Hineintragen Lisztscher Eigentümlichkeit in seine Kompositionen unfreiwillig geärgert hatte. Es war gleichfalls im Salon der George Sand.

Man bat Chopin zu spielen. Um sich ganz dem Eindruck des von träumerischer Melancholie durchwebten Chopinschen Spieles hingeben zu können, löschte man die Lichter und zog die Fenstervorhänge zu. In dem Augenblick, da Chopin sich ans Klavier setzte, raunte Liszt ihm etwas ins Ohr. Chopin setzte sich seitab auf einen Lehnstuhl und an seiner Stelle spielte Liszt, so treu der Eigenart des Freundes folgend, dass niemand die Täuschung bemerkte, bis die Lichter wieder angezündet wurden. Die Pariser Causerie weiß zu erzählen, dass Liszt damals mit feinem Lächeln zu denen, die ihre Verwunderung äußerten, gesagt habe: „Nun bin ich einmal Chopin gewesen, aber - kann Chopin auch Liszt sein?"

Er wusste wohl, dass der feinsinnige Poet am Klavier, dessen eigenartige Größe keiner williger und freudiger gefeiert hat als Liszt, doch nicht an die alle Register und Stile beherrschende Vielseitigkeit heranreichte, über welche der „Paganini des Pianoforte" gebot. Unter seinen Kompositionen, die Sturm und Feuer versprühen, sei besonders die „Sonate h-moll" für Klavier aus dem Jahr 1853 genannt. Dieses Stück ist Robert Schumann gewidmet, quasi eine Gegenwidmung zu Schumanns Widmung: „C-Dur-Fantasie Liszt". Die h-moll Sonate ist noch heute eine der größten Herausforderungen für einen Pianisten, der sein ganzes technisches Können einsetzen muss, um sie zu interpretieren. Schaut man sich die Zeit seiner Entstehung an, Mitte des 19. Jahrhunderts, kann man in dieser Sonate frisch gegossenes Eisen riechen und die pochenden Stahlhammer hören. Das beginnende Zeitalter der Industrialisierung, Ausbruch der technischen Revolution, zischende Dampfmaschinen, rauchende Schornsteine und schnaufende Eisenbahnen, die immer weiter in das Land vorstoßen.

Es lässt sich denken, dass der Zauber des Lisztschen Spieles am mächtigsten wirkte im engsten Kreis von gleich gesinnten Künstlern. Hier, wo Liszt sich in den feinsten Wendungen verstanden fühlte, wo er selbst im Spielen Eindrücke und Anregungen empfing, wo der Rapport zwischen dem Gebenden und den Empfangenden ein besonders lebendiger und inniger war, gab der im Spiele dichtende Meister sein Bestes. Solch einen Künstlerkreis ist in der Zeichnung des Malers Kriehuber zu erkennen. Am Pianoforte Franz Liszt, die Haltung schon lässt erkennen, dass Hände und Finger völlig im Dienste des künstlerischen Gedankens, der dichtenden, sich frei ergehenden Eingebung stehen.

Eine Matinee bei Liszt in Wien im Jahre 1846. Nach der gleichzeitigen Darstellung von Kriehuber (von l.n.r.: Kriehuber, Berlioz, Czerny, Liszt, Ernst)

An der Seite des Flügels steht mit verschränkten Armen Meister Czerny, Liszts Lehrer. Wunderbar, vielleicht auch verwunderlich mögen ihn, den Erben und Hüter der Wiener klassischen Epoche, die „Offenbarungen" seines großen Schülers berührt haben, der alle Fesseln der Konvenienz abgestreift hatte und im Dienst der musikalischen Idee durch die Tasten stürmte. Verständnisvoll sieht Hector Berlioz auf den Spieler. Ihm, dem geistreichen, ja bizarren Neuromantiker spielte er aus der Seele, das ist seines Geistes Frucht, durch die Berührung mit Berlioz ist „le petit Liszt" der große Liszt, der Vater der modernen Romantiker geworden. Von Berlioz empfing er dazu den Anstoß, die Ideen. Hinter Liszt sehen wir den Komponisten der viel gespielten „Elegie", den berühmten Violinisten Ernst. Links, in tiefes Sinnen versunken, lauscht mit Zeichenblock der Maler Kriehuber, der dieses Zusammensein durch seinen Bleistift festgehalten hatte. Es war das Jahr 1846, Franz Liszt mit fünfunddreißig Jahren schon auf der Höhe seines Künstlerruhmes.

Viele Episoden ranken sich um Liszt, so auch diese. Eine mit Recht gefeierte Pianistin hatte eben dem anwesenden Meister zuliebe den von Liszt auf das Klavier übertragenen „Karneval von Venedig" vorgetragen und die Zuhörerschaft durch ihr Spiel hingerissen. Auf allgemeines Drängen setzte sich endlich der Meister selbst an den Flügel, spielte dasselbe Stück, aber unter seinen Händen war es ein völlig neues. Wenn man den Spielenden ansah, dessen Augen  sich träumerisch sinnend über den Flügel verloren, so wusste man, hier war ein Dichter, ein echter Rhapsode, der durch die Töne mit den Konzertbesuchern kommunizierte.

Mag der enthusiastische Jüngling „le petit Liszt" von damals in die Töne weit mehr hineininterpretiert haben, als der Komponist selbst sich dabei gedacht hatte, allein die geistige Berührung mit einem Genius blieb den Konzertbesuchern unvergesslich und wehmütig klang es damals (wie heute?) durch ihre Seelen nach seinem Tod: „Wir werden niemals seinesgleichen sehen." Franz (Ritter von) List verstarb am 31. Juli 1886 in Bayreuth.

Im Zeitungsartikel zum 75. Geburtstag von Mathilde werden neben Liszt und Bruckner noch vier weitere Personen genannt, zu denen sie Kontakt hatte, auf sie soll ebenfalls eingegangen werden.

Alle guten Geister der Musik waren um sie, als ihre Erstlingswerke entstanden und gespielt wurden: Brahms, Goldmark, die Gomperz-Bettelheim, Rosé.

Johannes Brahms (* 7. Mai 1833 in Hamburg; † 3. April 1897 in Wien) war ein deutscher Komponist, Pianist und Dirigent, dessen Kompositionen man der Romantik zuordnet. Er gilt als einer der bedeutendsten deutschen Komponisten in der zweiten Hälfte des 19. Jahrhunderts. Johannes Brahms war Sohn einer weit verzweigten niedersächsisch-norddeutschen Familie. Sein Vater, der das Musizieren als Handwerk zum Broterwerb verstand, spielte Horn und Kontrabass und trat mit kleinen Ensembles in Tanzlokalen in Hamburg auf. Brahms erhielt mit sieben Jahren ersten Klavierunterricht. Brahms' Talent zum Komponieren zeigte sich schon in seiner Jugend. Seine 1849 verfassten „Phantasien über einen beliebten Walzer" sind Zeugnis eines virtuosen Klavierspiels.

Brahms entwickelte als junger Mann eine Eigenart: Er veröffentlichte seine frühen Werke häufig unter Pseudonymen (G. W. Marcks, Karl Würth) und teilte ihnen höhere Opuszahlen zu. Anfangs schrieb Brahms ausschließlich Klavierwerke, die Möglichkeiten und Grenzen des Orchesters waren ihm zu wenig vertraut, und auch in späteren Jahren bat er beim Komponieren seiner ersten Orchesterwerke erfahrene Komponisten aus seinem Freundeskreis um Hilfe. 1853 vermittelte der mit ihm befreundete ungarische Violinist Eduard Reményi die Bekanntschaft des in Hannover weilenden Geigers Joseph Joachim. Dieser notierte gleich über Brahms:

In seinem Spiele ist ganz das intensive Feuer, jene, ich möchte sagen, fatalistische Energie und Präzision des Rhythmus, welche den Künstler prophezeien, und seine Kompositionen zeigen schon jetzt so viel Bedeutendes, wie ich es bis jetzt noch bei keinem Kunstjünger seines Alters getroffen.

Johann Strauss und Johannes Brahms ca. 1880

Joachim empfahl Brahms, sich an Franz Liszt zu wenden, der zu jener Zeit Hofkapellmeister in Weimar war. Dieser versprach ihm, ihn in einem Brief an den Musikverlag Breitkopf & Härtel zu erwähnen. Brahms erhoffte sich davon nicht viel und schrieb Joachim umgehend einen Brief mit dem Wunsch, dieser möge ihn in das künstlerische Leben einführen. Daraufhin überredete Joachim ihn, den in Düsseldorf weilenden Komponisten Robert Schumann aufzusuchen.

Ein Ausspruch von Brahms war: „Es ist leicht zu komponieren, aber fabelhaft schwer, die überflüssigen Noten unter den Tisch fallen zu lassen."

Karl Goldmark, häufig auch *Carl Goldmark* (*18. Mai 1830 in Keszthely; † 2. Januar 1915 in Wien) geschrieben, war ein österreichisch-ungarischer Komponist, Musiklehrer und Geiger jüdischer Herkunft.

In Keszthely am Balaton als Sohn eines jüdischen Kantors geboren, übersiedelte er im Alter von vier Jahren nach Deutschkreutz im Burgenland, wo er in ärmlichen Verhältnissen in seiner deutschjüdischen Familie aufwuchs. Mit 11 Jahren bekam er den ersten Geigenunterricht, mit 14 Jahren zog er nach Wien und gab dort im Alter von 18 Jahren seine ersten Soloauftritte als Geiger. Über viele Jahre wirkte er unbeachtet als Theatergeiger am Carltheater, wo er seine Einkünfte durch Klavierunterricht aufbesserte. 1863 erhielt er ein Stipendium für Musik, das ihm von den drei Kommissionsmitgliedern des Unterrichts-ministerium Eduard Hanslick, Esser und Herbeck zugesprochen wurde.

Mit 27 Jahren fasste er erstmals den Entschluss, mit eigenen Kompositionen vor Publikum zu treten, mit 28 Jahren gab er sein erstes Konzert mit eigenen Werken. Zu Beginn der Sechziger Jahre war Goldmark als Bratschist eines jungen Streichquartetts tätig. Diesem Quartett übergab Johannes Brahms sein später mehrfach umgearbeitetes Streichquartett in f-moll zur Probe. In dieser Zeit entwickelte sich zwischen Brahms und Goldmark eine (nicht immer ganz problemlose) Freundschaft, die in zahlreichen Ausflügen etwa nach Baden oder Klosterneuburg und auch in einer gemeinsamen Italienreise zum Ausdruck kam. Goldmark gehörte daneben auch zu den regelmäßigen Gästen bei der Familie Johann Strauss. Gustav Mahler, der drei Goldmark-Opern auf seiner Dirigierliste hatte, *„Heimchen am Herd"* (1896), *„Die Kriegsgefangene"* (1899) und die Neuinszenierung der *„Königin von Saba"* (1901) und Goldmark begegneten sich mit einer gewissen Reserviertheit. Dies wurde teilweise darauf zurückgeführt, dass Mahler es Goldmark stets verübelt hatte, dass dieser als Mitglied der Juroren-Kommission (bestehend aus Hanslick, Brahms, Richter und Goldmark) in den Jahren 1878 und 1881 den „Beethoven-Preis" der *Gesellschaft der*

Musikfreunde nicht ihm, sondern Robert Fuchs und Richard Herzfeld zugesprochen hatte.

Als Autodidakt schaffte er 1865 mit der Sakuntala-Ouvertüre den ersten Durchbruch, aufgeführt im 4. Philharmonischen Konzert der Saison 1865/66. Der Kritiker Eduard Hanslick, der die Aufführung insgesamt wohlwollend kritisierte, nahm allerdings wie in vielen späteren Kritiken an seinem „Dissonanzenreichtum" Anstoß. In der Uraufführung von Goldmarks Ouvertüre „*Im Frühling*" stellte Eduard Hanslick die Frage, ob „der Dissonanzenkönig es über sich gewinnen wird, dem Mai zuliebe seine schneidenden Akkorde zu verabschieden", und in Goldmarks „*Sappho-Ouverture*" brandmarkte er dessen „Dissonanzenurwald".

Goldmark war zum Ende des 19. Jahrhunderts in seinen späteren Jahren ein sehr populärer Komponist, der mit Superlativen überhäuft wurde. Jean Sibelius, zeitweiliger Schüler von Goldmark ab 1890 schrieb 1892 über Goldmark, er habe in Wien einen außerordentlichen Ruf und man beneide ihn vielerorts darum, Goldmarks Schüler zu sein. Julius Korngold, Nachfolger von Eduard Hanslick sprach vom „Goldmark-Kultus". Karl Kraus bescheinigte ihm, seit Richard Wagners Tod der größte lebende Musikdramatiker zu sein. Er wurde nach Brahms Tod gewissermaßen als das letzte Exponat des sich verlierenden spätromantischen Zeitalters angesehen, wobei die ungarische Musikwelt ihn als „Nationalkomponist" bis heute mit größerer Aufmerksamkeit bedacht hat.

Sein bekanntestes Werk ist die 1875 uraufgeführte Oper *Die Königin von Saba*, mit der er über Nacht berühmt wurde. Hanslick, der alles im Umkreis Richard Wagners Stehende befehdete, glaubte bei allen Opern Goldmarks eine zu große Nähe zu Richard Wagner feststellen zu müssen. Auch viele andere Kritiker stigmatisierten Goldmark als Wagnerepigone. Am schonungslosesten mit seiner Kritik gegenüber Goldmark war Hugo Wolf. Die Oper *Die Königin von Saba* war noch bis 1936 an der Wiener Staatsoper präsent, bis das Verdikt der Nationalsozialisten für ein endgültiges Aufhören der Rezeption sorgte. Nach 1945 bot der Musikbetrieb Wiens Goldmark praktisch keinen Raum mehr.

Seine musikalischen Leitbilder waren Felix Mendelssohn, Robert Schumann und später Richard Wagner. 1860 ist seine einzige Begegnung mit Wagner dokumentiert. Um die Jahrhundertwende war er neben Gustav Mahler und Ludwig Bösendorfer

Mitglied im Komitee zur Anschaffung einer neuen Orgel für den Musikvereinssaal. In seinen späten Jahren erhielt er neben zahlreichen Ehrungen die Ehrendoktorwürde der Universität Budapest. Neben Sinfonien, anderen Orchesterwerken, Kammermusik, Chorwerken und Liedern komponierte er eine Reihe von Opern.

Der Neffe und Sohn seines 1879 nach USA emigrierten Bruders Leo Goldmark, Rubin Goldmark, Pianist und Komponist, studierte im Alter von 17 bis 19 Jahren zwei Jahre in Wien bei Robert Fuchs, danach in New York bei Antonin Dvorak und war zuletzt Lehrer der Kompositionsklasse an der Juilliard School in New York. Karl Goldmark starb am 2. Januar 1915 in Wien. Seine Grabstelle befindet sich auf dem Zentralfriedhof Wien (israelitischer Teil, Tor 1).

Caroline von Gomperz-Bettelheim (*1. Juni 1845 in Budapest, †13. Dezember 1925 in Wien; eigentlich *Caroline Bettelheim*) war eine österreichisch-ungarische Pianistin und Kammersängerin. Caroline (auch als Karoline geschrieben) von Gomperz-Bettelheim wurde 1845 als Tochter jüdischer Eltern in Ungarn geboren. Ihr

jüngerer Bruder war der Autor, Literaturkritiker und Journalist Anton Bettelheim.

Sie nahm Unterricht am Klavier bei Karl Goldmark und Gesangsunterricht bei Moritz Laufer und gab mit 14 Jahren ihr Debüt als Pianistin. Bereits zwei Jahre später stand sie das erste Mal als Sängerin (Alt) auf einer Wiener Opernbühne. Von 1861 bis 1867 war sie festes Ensemblemitglied der Wiener Hofoper. 1867 folgte dann die Hochzeit mit dem Handelskammerpräsidenten und Reichstagsabgeordneten Julius Ritter von Gomperz (* 1824-1909) und der Abschied von der großen Bühne. Caroline von Gomperz-Bettelheim trat aber weiterhin auf kleineren deutschen Bühnen auf.

Arnold Josef Rosé (eigentlich *Arnold Josef Rosenblum*; * 24. Oktober 1863 in Jassy / Rumänien ; † 25. August 1946 in London) war ein Violinist und Musiklehrer. In den Jahren 1881 bis 1931 arbeitete er als Konzertmeister der Wiener Philharmoniker.

Arnold Rosé (ganz links) mit seinem 1882 gegründeten Rosé-Quartett

Er war mit Justine Mahler, der Schwester von Gustav Mahler, verheiratet. Seine Tochter war die Violinistin Alma Rosé. Arnold Rosé saß noch am 11. März 1938 am Konzertmeisterpult der Wiener Staatsoper. Am 13. März trat das „Anschlußgesetz" in Kraft. Durch die „Arisierung" wurden bei Philharmonie und Staatsoper elf Musiker, darunter Rosé, umgehend „pensioniert". Arnold Rosé schrieb in einem Brief an Carl Flesch:

Wie Sie richtig vermuten, bin ich nun nach 57 Jahren Oper, 56 Jahren Quartett und 44 Jahren Hofmusikkapelle in den Ruhestand versunken, ohne Sang und Klang. Ich glaube, daß Sie mich genügend kennen, um zu wissen, daß mir Eitelkeit fremd ist, aber daß man so plötzlich totgesagt wird, ist nicht zu fassen. Ab 1.Mai erwarte ich meine Vollpension, doch habe ich bis jetzt keine amtliche Benachrichtigung erhalten. Mein kleines Vermögen ist während der Inflation in Nichts zerronnen, so daß ich meinen Lebensstandard auf mehr als bescheiden herunterdrücken muß. - Ich bin im 75., meine Frau im 7o. Lebensjahr, da muß die Pension noch ein paar Jahre langen. Das vieljährige Leiden meiner Frau trübt meine letzten Jahre, doch bin ich noch bei Gesundheit und habe nicht einmal den gewissen «Tatterich»! Ha, ha!

Rosé wurde zum 1.7.1938 ohne Pensions-Anspruch entlassen. Die „Reichskristallnacht" (9./10. Nov. 1938) war höchstes Alarmsignal, doch fehlte zur Emigration das Geld. Carl Flesch ermöglichte Familie Rosé (2.5.1939) und Alma Rosé (24.3.1939) durch eine Sammlung die Emigration nach England. Arnold Rosés Bruder und langjähriger Quartettpartner Eduard starb am 24.1.1943 im Konzentrationslager Theresienstadt; Sohn Alfred entkam über Holland und die USA nach Kanada.

Das Schicksal seiner Tochter Alma Rosé ist eine Tragödie, ihre „via dolorosa" darf nicht unerwähnt bleiben. Mathilde musizierte gelegentlich in Wien mit Alma, dabei wurde Mathildes Sonate für Klavier und Violine vorgetragen.

Alma (Maria) Rosé wurde am 3.11.1906 in Wien geboren. Ihre Mutter Justine war die Schwester von Gustav Mahler. Gustav Mahlers Frau Alma wurde Patentante, deshalb wurde auch ihr der Vorname Alma gegeben. Zum Freundeskreis der Familie gehörten Musiker wie Leo Slezak, Felix von Weingartner, Bruno Walter, Arnold Schönberg, Richard Strauss und Hans Pfitzner. Ihr Vater unterrichtete sie früh im Violinspiel.

Um 1920 begann sie öffentlich aufzutreten. Am 16.11.1926 gab Alma unter der Leitung ihres Vaters zusammen mit dem Staatsopernorchester ihr erstes „großes" Konzert. Ernst Krenek bezeichnete ihr Musizieren als „hochdiszipliniert" und Erich Korngold widmete ihr eines seiner Werke. Alma war eine überaus schöne und sehr tatkräftige Frau. Sie besaß sogar einen Führerschein. 1925 flog sie in einem offenen Flugzeug von Prag nach Wien. Alma Rosé heiratete am 16.09.1930 in Wien den tschechischen, vom Publikum als „Teufelsgeiger" benannten Váša Prihoda, den Arnold Rosé sehr schätzte. Trauzeugen waren Arnold Rosé und Franz Werfel - der spätere dritte Ehemann von Alma Mahler. Die Umstände sprechen für eine Liebesheirat, die sicher auch im gemeinsamen Violinspiel ein verstärkendes Band fand. Ihre Charaktere waren jedoch so verschieden, dass sich die Beziehung nach wenigen Jahren abkühlte. 1935 wurde die Ehe in Brandys nad Labem geschieden.

Alma Rosé wird als eine eigenwillige kleine Person geschildert, als durchsetzungsfreudig, lebensfroh und auch kapriziös. Sie entwickelte sich zu einer jungen Frau, die weiß, was sie will und die begabt ist. Der berühmte Vater, ihr berühmter Onkel Gustav Mahler, sowie ihr Mann Váša Příhoda brachten sie an die Spitze der musikalischen Salons.

Alma mit Ehemann Váša Příhoda

Mit der von ihr gegründeten Truppe „Wiener Walzermädel" feierte sie in europäischen Metropolen beträchtliche Erfolge. Dem Vater blieb sie persönlich und musikalisch eng verbunden.

Nach dem „Anschluss" Österreichs an das Deutsche Reich am 12. März 1938 bereitete Alma Rosé für sich und den Vater die

Emigration vor. Da sie als tschechische Staatsbürgerin frei reisen durfte, ging sie nach London, um dort das Terrain zu sondieren. Weihnachten 1938 war sie zurück in Wien. Ihr tschechischer Pass lief am 15. März 1939 ab; deshalb musste sie überstürzt nach England einreisen, obgleich die Papiere des Vaters noch nicht in Ordnung waren. Im Mai traf auch er in London ein. Mit der Entscheidung, im November 1939, also drei Monate nach Kriegsbeginn, nach Amsterdam zu fliegen, um ein Engagement im Grand Hotel Central wahrzunehmen, begann jene fatale Folge von Ereignissen, an deren Ende Alma Rosés Tod in Auschwitz stand. Sie verdiente in den Niederlanden genug, um regelmäßig Geld nach London schicken zu können. Am 2. Mai 1940 aber ließ sie aus bisher nicht geklärten Gründen ihr Rückkehr-Visum nach England verfallen. Acht Tage später marschierten Hitlers Truppen in die Niederlande ein – Alma Rosé saß in der Falle, sie musste untertauchen.

Ihre Einreise in die USA scheiterte an einem fehlenden Arbeitsvertrag bzw. den Quotenbestimmungen; die Hoffnung auf ein Visum für Kuba zerschlug sich ebenfalls. Im Dezember 1940 war sie von den deutschen Besatzungsbehörden offiziell als Jüdin deklariert worden. Ihr mit einem roten J versehener Pass lautete nun auf den Namen „Alma Sara (Maria) Příhoda-Rosé". Sie durfte nur noch in Hauskonzerten auftreten. Dabei gewann sie viele wichtige Freunde, darunter Carl Flesch, der mit einem Sonderstatus in den Niederlanden war, sowie den Dirigenten und Komponisten Géza Frid. Rainer Licht erwähnt Alma in „Musik im Exil":

Ein Akt der deutlichen Opposition zum Besatzungsregime waren die zahlreichen illegalen Hauskonzerte ... So gibt es z. B. Zeugnisse über eine Art »Tournee«, die die Geigerin Alma Rosé zwischen Januar 1941 und August 1942 in Privathäusern vornehmlich in den westlichen Ballungsgebieten der Niederlande durchführte. Auf dem Programm standen Werke von Beethoven und Brahms, die von Juden nicht gespielt werden durften.

Im November 1941 schrieb sie aus Utrecht an ihren Bruder Alfred, der in die USA und später nach Kanada emigrierte:

Wann glaubst Du, wird es für uns ein Wiedersehen geben? Dieses Nicht-leben kann man doch nie mehr nachholen…

1942 wurde die Lage für die Juden in den Niederlanden so bedrohlich, dass viele Betroffene Scheinehen eingingen, um vor der Deportation geschützt zu sein. Durch Vermittlung niederländischer Freunde schloss sie eine Scheinehe mit Constant August van Leeuwen Boomkamp (einem Bruder des bekannten Cellisten Carel van Leeuwen Boomkamp). Dieser Trauschein half ihr, als sie am 2. August 1942 verhaftet wurde, denn sie wurde noch am gleichen Tag als Frau van Leeuwen wieder entlassen. Als die Deportationen holländischer Juden begannen, schrieb Alma am 7.8.1942 an Carl Flesch:

Sehr geehrter Herr Professor, es gibt keinen andern Weg von Ihnen Abschied zu nehmen - damit wissen Sie alles! - Ich gehe - versuche in die Freiheit zu kommen - sonst gehe ich zu Grunde. In diesem Moment möchte ich Ihnen noch einmal sagen - ich weiß, daß nur Sie es möglich machten, daß mein Vater in einem freien Land jetzt lebt - mehr kann kein Mensch auf der Welt für mich tun und doch haben Sie es getan und die Gefühle die ich für Sie habe, brauche ich nicht nieder zu schreiben - die müssen Sie wissen. Werde ich Sie im Leben wiedersehen?

Gott schütze Sie beide, - Seien Sie im Geiste umarmt,

Alma

Danach wurde für sie die Flucht über Belgien und Frankreich in die Schweiz organisiert, die aber Ende Dezember in Dijon scheiterte. Sechs Monate verbrachte Alma Rosé im Internierungslager Drancy bei Paris. Am 18. Juli 1943 gehörte sie gemäß den Akten des SS-Hygiene Instituts zum Transport 57. Mit 1000 jüdischen Häftlingen wurde sie in Güterwagen nach Auschwitz deportiert. Ein Kontakt zur Familie war nicht mehr möglich. Der Transportzug kam am 20. Juli 1943 in Auschwitz an, sie bekam die Häftlingsnummer 50381.

Im Frauenlager von Auschwitz-Birkenau wurde sie als Geigerin erkannt und von der berüchtigten Kommandantin Maria Mandel dem Frauenorchester als Leiterin zugeordnet. Die Mitglieder des Orchesters hatten zwar eine gewisse Chance zu überleben, aber ihr Dienst begleitete ein massenhaftes Sterben. Über die intensive und strenge Orchesterarbeit unter der Führung von Alma Rosé haben die Überlebenden berichtet. Sie verehrten ihre „Frau Alma" und selbst die SS-Wächter brachten ihr eine gewisse Achtung entgegen.

Dr. Margita Schvalbova, Ärztin mit der Häftlingsnummer 2675 als Überlebende von Auschwitz gibt nach dem Krieg zu Protokoll:

Der erste Versuch im Frühjahr 1943 eine Lagerkapelle im Frauenlager zu errichten endete kläglich... Kurze Zeit später verbreitete sich die Nachricht, daß eine neue Kapellmeisterin kam und am Sonntagnachmittag sollte das erste Konzert stattfinden ... Schon bei den ersten Takten hielten wir den Atem an. Die Töne, die aus der Geige der neuen Kapellmeisterin erklangen, waren eine längst vergessene Welt: Tränen, erstarrt am Rande eines undurchlittenen Schmerzes, ein Lächeln, weggeweht vom Sturm tausender Toten... „Wer ist das?" Irgendwoher kam die Antwort: „Alma Rosé." Gleich nach der Ankunft wurde sie für den Block 10... ausgewählt, in dem hauptsächlich Sterilisationsversuche gemacht wurden ... Eines Tages hatte die Blockärztin Geburtstag und die Blockälteste erwähnte, sie möchte gerne etwas Musik: „Kann jemand Geige spielen?" Alma meldete sich... ihr Spiel wurde zu einer Entdeckung für die Häftlinge und auch für die SS. Einige Tage später wurde sie als Kapellmeisterin nach Birkenau überstellt. Sie stellte eine Kapelle zusammen aus Mädchen - Amateurinnen, die zu Hause zwei bis drei Jahre spielen gelernt hatten. Sie instrumentierte selber für das ganze Orchester und übte außer den Pflichtschlagern Opernarien, Dvorak, Chopin, Tschaikowsky...

Am Anfang veranstaltete sie jeden Sonntag Konzerte in ihrem Block. Die Erinnerung an sie ist eine der Schönsten... Es waren die feierlichsten Momente im Lager. Am 3. April (1944) kam jemand... zu berichten, daß Alma Fieber habe: Ich eile zu ihr. Sie liegt mit fieberndem Gesicht, klagt über Kopfschmerzen und über Erbrechen. Ihr Fieber stieg auf 39,4 Grad, keine anderen Symptome ... „ich habe Wodka getrunken" ... Alkohol im Lager war meistens Methylalkohol. Mittags ist Almas Zustand unverändert ... nach dem Abendappell eile ich wieder zu ihr ... Alma erkennt mich nicht, sie ist tief bewußtlos, ihre Temperatur sinkt unter Normal und sie hat meningeale Symptome. Ihr Körper ist mit kleinen Blutergüssen übersät, und automatisch greift sie nach ihrem Kopf... Ist es schwerer Flecktyphus, Gehirnhautentzündung, oder eine Vergiftung? Wir machen eine Magenspülung. Ich bleibe die Nacht hindurch bei Alma, fühle ihren Puls, verabreiche Herzmittel. Alma bleibt bewußtlos, unruhig, die Augen weit offen, suchend.

Die Kameradinnen trugen Alma aufs Revier auf Block 4. Es war der 4. April 1944. Alma hatte kein Fieber, aber die meningealen Symptome dauerten an und die Hautblutungen nahmen zu. - Zeitweilig ist Alma bei Bewußtsein.. Eine Lumbalpunktion .. nachmittags .. ergibt einen klaren Liquor. Alma ist bei Bewußtsein und hält meine Hand. „Alma, bald wirst du wieder gesund sein, du mußt um deiner Musik willen gesund werden!" Ein leises Lächeln, voll schmerzlicher Resignation folgt. Dieses Lächeln erstarrt auf ihren Lippen ... Weit klaffen die Pupillen... Die Hände winden sich in Krämpfen und die Finger scheinen das große Unbekannte verscheuchen zu wollen: ein epileptischer Anfall... Ein Augenblick der Ruhe folgt. Dann mehren sich die epileptischen Anfälle, werden stärker. Verzweifelte Hilfsversuche ... niemand glaubt mehr an ihren Erfolg ... Alma: eine klare, leuchtende Stirn, gesenkte Augenlider und still klingendes Lächeln der Lippen. Weiße, unwahrscheinlich schlanke Finger in unbekannte Fernen weisend.

Der kanadische Biograf Richard Newman berichtet über Alma Rosé:

Alma Rosé starb am 4. April 1944 an Botulismus, einer Lebensmittelvergiftung, die sich bei einer Geburtstagsfeier der Kapo Schmidt durch verdorbene Konserven zugezogen hatte. Vergeblich versuchte Dr. Mengele persönlich sie zu retten, veranlasste eine Lumbalpunktion und schickte die Probe ins SS-Labor. Als „Dienstgrad, Einheit" der Patientin vermerkt das Formular bloß die eintätowierte Häftlingsnummer: 50381. Alma Rosé wurde bis zuletzt Sonderbehandlung der SS im nicht letalen Sinn zuteil. Auch ihre potenziellen Mörder versagten „Frau Alma", so die Anrede der Wächter und Schergen, nicht den Respekt. Man bahrte die Leiche auf und nahm von ihr Abschied, so würdevoll das eben in diesem Höllenkreis möglich war.

Auschwitz Überlebende Fania Fenelon, Häftlingsnummer 74862, schreibt in ihrem Buch „Das Mädchenorchester von Auschwitz":

In einer kleinen Nische neben dem Versuchsraum hatte die SS einen Katafalk aufgebaut, der mit weißen Blumen bedeckt ist. Ein wahres Blumenmeer, verschwenderisch viele weiße Lilien, die sehr stark riechen. Die SS muss dafür mit Autos in die Stadt gefahren sein, denn hier in Auschwitz gibt es weder Blumen noch Geschäfte. (S. 235)

Halina Zombirt, Überlebende von Auschwitz, Pflegerin im Krankenrevier schrieb 1987 in einem Brief an Zofia Cykowiak:

Die Nachricht von ... der Methylalkoholvergiftung brachte unsere Nora... Die nächste ... mit gleicher Diagnose war Frau Schmidt (Anmerkung: die Kapo) ... An der Veranstaltung... brachte Schmidt noch eine Flasche, eben diese verhängnisvolle, von der sich die beiden vergiftet haben ... Sektion hat es keine gegeben. Ich erinnere mich daran, daß ihr Leichnam auf den Hockern lag, mit einem Laken bedeckt. Es war vor dem Block und ... vor dem Appell wurde er ins ... Totenhaus gebracht ...

Wem die Lager-Kommandantur des Konzentrationslagers Auschwitz-Birkenau das „Privileg" gewährte, im Mädchenorchester zu spielen, der hatte auf fürchterliche Weise Glück im schrecklichsten Unglück. Alma Rosé hatte dieses Glück, vorerst zu überleben und vor allem die Aussicht, nicht in der Gaskammer zu enden, solange man im Orchester gebraucht wurde. Die Geschichte und das Schicksal dieses Mädchenorchesters ist literarisch und filmisch wiederholt behandelt worden; Es ist ein Stoff, aus dem Träume und Albträume sind: Mädchen und Frauen konnten sich durch die Liebe zur Musik und ihre musikalischen Aufführungen im KZ für kurze Zeit in eine andere Welt hineinträumen.

Bei der Recherche über Alma Rosé, die über ihren Vater Albert auch mit Mathilde Kralik in der Wiener Musikszene bekannt war, stockte mir das Blut. Nur durch eine Laune der Natur, keine jüdischen Eltern zu haben, hätte Mathilde das gleiche Schicksal treffen können. Mir war es wichtig, in diesem Buch an das

Schicksal der großartigen Musikerin Alma Rosé und ihres Mädchenorchesters in Auschwitz zu erinnern. Was für eine grausame Mordideologie doch in Auschwitz herrschte, wenn die KZ-Kommandantur den Auftrag erteilte, ein Häftlings-Orchester zu gründen, um genüsslich die Musik von Beethoven, Bach und Chopin anhören zu können, und den Anschein zu erwecken, dort wo musiziert wird, könne nicht die Hölle sein - welch große Täuschung!

Zur Ehre und in Erinnerung an das Mädchenorchester von Auschwitz seien hier ihre Namen genannt.

Alma Rosé, Dirigentin und Geigerin, Österreicherin

Esther Bejarano, Akkordeon, Deutsche

Fania Fénelon, Piano und Gesang, Französin

Helena Dunicz-Niwińska, Polin

Zofia Cykowiak, Violine und Interpretation, Polin

Anita Lasker-Wallfisch, Violoncello, Deutsche

Hélène Scheps Violine, Belgierin

Violette Jacquet, Französin

Ewa Stojowska, Piano und Gesang, Polin

Flora Schrijver, Akkordeon, Holländerin

Lili und Yvette Assael, Akkordeon und Bass, Griechinnen

Julie Stroumsa, Violine, Griechin

Fanny Birkenwald, Mandoline, Belgierin

Hélène Rounder, Violine und Interpretation, Französin

Lily Máthé, Violine, Ungarin

Eva Steiner, Gesang, Ungarin

Lola Kroner, Flöte, Deutsche

Else Felstein, Violine, Belgierin

Sonia Vinogradovna, Piano, Russin

Dr. Margita Švalbova, Tschechin

Lotte Lebeda, Sängerin, Tschechin

Rhejnhardya Schgaethjain, Zupfinstrumente, Rumänin

Haningya Kleifka-Wick, Xylophon, Polin

Philippa Schleuterstein, Sprechgesang, Deutsche

Rachela Zelmanowicz (Olewski), Mandoline, Polin

Hilde Grunbaum (Simche), Notenschreiberin, Deutsche

Rivka Kupfeberg (Bacia), Polin

Clara, Sängerin (alt), Französin

Florette, Violinistin, Belgierin

Eine der Überlebenden des ehemaligen Auschwitz-Mädchenorchesters ist Anita Lasker-Wallfisch, die Nichte des US-amerikanischen Schachweltmeisters Edward Lasker (1885-1981). Sie war 18 Jahre alt, als sie in das KZ Auschwitz verschleppt wurde. Ihre Eltern wurden bereits 1942 deportiert und ermordet.

Anita Lasker-Wallfisch, 1925

Im Buch von Martin Doerry „Nirgendwo und überall zu Haus" gibt sie dem Autoren ein Interview: Und dann kam Alma Rosé, sie sagte nur: „Wunderbar, wir brauchen ein Cello". Auf die Nachfrage des Autors Martin Doerry, ob es denn überhaupt Instrumente gegeben habe, antwortet Anita Lasker-Wallfisch:

Sie müssen an Folgendes denken, Auschwitz war einer der reichsten Plätze der Welt. Alle Menschen, die dorthin deportiert worden sind, haben in der Eile nur noch das mitnehmen können, was ihnen am liebsten war. Nun, ein Musiker nimmt sein Instrument mit. Aber an Ort und Stelle ist einem ja alles weggenommen worden. Aufbewahrt wurden diese Dinge in einem Teil des Lagers, der von den Gefangenen „Kanada" genannt wurde, das war ein großes Warenlager.

Also ich war die Einzige, die eine tiefere Note gespielt hat. Das andere waren Blockflöten, Gitarren wissen Sie, kein Orchester, wie man sich ein Orchester vorstellt, es war eine Mischung von Instrumenten, einige Geigerinnen, manche, die kaum spielen konnten. Daraus musste man irgendetwas machen, und das hat eben Alma geschafft. Ja, wir mussten Märsche spielen, also wenn Tausende Häftlinge in die umliegenden Fabriken rausmarschiert sind, und auch am Abend, wenn sie wieder zurückkehrten. Ansonsten haben wir den ganzen Tag geprobt und neue Stücke gelernt. Es konnte immer jeder von denen (SS) in unseren Block reinkommen und sagen: „Spielt mir was vor". Einmal musste ich für Josef Mengele die „Träumerei" von Schumann spielen – ein musikalischer Herr wie man sieht.

Die Aufforderung des „Teufels im Arztkittel" Josef Mengele an Anita Lasker-Wallfisch, Schumanns Träumerei für ihn auf dem Cello zu spielen und am gleichen Tag an der Rampe tausende Juden in die Gaskammern zu schicken, ist mit einem gesunden Menschenverstand nicht zu begreifen. Es ist die Perversion von Auschwitz.

Abschließend zum Biografieabriss zu Arnold Rosé, soll seine Tochter Alma das letzte Wort haben. Sie wurde nur 38 Jahre alt. Im KZ schrieb Alma ein Gedicht zur Melodie der Etüde Nr. 3 E-Dur, Opus 10 von Frederic Chopin, verboten von der SS, weil es von der Freiheit handelte.

In mir klingt ein Lied ein kleines Lied Und durch die Seele mir Erinnern zieht. Mein Herz war still nun erklingen wieder alte Töne, rufen in mir alles auf. Liebe war fern und Träume fremd mein Herz wie ruhig warst Du all die Zeit! Doch nun wacht auf all mein Schmerz und mein Verlangen qualvoll Sehnen, schlaflos Bangen alles, alles wacht nun wieder auf. Ich will doch nur Ruhe für mein Herz nicht denken mehr an ein schönes Lied ... (Zitiert nach: „Meister des Bogens", S. 213)

Wirken, Gesellschaftsleben und Kontakte von Mathilde Kralik

Mathilde war unter den österreichischen Komponistinnen um die Jahrhundertwende aus dem Konzertleben Wiens nicht wegzudenken. So fanden sowohl am 19. April 1894 wie am 19. April 1895 musikalisch-deklamatorische Frauenabende im Brahms-Saal des Musikvereins statt, bei denen Werke von ihr gespielt und gesungen wurden.

Überhaupt zogen sie Frauenvereine förmlich an oder umgekehrt, die Frauenvereine gingen auf sie zu und warben um ihre Mitgliedschaft. Nach allen Recherchen über Mathilde lassen sich allerdings keine politischen Motivationen einer Frauenbewegung in ihrer Zugehörigkeit zu diesen Vereinen erkennen. Vielmehr war es die Lust, mit Frauen gemeinsam zu musizieren oder für Frauen zu komponieren (Frauenchor, Lieder mit Singstimme). Hier fühlte sie sich offenbar wie ein Fisch im Wasser, hier hatte sie Kontakte zu gleich gesinnten Künstlerinnen und anderen Akademikerinnen, wie Elise und Helene Richter.

Mathilde stand in Kontakt mit den Sängerinnen Dora Toula und Josefine von Statzer. Beide traten mit von Mathilde komponierten Stücken öffentlich auf. In einem Konzert des Quartetts Duesberg wurde in der Saison 1898/ 99 das von ihr im Jahre 1880 komponierte Trio für Klavier, Violine und Cello in F-Dur vorgestellt. Diese Komposition gab sie beim Verleger Albert J. Gutmann in Druck.[2]

Einen Höhepunkt stellte das von Josef Venantius von Wöss am 12. Januar 1900 im Großen Musikvereinssaal veranstaltete geistliche Konzert dar, bei dem Mathildes Werk „Die Taufe Christi" nach einem Gedicht von Papst Leo XIII. für Solo, Chor und

---

[2] Zu diesem Trio gibt es zeitgenössische Zeitungskritiken, die im Anhang nachzulesen sind.

Orchester sowie die „Weihnachtskantate" für vier Solostimmen, Chor und Orchester zur Aufführung kamen.

Mathildes Weltbild ist von tiefer Religiosität geprägt. Ein sehr großer Teil ihres Gesamtwerkes hat Bezug zu religiösen Themen. Das von Edmund Behringer übersetzte Gedicht des Papstes Leo XIII. vertonte Mathilde mit großem Engagement und gab es bei ihrem Verleger Gutmann in Druck. Die ersten beiden Seiten des Werkes „Die Taufe Christi" sind hier abgebildet.

Die Taufe Christi, Notendeckblatt

Erste Takte aus der „Taufe Christi"

Josef Venantius von Wöss (* 13. Juni 1863 in Cattaro/Kotor (Dalmatien), Montenegro; † 22. Oktober 1943 in Wien) war ein österreichischer Kirchenmusiker, Komponist und Verlagsredakteur.

Er war der Sohn eines österreichischen Hauptmanns und kam 1866 nach Wien. Er wirkte als Organist und Chorleiter an der Kalvarienbergkirche in Hernals und der Redemptoristenkirche „Maria von der immerwährenden Hilfe". Von 1913-1934 war er Redakteur der Kirchenmusik-Zeitschrift „Musica Divina". Als Mitarbeiter der Universal Edition in Wien von 1908 bis 1931 fertigte er unzählige Klavierauszüge an, darunter die 3., 4., 8. und 9. Sinfonie von Gustav Mahler sowie dessen „Lied von der Erde".

Als Komponist war von Wöss Vertreter des Cäcilianismus. Er schuf 16 Messen, zwei Requiems und geistliche Lieder. Seine Kirchenmusik wurde von Anton Bruckner beeinflusst. Bekannteste Messen sind die „Dreifaltigkeitsmesse für gemischten Chor, Bläser und Pauken" sowie die „Messe zu Ehren der Hl. Cäcilia für vierstimmigen Chor und Orgel in E-Dur, op. 32 Nr. 3". Beispiele seiner geistlichen Lieder finden sich im Gotteslob („Gelobt seist du, Herr Jesu Christ" GL Nr. 560, „Ein Danklied sei dem Herrn" GL Nr. 832, Ausgabe für die Diözesen Rottenburg-Stuttgart und Freiburg). Außerdem hat er symphonische Werke, ca. 150 Lieder und zwei Opern geschrieben, „Die Lenzlüge oder Um einen Talisman" (1905) und „Flaviennes Abenteuer" (1910). Von Wöss starb 1943 in seinem Wohnhaus in der Hernalser Geblergasse. Sein Ehrengrab befindet sich auf dem Hernalser Friedhof.

Die Komposition „Die Taufe Christi" lässt erkennen, dass Mathilde sich religiöser Themen sehr annahm. Sie und ihr Bruder Richard waren streng katholisch erzogen worden und der Glaube an Gott war eine feste Größe in ihrem Leben, wie auch im Leben ihres Bruders Richard.

Als weitere Beispiele seien zwei Kompositions-Konzerte genannt, die am 20. März 1908 im Brahms-Saal gegeben wurden. Dort wurden mehrere Lieder und vier Arien aus Mathildes Märchenoper *Blume und Weißblume* gegeben, während am 26. Juni 1911 im Kleinen Saal - ausschließlich Lieder auf dem Programm standen, die von Elsa Kaulich und Hermann Gürtler vorgetragen wurden, begleitet von Carl Lafite. Über die Lieder schrieb der Kritiker der „Reichspost", dass sie eine vornehme musikalische Bildung verrieten, treffsichere Charakteristik und einen schönen Vokalsatz aufwiesen und die brillante Klavierbegleitung einer Nachbildung von Hugo Wolf gleichkäme.

Es ist geradezu als selbstverständlich anzusehen, dass das Zusammenwirken von Bruder Richard und Schwester Mathilde sich auch auf das Gebiet der Oper zu erstrecken begann. Ihr Erstlingswerk war die dreiaktige Märchenoper „Blume und Weißblume", deren Libretto Bruder Richard nach dem Volksbuch „Flos und Blankflos" geformt hatte. Auf diese Oper wird noch weiter eingegangen werden, soviel sei aber schon verraten, dass von einem ehemaligen Pförtner (!) des Franziskanerklosters in Falkenau, Teile der Märchenoper notengetreu kopiert wurden und in eine eigene Oper unter anderem Namen eingebaut wurden. An der gestohlenen Oper verdiente der Pförtner eine Zeit lang recht gut, bis die Sache aufflog.

Mathilde war, wie viele ihrer Kolleginnen, im Vereinsleben sehr aktiv. Sie war Ehrenpräsidentin des *Damenchorvereins Wien,* Ehrenpräsidentin der *Wiener Bachgemeinde,* (siehe Dokument), Mitglied des *Österreichischen Komponistenbundes,* Mitglied des *Vereins der Schriftsteller und Künstler Wiens* und Mitglied des *Klubs der Wiener Musikerinnen.*

BACH-GEMEINDE IN WIEN

Wien, 23. November 1916.

Ihrer Hochwohlgeboren Fräulein Mathilde von Kralik.

Hochgeehrtes gnädiges Fräulein !

Sehr erfreut über Ihre freundliche Zuschrift vom 16. November nimmt der Vorstand der "Bachgemeinde in Wien" Ihre Zusage zur Kenntnis. In der diesjährigen Hauptversammlung, die am 22. Dezember stattfinden soll, wird sich der Vorstand erlauben, Sie, hochgeehrtes gnädiges Fräulein, als neues Vorstandsmitglied in Vorschlag zu bringen.

Hochachtungsvoll ergebenst

Dr. Wilhelm Fischer,
derzeit Schriftführer

Im *Klub der Wiener Musikerinnen* traf sie häufig mit der Komponistin Alma Mahler, deren Patenkind Alma Rosé und Vilma von Webenau zusammen. Über Alma Rosés Schicksal wurde schon berichtet, Vilma von Webenaus Biografie soll an dieser Stelle kurz eingebunden werden und über Alma Mahler (Mahler-Werfel) folgt ein längeres Kapitel.

Vilma von Webenau (manchmal auch Wilma) (*15. Februar 1875 in Constantinopel; † 9. Oktober 1953 in Wien) war eine österreichisch-deutsche Komponistin.

Ihr Vater Arthur Weber Edler von Webenau war k.u.k. Botschaftsrat in Constantinopel und ihre Mutter eine geborene Reichsfreiin von Geusau. Ihre Großmutter war die Komponistin Julie von Webenau. Vilma von Webenau studierte in München und Wien Musik und war die erste Privatschülerin Arnold Schönbergs. Bei ihm nahm sie seit 1898/99 Unterricht in Harmonielehre und Komposition und folgte ihm sogar bei seiner Übersiedlung nach Berlin im Jahre 1900.

Das Foto mit Widmung schenkte Vilma ihrem Lehrer Schönberg 1924 zu seinem 50. Geburtstag. (Quelle: Schönberg Center Wien). Vilmas Widmung lautete:

Meines Wissens war ich Schönbergs erster Privatschüler (von 1898 oder 99 an) Erst in Wien u. dann in Berlin, wo er beim seligen Überbrettl Kapellmeister war, weihte er mich in Harmonielehre, Kontrapunkt u. Kompositionslehre ein. Nachdem ich mehrere Jahre mit Unterbrechungen bei Schönberg studiert hatte, arbeitete ich auf eigene Faust weiter u. lernte dann bei Cortolegis in München instrumentieren. Jetzt lebe ich in Wien als sehr unbekannte Komponistin u. Musiklehrerin..

Ein weiterer ihrer Lehrer war Fritz Cortolezis. Sie war, wie bereits erwähnt, Mitglied im Klub der Wiener Musikerinnen, der bis heute innerhalb der Frauenbewegung für ein Miteinander von Frauen und Männern eintritt. Neben Maria Bach (1896–1978) und Mathilde gehörte sie zu den profiliertesten Persönlichkeiten des Klubs. Wie eng die Beziehung von Vilma und Mathilde war, lässt sich aus einem Brief von Mathilde an ihren Bruder Richard und ihre Schwägerin Maia vom 11. 8. 1903 ablesen. Mathilde berichtet über das Begräbnis ihres gemeinsamen Bruders Ludwig, der sich am 8.81903 erschoss. Die Gründe für den Selbstmord des Bruders liegen im Dunkeln, aus Mathildes Brief könnte man auf Depressionen schliessen. Richard war zu dieser Zeit mit seiner Familie in Riva am Gardasee und schrieb an seiner Heldensaga, er fuhr nicht zur Beerdigung seines Bruders. Vielleicht wollte er als bekannter Schriftsteller unangenehmen Fragen der Leute auszuweichen, warum sich sein Bruder das Leben nahm. Als Künstler hatte er jedoch den Grabstein für seinen Bruder entworfen, in dieser Grabstelle fand später auch Mathilde ihre letzte Ruhestätte.

Liebster Richard!

Liebste Maia!

Die gefürchtete Trauerzeit ist hereingebrochen. Es ist doch etwas ganz anderes, Ludwig nicht mehr unter den Lebenden zu wissen, wiewohl wir ihn leider längst aufgeben mussten und er seit den bösen vier Jahren allmählich ein anderer geworden war, als der er uns gewesen…In den Anordnungen zum Leichenbegräbnisse hat mich Stefan sehr lieb und kräftig unterstützt. Zum Grabgeleite waren Heinrich (Anm.: Urgroßvater des Autors) und Albert gekommen. Ludwig war ja auch immer unser Abgesandter bei solch traurigen Anlässen in Böhmen…Ferner war Stefan dabei und Vilma meine Begleiterin …etwa 18 herrliche Kränze folgten unserem Ludwig nach…

Die Tatsache, dass Vilma von Webenau, zu diesem Zeitpunkt 28jährig, an der Seite der 46jährigen Mathilde bei einem Familienbegräbnis anwesend war und Mathilde sie als „Vilma meine Begleiterin" bezeichnet, lässt auf engen Kontakt schließen. Im Nachruf des Damenklubs hieß es für Vilma von Webenau:

Sie lebte und starb in ärmlichen Verhältnissen, auf den Ertrag ihrer Kleinrente angewiesen, in einem bescheidenen Kabinett im 21. Bezirk. Nie kam eine Klage über ihre Lippen, sie freute sich und war dankbar für jede Aufmerksamkeit, und die letzte Freude bereitete ihr die künstlerisch vollendete Wiedergabe ihrer sechs Lieder aus dem Zyklus 'Irdische und himmlische Liebe'. Niemand von uns wusste von ihrer Erkrankung, von ihrem nahen Ende. Der liebevolle Weihnachtsgruß von der Leitung des Frauenklubs kam ungeöffnet zurück. Bescheiden, wie sie im Leben war, ging sie von uns.

Mutter
Luise von Kralik

Am 3. Oktober 1905 starb Mathildes Mutter Louise mit 74 Jahren. Der Tod ihrer Mutter erschütterte die zu diesem Zeitpunkt 48jährige Mathilde schwer. Von den fünf geborenen Kindern Louises waren noch drei am Leben. Auch meine Urgroßeltern Heinrich und Agnes Kralik v. Meyrswalden reisten nach Wien, um der verstorbenen Verwandten das letzte Geleit zu geben. Sie sind ebenfalls in der Parte benannt.

Da Mathilde bis zum Tod ihrer Mutter 48 Jahre lang gemeinsam mit ihr in einer Wohnung lebte, war dieses plötzliche Alleinsein für sie schwer zu ertragen. Ihr kompositorisches Schaffen ruhte über sechs Monate. Wie sehr sie ihre Mutter liebte, wird aus einem Lied in F-Dur für 2 Stimmen deutlich, dem „Mutterlied", das sie am 30. April 1927 komponierte. Veröffentlicht wurde dieses Lied als Beilage zum Gedenkblatt „Mutter", zur Feier des Muttertages vom Österreichischen Bundesverlag für den Schulgebrauch herausgegeben. Auch ihre selbst komponierte Oper „Blume und Weißblume", die sie bei Gutmann in Druck gab, enthält eine Gedenkseite an ihre Mutter.

In diesem Gedenkblatt wurde ihr „Mutterlied" abgedruckt, neben Gedichten anderer Autorinnen wie zum Beispiel den Versen von Annette Droste-Hülshoff.

Muttersorge

Denk an das Aug', das überwacht
noch eine Freude Dir bereitet
denk an die Hand, die manche Nacht
Dein Schmerzenslager Dir gebreitet;
des Herzens denk, das ewig wund
und einzig selig deinetwegen;
und dann knie nieder auf den Grund
und fleh' um Deiner Mutter Segen.
(Annette Droste-Hülshoff)

Erst allmählich, nach der Zeit ihrer Trauer über die verstorbene Mutter, suchte Mathilde wieder Kontakte. Was sich schon in ihren Vereinsaktivitäten bemerkbar machte, die Hinwendung zu Frauengemeinschaften, mündete dann auch in eine private Beziehung zu einer Frau.

Mathilde nahm etwa um das Jahr 1912 mit 55 Jahren zur Auffrischung ihrer Französischkenntnisse privaten Sprachunterricht. Als Französischlehrerin kam die damals 30jährige Alice Scarlates (1882 – 1958) zu ihr nach Hause. Im Unterricht bemerkten offenbar beide Frauen, dass sie sich nicht nur zur französischen Sprache, sondern auch persönlich

zueinander hingezogen fühlten. Es entstand eine Liebesbeziehung, die ein Leben lang Bestand haben sollte. Mathilde hatte nun eine Lebensgefährtin, die auch zu ihr in die Wohnung in der Weimarer Straße 89 zog. Über Alice Scarlates wird an späterer Stelle berichtet.

Die Zeit nach 1912 war für Mathilde eine Zeit der Orientierung, sowohl in musikalischer und literarischer, als auch in persönlicher Hinsicht. Sie war in der Wiener Musikszene bekannt und hatte Verehrerinnen. Ein Beispiel sei dazu genannt, welches ihr von einer Bewunderin mit Namen Ida Klug „zugeeignet" wurde:

Klein – Mathilde

Eine Märchenskizze

Mathilde von Kralik zugeeignet von Ida Klug Weihnacht 1914

Es war einmal ein großer Garten voll Blumen und Blüten. Leise rauschte der Wind durch Baum und Strauch, trieb ein Spiel mit dem wogenden Gras und schaukelte bunte Schmetterlinge auf seinem würzigen Atem; sie flatterten in munterem Fluge hinauf und hinab wie lebend gewordene Blumen. Ein kleines Mädchen lief ihnen nach und lockte mit zärtlicher Stimme die losen Gesellen, die ihres Rufes nicht achtend immer weiter flatterten, verfolgt vom flüchtigen Kinderfuß.

„Bleibt bei mir ihr fliegenden Blumen" bat das Kind, „ich will Euch sehr, sehr lieb haben" - aber kein zärtliches Locken hielt die bunten Falter, sie flogen weiter über Wiese und Bach und verschwanden im grün dunklen Walde. Am Flusse stand Klein-Mathilde und ihre großen Kinderaugen folgten den geflügelten Frühlingsboten ins dämmernde Grün. Wie schön war es doch auf der Welt! Wie blühten die Bäume so herrlich - wie war die Wiese so bunt- Ganz leise rauschte der Bach und heimlich schwirrten blau-schillernde Stäbchen darüber hin, die zierlichen Libellen.

Dem Kinde wurde so eigen zu Mute, still und fromm wie in der Kirche. Die kleinen Hände falteten sich und ein leiser Seufzer teilte die Lippen. „Ach könnte ich doch immer den Frühling haben – voll Blütenduft und Maienglanz" murmelte das Kind, legte ermüdet die schlanken Glieder ins grüne Gras, sah in die rosige Wolke des blühenden Apfelbaumes, hörte das Surren der fleißigen Bienen und im leisen Rauschen des Frühlingswindes schlief es ein. –

Wie wurde es auf einmal so anders in dem Garten! -

Alle Blumen konnten sprechen und sagten die schönsten Märchen, den jubelnden Gesang der Vögel verstand das Kind, und das Rauschen der Bäume war ein Erzählen von lang vergangener Zeit. Ein Grillchen setzte sich kecklich auf Mathildens Kleidersaum behauptend es sei ein alter Freund, denn jeden Morgen zirpe es das ganze Haus aus dem Schlafe; die Bienen erzählten von ihrem Fleiß und ihrer Königin, die Blumen von ihrem Blühen und Düften, die Sträucher von ihren künftigen Früchten. –

„Das ist ja alles recht schön was ihr mir erzählt – sprach das Kind „ aber könnt ihr mir nicht sagen wie ich es machen soll, daß ihr immer bei mir bleibt und kein Winter euch mir nimmt?

Da schüttelten die Blumen ratlos ihre Köpfchen, die Vögel sprachen vom warmen Süden, die Bienen vom gut verwahrten Haus, die Bäume vom schützenden Schnee aber keines wußte dem Kinde einen Rat. Da trauerte das Kind und Tränen traten in seine Augen.

Plötzlich teilte sich das Gebüsch und heraus trat eine wunderschöne Frau. Ihre Augen waren leuchtend wie Sonnen – ihre Haar wie rotes Gold – ihr Kleid wie der blaue Himmel und ihre lilienweißen Hände streckten sich gütig Klein-Mathilde entgegen.

Wie liebliche Glocken klang ihre Stimme als sie des Kindes Augen und Hände berührend sprach: Schauen sollst Du fortan die Welt mit anderen Augen als sonstige Menschenkinder, Deine Hände sollen den Frühlingszauber festhalten können, auch in Wintertagen und in Deinem Herzen soll steter Lenz erblühen Dir selbst und anderen zur Freude."--- Da erwachte Klein-Mathilde und erhob sich laute rufend „Wo bist Du schöne Frau?" –

Aber weit und breit war nichts von ihr zu sehen, auch die Blumen standen wieder stumm im Wiesengrün, der Blütenbaum rauschte leise im Frühlingswind – genau wie sonst die Bienen summten eifrig suchen den Zweigen, die Schmetterlinge zogen ihre bunten Kreise, der Fink schmetterte sein klingendes Lied in die laute Luft, das Grillchen lief eilfertig zu seinem kleinen Erdhaus – alles war wie sonst und doch ganz anders als ehedem.

Die Gabe der gütigen Fee hatte schon ihre Wirkung getan –

Die Kinderaugen sahen alles um sich her mit dem Zauber der Poesie und die zierlichen Kinderhände griffen zielbewusst zum Stifte und was die Augen verklärt in sich aufgenommen – sie schrieben es auf in süßen Weisen – in lieblichen Liedern den Frühling, den Maienduft die Blütenpracht. –

Die Gabe der gütigen Fee, sie hatte aus dem poetischen Kinde die tiefempfindende Künstlerin gemacht, deren Talent, glückverheißend sich Bahn bricht zu ihrer und all derer Freude, die sie lieben. –

Auszug: Handschrift von Ida Klug aus dem Jahr 1914

Dieser Text ist ein Spiegel der Zeit, Sehnsucht der Frauen nach Harmonie, Romantik und Unbeschwertheit. Ein imaginärer Ausbruch aus dem sonst gefesselten, üblichen Alltag der Franz-Josef-Monarchie? Diese Märchenskizze werden Literaturwissenschaftler sicherlich besser interpretieren.

Aus meiner Sicht ist es die Bewunderung der Verehrerin Ida Klug für Mathilde, die mit Worten das ausdrückt, was Mathilde mit wohlgesetzten Tönen kann. Sie lässt in ihrer Märchenskizze ein überirdisches Fabelwesen, eine Fee mit rotblondem Haar, leuchtenden Augen, lilienweißen Händen und blauem Kleid auftauchen, die Mathilde zärtlich berührt und ihr künftig die Hand bei ihren Kompositionen führt. Für Ida Klug ist Mathilde von einer gottähnlichen Fee beseelt worden und kann deshalb wunderschöne Musik komponieren. Leider gibt es keine Dokumente von Mathilde bezüglich ihrer Reaktion auf diese Märchenskizze. Die Skizze gibt aber eindrucksvoll wieder, in welchen Sphären sich damals die Frauen in ihrem Kreis, in ihren Vereinen, bewegten.

Von Musikliebhabern geschätzt waren die regelmäßigen Soirees an Sonntagen in ihrem Heim in der Weimarer Straße, wo sie und etwa ab 1912 auch Alice Scarlates Gastgeberinnen waren. Mathilde glänzte dabei durch ihr virtuoses Klavierspiel. Es existieren Klavierstücke von Mathilde, die heute einem professionellen Pianisten alles Können abverlangen. Hier sei besonders die Rhapsodie in f-moll genannt. Mathilde war bis ins hohe Alter tätig, selbst als 80jährige nahm sie noch an einem Konzert „musikschaffender Frauen" teil, gemeinsam mit Künstlerinnen wie Johanna Müller-Hermann, Friederike Karger-Hönig, Emma von Fischer, Lise Maria Meyer und Juli Reisserova.

Rosa Mayreder, Schriftstellerin und Frauenrechtlerin Österreichs, auf diese Frau soll näher eingegangen werden, denn Mathilde bewunderte Rosa Mayreder, wie aus einem Brief an sie hervorgeht. Als Rosa Obermayer (Pseudonym Franz Arnold) wurde sie am 30. November 1858 in Wien geboren und sie verstarb daselbst am 19. Januar 1938.

Die Tochter eines wohlhabenden Wiener Gastwirts konnte sich schon von ihrer Jugend an als Malerin und Schriftstellerin betätigen. Sie liebte die Wissenschaft und wendete sich gegen den zu ihrer Zeit herrschenden Zustand, dass im Allgemeinen nur Männern höhere Bildungsgüter zugänglich waren. Dies schien ihr im Herkommen begründet, das sie durch „die neuen, besseren Sitten" ersetzen wollte. Selbst ging sie zunächst von Anthropologie und Physik aus, stieß aber bald auch auf die besondere Bedeutung der Sprache. Mit siebenunddreißig Jahren brachte sie gemeinsam mit Hugo Wolf die Oper „Der Corregidor" (nach der Novelle „Der Dreispitz" von Alarcon) heraus, deren Libretto sie verfasst hat; sie gehörte zu Wolfs Förderinnen.

1881 heiratete Rosa ihren Jugendfreund, den Architekten und späteren Rektor der Technischen Hochschule Wien Karl Mayreder. Bei der Frauenrechtlerin Marie Lang lernte sie Anfang der 1890er Jahre Marianne Hainisch kennen und gründete 1893 den Allgemeinen Österreichischen Frauenverein mit, deren Vorstandsmitglied und Vizepräsidentin sie wurde. Ab 1899 gab sie gemeinsam mit Marie Lang und Auguste Fickert die Zeitschrift „Dokumente der Frauen" heraus.

In ihren Büchern, aber auch in Gesprächen, die sie in ihren Tagebüchern niederlegte, versuchte die Kultur-Umschaffende, ein gleichwertiges Verhältnis der Geschlechter einzubürgern, durch das weder der Mann die Frau noch diese den Mann nur körperlich begehrt. Mit ihrem Ansinnen stieß sie in literarischen Kreisen auf Anerkennung und Zustimmung. Die Gegnerschaft fand sich für sie namentlich im Bereich der Medizin, die von Mayreder in Bezug auf Seelisches als ein Hort der Willkür, aber auch der Herabwürdigung von Frauen zum Sexualobjekt empfunden wurde. Sie wandte sich gegen die Diskriminierung ihres Geschlechts und die bestehende Doppelmoral. Ihre Werke fanden weite Verbreitung und wurden auch ins Englische übertragen. Auf der letzten herausgegebenen 500 Schilling-Banknote (Österreichischer Schilling) fand sich neben ihrem Abbild das Zitat:

„Die beiden Geschlechter stehen in einer zu engen Verbindung, sind voneinander zu abhängig, als dass Zustände, die das eine treffen, das andere nicht berühren sollten." (1905)

Allerdings liebte Rosa Mayreder selbst durchaus auch großbürgerliche Sitten, die sie mit ihren inneren Anliegen in eins zu verschmelzen suchte. Ambivalent blieb ihr Verhältnis zu Rudolf Steiner: Zeigt der gemeinsame Briefwechsel eine echte Anziehung, so sind die Tagebucheintragungen von Missfallen an der Ferne des – wenn auch als Schriftsteller für bedeutend gehaltenen – Jugendgefährten vom Praktischen geprägt. Mayreder, die selbst zuerst als Malerin tätig gewesen war, gründete in den Jahren vor dem Ersten Weltkrieg mit Olga Prager und Kurt Federn die „Kunstschule für Frauen und Mädchen".

Vor und während des Krieges engagierte sie sich gemeinsam mit Bertha von Suttner in der Friedensbewegung und wurde 1919 die Vorsitzende der „Internationalen Frauenliga für Frieden und Freiheit" (IFFF), obwohl sie durch die Pflege ihres psychisch erkrankten Mannes ab 1912 in ihrer Arbeit stark eingeschränkt war. Sie engagierte sich für die Friedensbewegung und kritisierte alle Formen des Militarismus, den sie als typisch männliches Machwerk sah. In den Jahren nach dem Ersten Weltkrieg schien Mayreder, der kulturelle Schritt des 19. Jahrhunderts nach vorn sei wieder zurückgegangen worden. 1928, zehn Jahre vor ihrem Tod, wurde Rosa Mayreder anlässlich ihres 70. Geburtstages zur Ehrenbürgerin der Stadt Wien ernannt.

Mathildes Kontakt zu der gleichaltrigen Rosa Mayreder ist durch Briefe belegt. Am 13. Mai 1936 schreibt Mathilde ihr einen Brief, beide Damen sind da schon fast 80 Jahre alt:

Sehr verehrte Frau!

Ich bin entzückt von Ihren herrlichen Sonetten, die gleicherweise formvollendet und gedankentief und so reich an Sprachschönheit sind, daß sie schon die Musik in sich tragen. Wenn ich mich unterfange, dem hohen Flug Ihres Genius in Tönen nachzustreben, so will ich eine glückliche Stunde dazu abwarten. Damit Sie jedoch Ihren mir gütigst überlassenen Band nicht zu lange entbehren, habe ich mir aus dem reichen Schatze einige Sonette herausgeschrieben, die ich mir besonders zu eigen machen will, und sende das Buch morgen zurück.

Indessen dankt Ihnen für die Auferbauung und Bereicherung von Herz und Seele

Ihre Mathilde Kralik

Wien 19, Weimarerstr. 89

Zwei Jahre später starb Rosa Mayreder, sie ist auf dem Wiener Zentralfriedhof beerdigt, in der ersten Reihe hinter der Karl Lueger Kirche gelegenen Familiengrabstätte „Mayreder" an der Seite ihres Ehegatten Dr. h. c. Karl Mayreder, ihrer Schwiegereltern Leopold und Henriette Mayreder (Besitzer des berühmten Hotels *Matschakerhof* in Wien I, Spiegelgasse 5/Seilergasse 7), ihres Schwagers Architekt Julius Mayreder und ihrer Schwägerinnen. Diese Grabstätte ist bis heute (Stand 2008) weder ein Ehrengrab der Stadt Wien noch ein ehrenhalber gewidmetes Grab. Nach ihr wurde das 1999 gegründete Rosa Mayreder College (Wien) benannt, das sich der feministischen Bildungsarbeit widmet.

Mathildes Bild von Mann und Frau in der Gesellschaft

Am 2. März 1909 schreibt Mathilde ihre Gedanken zur Rolle von Mann und Frau in der Gesellschaft auf. In Form einer ausgedachten Geschichte entwickelt sie ein Szenarium, um ihre Ansichten zur Geschlechterrolle mitzuteilen.

Ihre Leitkultur wurde von Kaiser- und Kirchentreue, den tragenden Säulen der Gesellschaft, geprägt. Mann und Frau hatten einen fest zugewiesenen Platz. Fünf Jahre vor dem Ersten Weltkrieg schien dieses System unumstößlich. Oder doch nicht? Knisterte es schon in der Gesellschaft, wurden nicht die Rufe nach der Gleichberechtigung der Frau immer lauter: Wahlrecht, Recht auf Verhütung und notfalls auf Schwangerschaftsabbruch, sowie gleicher Lohn für gleiche Arbeit? Diese Unruhe muss Mathilde offensichtlich gespürt haben, sie wollte mit ihrer Geschichte den Frauen ihren „wahren Weg" aufzeigen.

Auszug aus der handgeschriebenen Geschichte „Frauenschönheit – eine Legende"

Frauenschönheit – eine Legende

Mathilde von Kralik 02. März 1909

Als Gott der Herr am sechsten Schöpfungstage den Mann schuf und danach das Weib, da fühlten sich beide gleich herrlich, gleich vollkommen an Schönheit, Kraft und Güte.

Als aber das Menschenpaar sich versündigt hatte und den seligen Ort des Paradieses verlassen musste, da kam das Unglück über den Mann; er bäumte sich vor Trotz und Grimm und erhob drohend seine Hand gen Himmel; seine Stimme erdröhnte in furchtbarem Ausbruch des Schmerzes. Das Weib aber fühlte eine Schwäche über sich kommen; es zitterte vor der Gewalt des Mannes, barg sein Gesicht in den Händen und der zarte Körper ward von Schluchtzen gebeugt und durchschüttelt. Da nahte sich noch einmal der Herr des Himmels und der Erde dem schwachen Weibe und sprach: „Mich jammert dein. Du hast euch beiden das Paradis verloren und Eurer Menschenherrlichkeit seid ihr beraubt. Doch nicht durch den Trotz des Mannes kann beides euch je wiedergewonnen werden. Ziehet hin auf den Irrpfaden der Welt! Behaltet aber als ewige Sehnsucht, als euer Ziel das Paradis vor Augen. Des Weibes Reue, Treue und Hingebung allein kann es euch wieder finden helfen. Ich will dich stärken in deiner Schwäche. Du, trotziger Mann, herrsche durch Kraft, Mut und Stärke! Aber du, hilfloses Weib, siege durch Sitte (empfange die Waffen der) Sitte, Güte und Schönheit. Empfange die Kleinodien! Wenn Du sie zu nützen weißt, vermagst du einst das Paradies wieder zu gewinnen. Da winkte der seinen Engeln, die die drei Gaben herbeibrachten. Und es hielt Gabriel den Schleier der Sitte, Rafael den Ring der Güte, Michael die Krone der Schönheit. Da griff das Weib nach der Krone.

„Halt" gebot der Herr, zuerst die anderen Gaben!

Nichts nützt dir die Krone, hast du dich nicht eher in den Schleier der Sitte gehüllt und dir den Goldreif der Sanftmut, Liebe und Treue angesteckt. Dann erst wirst du mit der Krone der Schönheit Macht haben über irdische Gewalt!

Da neigte sich das Weib demütig und nahm aus Gabriels Händen den Schleier, in den sie sich sorgsam hüllte. Dann steckte sie sich den Goldreif Rafaels an und schließlich nahm sie die Krone Michaels und setzte sie sich aufs Haupt.

Ölbild „Mathilde am Flügel" ca. 1885 gemalt von Maritha Schmid

Nun war aber Lucifer nicht ferne in dem Augenblicke, als das Menschenpaar das Paradies verlassen musste. Er steckte rasch dem Weibe eine, nur eine Gabe zu.

„Nimm den Spiegel der Eitelkeit" sagte er zu ihr, er wird dir mehr nützen auf der Welt als alles andere. Das Weib besah sich im Spiegel und gefiel sich in der Krone so sehr, daß es auf den Schleier und den Goldring nicht achtete. Wie es mit beiden Händen die Krone hielt, da fiel der Schleier und zerriss und wie sie sich nach ihm bücken wollte, verlor es den Goldring. Nur die Krone hielt es immer fest.

Da fühlte sie, daß der Mann, der sie früher bewundert hatte, nun mit mitleidigen Augen, beinahe verächtlich auf sie blickte. Sie schämte sich, sammelte nun die Fetzen des Schleiers und suchte nach dem Goldreif. Der hatte aber die Edelsteine verloren und der Schleier war nicht mehr ganz. Seither sucht das Weib die Edelsteine des Reifes und wirkt an einem neuen Schleier. Bis sie alle Steine gefunden und einen gleich schönen dichten Schleier gewirkt haben wird, dann wird ihr wohl das Paradies wieder offen sein und sie wird den Mann dahin zurückführen können.

Bis jetzt sind sogar manche irdischen Frauen dem Ziel sehr nahe gekommen. In solchem Falle ereignet sich dann stets ein Wunder, wie bei jener edlen Landgräfin von Thüringen und es ist uns dann gegönnt, einen Blick ins Paradies zu tun.

Da die Kraft der Einzelnen oft nicht ausreicht zum schweren Werke, so sind viele zu geteilter Arbeit berufen und mancher hat auf die Krone der Schönheit verzichtet, um ungestörter nach den Edelsteinen suchen zu können. Viele jedoch hält ein Blick in den Spiegel der Eitelkeit ab, sich der höheren Aufgabe zu weihen, zur Freude Luzifers.

Einstens aber war ihm wohl alle Freude vergällt und alle Macht genommen. Das war als Gott, um uns zu helfen, ein himmlisches Vorbild in Frauengestalt sandte.

Ob dieser seiner Schönheit, die alle Vollkommenheit in sich schloß und über alle Sünde Macht hatte, war der Täuscher so erbost, daß er ein Gegenspiel ersann. Das romanische Volk nennt es „La Beauté du diable". Es ist die Schönheit, die zur Sünde reizt.

Zum Gegensatz des Gnadenbildes, kennen wir auch ein „Bild ohne Gnaden", wenn einzig und allein die Krone der Schönheit die Trägerin schmückt.

Aus dieser verschiedenen irdischen Wertung der Schönheit ergibt sich die Schwierigkeit, den Begriff der Schönheit festzustellen. Schön ist nicht was gefällt, sondern was bezwingt, was besiegt. Es ist die Harmonie zwischen vollendeter Form und vollendetem Geist. Es ist das Bild der Seele, darin der Heilige Geist seinen siebenstrahligen Reichtum gelegt hat.

Nach wahrer Schönheit sei der Frauen Streben! Denn erst wenn die Gaben der Engel wieder in ihrem alten Glanze hergestellt sind: der rosenschimmernde Schleier, Kräfte bezwingende Reif, die strahlende Krone, - dann wird sich die Verheißung erfüllen.

Soweit die von Mathilde verfasste Legende. Frau Maria Laglstorfer schreibt in ihrer Diplomarbeit aus dem Jahr 2004 zu dieser Legende folgenden Kommentar:

Mathilde Kralik war nie verheiratet und hatte auch keine Kinder, deshalb ist es sehr wahrscheinlich, dass sie sich wenig Gedanken über Familienleben und Ehe machte. In der Legende bekommt die Frau aber ebenso eine Verantwortung für die Zukunft übertragen, die sich zwar nicht auf die Familie stützt, sondern die Frau muss Buße tun für die

Vertreibung aus dem Paradies. Die dualistische Stellung der Frau als - bei Mathilde Kralik - hilfesuchende, und nicht eigenständige Person einerseits, und als Trägerin der Verantwortung andererseits, spiegelt sich auch in ihrer Legende wieder.

Zusammenfassend noch einmal den Unterschied und nicht die eben entwickelte Gemeinsamkeit der beiden Gedankenwelten: Mathilde Kralik sieht die Frau als schwaches Wesen, das beim Mann Hilfe sucht, die modernen Frauenbewegungen versuchen, die Frau als selbstbewusste Person zu stärken, die ihre Rechte öffentlich einfordert.

Aus meiner Sicht steht die Legende im Widerspruch zu ihrem Leben. Sie war eine unabhängige Künstlerin, sie bestimmte ihr Leben selbst. Sie entschied sogar, sich keinen Mann zu erwählen, sondern eine Liebesbeziehung mit einer Frau zu führen! Für die damalige Zeit war es sicherlich mehr als ungewöhnlich, öffentlich Zärtlichkeiten mit ihrer Lebensgefährtin Prof. Alice Scarlates auszutauschen, wie in den autobiographischen Aufzeichnungen von Prof. Elise Richter beschrieben. Warum stellte sie dann diesen konservativen Wegweiser für Frauen auf? Vielleicht war es die Sehnsucht so zu leben, wie sie es in der Legende beschreibt, die Sehnsucht nach einem anderen Leben mit Mann und Kindern. Warum machte sie sich so viele Gedanken um die Schönheit der Frauen? Fand sie sich in den Spiegel schauend selbst nicht schön? Aus ihren Bildnissen könnte man ein morbus basedow vermuten, vielleicht fand sie sich deshalb nicht schön und verweist in ihrer Legende auf die inneren Werte einer Frau. Interessant ist, dass sie den Ausdruck *„la Beauté du diable"* in ihre Geschichte integriert und übersetzt als *„Es ist die Schönheit, die zur Sünde reizt"*. In der Literatur wird er oft als *„Schönheit des Teufels"* beschrieben, aber man kann ihn auch mit *„Hässlichkeit"* übersetzen, weil Teufel und Schönheit sich gegenseitig ausschließen.

Der Hinweis in der Märchenskizze *„eine Fee mit rotblondem Haar"* bestätigt offenbar, dass Mathilde tatsächlich rotblondes Haar hatte. In dem im Familienbesitz befindlichen Ölbild wird „Mathilde am Flügel" mit rotblondem Haar dargestellt. Signiert ist das Bild mit *Maritha Schmid*, leider ohne Jahresangabe. In den Künstlerkreisen um Mathilde fanden sich demnach alle wichtigen Kunstrichtungen vertreten: Musik, Komposition, Dichtkunst und Malerei.

Alma Mahler

An Alma Mahler kommt man nicht vorbei, wenn man die Musikszene Wiens beschreiben will. Offenbar kamen aber auch viele Männer an ihr nicht vorbei. Sie war das Licht, das von interessanten, männlichen Motten umschwirrt wurde, genauso wie Marlene Dietrich in einem Hauch von Kleid ihr berühmtes Lied „Männer umschwirrn mich, wie Motten das Licht..." gesungen hatte. Nebenbei bemerkt ist das Licht nicht das einzige Signal auf das männliche Motten fliegen. Weitaus wirkungsvoller sind die Pheromone, von denen wenige Moleküle in der Luft bereits ausreichen, um die männlichen Tiere buchstäblich außer Rand und Band zu bringen.

Es sei wie es sei, wir können davon ausgehen, dass auch Alma Mahler die Kommunikation über die Nase beherrschte und sich die Männer vor ihr in den Staub warfen. Zu Alma Mahler-Werfel, wie sie sich ab der dritten Ehe nannte, hatte Mathilde Kralik im Rahmen der Abende „Komponierender Frauen" Kontakt, außerdem war sie mit ihrem Studienfreund Gustav Mahler verheiratet.

Schaut man heute, nach über 100 Jahren, in das Gesicht dieser Frau, kann man erahnen, dass viele dieser „Männermotten" kaum eine Chance hatten, ihr Licht zu meiden und in ihrer Nähe buchstäblich „verbrannten". Das schönste Mädchen Wiens verschlang nach und nach viele Männer, darunter waren ihre Ehemänner Gustav Mahler, Walter Gropius und Franz Werfel, sowie ihre Liebhaber Oskar Kokoschka, Eduard Zemlinsky, Gustav Klimt, Paul Kammerer und Johannes Hollnsteiner. Letzterer, ein gut aussehender 37-jähriger Theologieprofessor, soll Alma erklärt haben, die Keuschheit habe nur im Talar Gültigkeit. Eine treffliche Ausrede, der Natur ihren Lauf zu lassen, da es ohnehin sehr unpraktisch wäre, den Liebesakt in voller Kleidung zu vollziehen. Diese Ausrede hätte der Kardinal aus dem Roman

„Die Dornenvögel" gebraucht, dann wäre den Lesern und den Zuschauern des gleichnamigen Films ein Stein vom Herzen gefallen.

Was hatte Alma Mahler nur, was andere Frauen nicht hatten? Vielleicht war es eine Laune der Natur, die sie mit edlen Formen, vollem Haar und einem charmanten Lächeln ausstattete. Für ihre Bildung sorgte sie selbst, denn sie sog alles auf, was nach Kultur roch. In einer Gesellschaft bildete sich um sie sofort ein Kreis, sie wollte Mittelpunkt sein und wurde es. Ihr Ehrgeiz war Triebfeder, ihren Männern setzte sie Flügel und Hörner gleichermaßen auf. Die Künstler brauchten diese Flügel, um auf ihnen schweben und arbeiten zu können, die Hörner mussten sie dafür in Kauf nehmen.

Alma, geb. Schindler, wurde am 31. August 1879 als Tochter des Landschaftsmalers Emil Jakob Schindler und der Hamburger Sängerin Anna Sofie Bergen in Wien geboren. Die finanziellen Verhältnisse im Hause Schindler waren sehr begrenzt. Darum musste sich die Familie eine Wohnung mit Schindlers Künstlerkollegen Julius Victor Berger teilen, mit dem die Mutter bald ein Verhältnis begann, dem 1881 Almas Halbschwester Grete entsprang. In demselben Jahr wurde Schindler mit einem wichtigen Künstlerpreis ausgezeichnet, der die finanzielle Misere der Familie beendete und ihr einen Umzug nach Schloss Plankenberg bei Tulln erlaubte. Durch den Auftrag Kronprinz Rudolfs, 1897 die Küstenorte Dalmatiens zu malen, wurde Schindler zu einem der bedeutendsten Künstler der Monarchie.

Almas Mutter begann bald ein Verhältnis mit Carl Moll, einem Schüler und Assistenten ihres Mannes, das über mehrere Jahre bestand und Almas Vater verborgen blieb. Schindler starb am 9. August 1892 auf Sylt an den Folgen einer Blinddarmentzündung, Alma war zu diesem Zeitpunkt erst 13 Jahre alt. Ihre Mutter heiratete in der Folge Carl Moll, was Alma als unverzeihlichen Verrat an ihrem Vater empfand.

Im April 1897 wurde in Wien die *Vereinigung bildender Künstler Österreichs Sezession* gegründet. Gustav Klimt wurde zum Präsidenten gewählt, Carl Moll war Vizepräsident, die Mitglieder gingen in seiner Wiener Villa ein und aus: Joseph Maria Olbrich, der Architekt des Sezessions-Gebäudes, der Architekt Josef Hoffmann, Koloman Moser und Alfred Roller. Alma durfte bereits als Halbwüchsige an den gemeinsamen Abendessen teilnehmen und genoss als heranwachsende Schönheit die

Zusammenkünfte. Klimt wurde auf Molls 17-jährige Stieftochter Alma aufmerksam und fand Gefallen an dem bildhübschen und intelligenten Mädchen. Alma fühlte sich ihrerseits angezogen von dem berühmten Maler, der als Satyr und Frauenverführer berüchtigt war, und verliebte sich in ihn. In ihrem Tagebuch entwickelt sich die romantische Schwärmerei zu einer ersten sexuellen Erfahrung.

Zwei Skizzen aus Almas Tagebuch (1898)

Gustav Klimt war als die erste große Liebe in mein Leben gekommen, aber ich war ein ahnungsloses Kind gewesen, ertrunken in Musik und weltfern dem Leben. Je mehr ich an dieser Liebe litt, desto mehr versank ich in meiner eigenen Musik, und so wurde mein Unglück zur Quelle meiner größten Seligkeiten.

Klimt verfolgte Alma während einer Urlaubsreise bis nach Italien. Sie trafen sich heimlich, und Alma war bereit, ihm ewige Treue zu schwören. Klimt raubte Alma auf dieser Urlaubsreise den ersten Kuss, dessen Entdeckung zu einem schweren Zerwürfnis mit Carl Moll führte. Moll entdeckte den skandalösen Flirt und zwang

Klimt zur Abreise. Klimt musste Moll versprechen, sich künftig von Alma fernzuhalten.

Auch Max Burckhard war oft zu Gast im Hause Moll. Er war bis 1898 Direktor des Wiener Burgtheaters, wobei er sich besonders bei der Pflege des modernen Dramas große Verdienste erwarb und Ibsen, Hauptmann, Schnitzler und Hofmannsthal zur Aufführung brachte. Er förderte Almas erwachendes Interesse an der Literatur, sandte ihr Theaterkarten und brachte ihr in Waschkörben die Bücher der Klassik und Moderne. Als Antisemit schulte er aber auch ihre Judenfeindlichkeit. Besonders die Philosophie Nietzsches schmiedete die beiden als „Verschworene im Geiste" aneinander. Nietsches Satz „Was fällt, das soll man auch noch stoßen!" wurde zum Lebensmotto Almas, unter dem später viele ihrer erfolglosen Bewunderer zu leiden hatten.

Alma erhielt Kompositionsunterricht beim blinden Organisten Josef Labor und erarbeitete sich bald ein umfangreiches Repertoire. Zu ihren Lieblingskomponisten zählten Schubert und Schumann, vor allem aber begeisterte sie sich für die Musik Richard Wagners: „Er ist mir der liebste Mensch auf Erden – ich kann's beschwören!" Alma begann auch selbst zu komponieren und spielte ihrem Lehrer Lieder und Klavierstücke vor, die gefühlvolle Improvisationen und Selbstgespräche waren. Ihr Komponieren war etwas Intimes, ähnlich einem Tagebuch.

Im Frühjahr 1900 traf die 20-jährige Alma den Komponisten Alexander von Zemlinsky, der als eine der großen Hoffnungen der Wiener Musikszene galt. Erschrocken notierte sie in ihr Tagebuch:

„Eine Carricatur – kinnlos, klein, mit herausquellenden Augen und einem zu verrückten Dirigieren – und doch gefiel er mir ausnehmend."

Alma und Zemlinsky unterhielten sich lange über Wagner, insbesondere über den *Tristan*. Als Alma ihm eröffnete, das Werk sei ihre Lieblingsoper, war Zemlinsky so erfreut, dass er nach ihren Worten nicht wieder zu erkennen war.

„Er gefällt mir sehr – sehr."

Als Zemlinsky einige ihrer Kompositionen gesehen hatte, war sein Urteil glasklar:

Entweder Sie componieren oder Sie gehen in Gesellschaften – eines von beiden. Wählen Sie aber lieber das, was Ihnen näher liegt – gehen Sie in Gesellschaften.

Zemlinsky war ein unvergleichlicher Pädagoge. Zudem war er der Lehrer Arnold Schönbergs und diesem bald in Freundschaft verbunden. Alma nahm nun bei Zemlinsky Kompositionsunterricht. Unter seiner Führung komponierte sie eine Reihe von Liedern nach Gedichten von Rainer Maria Rilke, Heinrich Heine u. a. Zwischen Alma, der attraktiven und selbstbewussten jungen Frau, und dem introvertierten Zemlinsky entwickelte sich bald ein stürmisches Liebesverhältnis. Sie liebte den „kleinen, hässlichen Gnom" und Zemlinsky erwiderte diese Gefühle:

„Ich will dich – mit jedem Atom meines Fühlens."

Alma ließ sich von ihm küssen, streicheln, erlaubte ihm jede Intimität bis auf die letzte – und raubte ihm damit fast den Verstand. Er seinerseits verstand es, Almas junge Sexualität mit einer Leidenschaft zu erwecken, die sie seine „Virtuosen-hände" nie vergessen ließ. Die Beziehung war ein Wechselbad der Gefühle. Almas Demütigungen und Quälereien wechselten mit heißen Liebesbekundungen und bizarren Tagebuch-Eintragungen:

„Alex – mein Alex. Dein Weihebecken will ich sein. Gieß deinen Überfluß in mich!"

Familie und Freunde fanden die Liaison mit dem jüdischen Zemlinsky allerdings höchst unpassend – und bald hatte auch Zemlinsky genug:

Du betonst so oft Du nur kannst, wie lächerlich wenig ich bin und habe, wie viel mich ungeeignet macht, Dir zu gehören! Hast Du so viel zu geben, so unendlich viel, dass andere Bettler dagegen sind?! Du bist sehr schön, und ich weiß, wie sehr ich diese Schönheit schätze. Und später, in zwanzig Jahren???

Alma quälte Zemlinsky zwei Jahre lang, bis sie sich 1902 gegen ihn und für einen wagemutigen Schritt entschied, der für das damalige Wien eine Sensation darstellte...

Am 7. November 1901 lernte Alma im Haus ihrer Freundin Berta Zuckerkandl den gefeierten Dirigenten Gustav Mahler kennen, der als Direktor der Wiener Hofoper eine der mächtigsten Positionen in der Musikwelt innehatte. Mahler verliebte sich bei dieser Abendgesellschaft in die junge Schönheit, bereits 14 Tage später, am 28. November machte er ihr einen Heiratsantrag. Almas Familie versuchte, Alma diese Verbindung auszureden, denn der neunzehn Jahre ältere Mahler wurde als zu alt für sie erachtet. Auch wurde gemunkelt, er sei völlig verarmt und unheilbar krank. Die jüdische Abstammung des zum Katholizismus konvertierten böhmischen Komponisten bildete einen weiteren Stolperstein. Am 19. Dezember 1901 schrieb Mahler an Alma einen 20-seitigen Brief, in dem er seiner Braut den Plan für ein zukünftiges Leben darlegte und sie aufforderte, ihr Komponieren aufzugeben:

Wie stellst du dir so ein komponierendes Ehepaar vor? Hast du eine Ahnung, wie lächerlich und später herabziehend vor uns selbst, so ein eigentümliches Rivalitätsverhältnis werden muss? Wie ist es, wenn du gerade in ‚Stimmung' bist, und aber für mich das Haus, oder was ich gerade brauche, besorgen, wenn Du mir, die Kleinigkeiten des Lebens abnehmen sollst? – Bedeutet dies für Dich einen Abbruch Deines Lebens und glaubst Du auf einen Dir unentbehrlichen Höhepunkt des Seins verzichten zu müssen, wenn Du Deine Musik ganz aufgibst, um die Meine zu besitzen, und auch zu sein?

Alma war verwirrt und schrieb in ihr Tagebuch:

Er hält von meiner Kunst gar nichts – von seiner viel – und ich halte von seiner Kunst gar nichts und von meiner viel. So ist es! Nun spricht er fortwährend von dem Behüten seiner Kunst. Das kann ich nicht. Bei Zemlinsky wärs gegangen, denn dessen Kunst empfinde ich mit – das ist ein genialer Kerl.

Am 23. Dezember war dennoch Verlobung, am 9. März 1902 heirateten Alma und Gustav Mahler in der Wiener Karlskirche. Sowohl Mahlers Freunde als auch viele aus dem Bekanntenkreis reagierten verständnislos auf diese Eheschließung. Das Ehepaar bezog eine Wohnung in der Nähe der Oper, zum Haushalt gehörten unter anderem zwei Dienstmädchen und eine englische Gouvernante für die am 2. November 1902 geborene Tochter Maria. Das Zusammenleben mit Mahler verlief allerdings völlig anders, als Alma es vom abwechslungsreichen und geselligen Leben in ihrem Elternhaus gewöhnt war. Mahler hasste Gesellschaften und legte Wert auf einen geregelten Tagesablauf, um sein Arbeitspensum zu bewältigen. Bald fühlte sich Alma vereinsamt, sah sich zur Haushälterin degradiert und langweilte sich. Das Gefühl innerer Leere änderte sich auch mit der Geburt der zweiten Tochter Anna Justina nicht, die am 15. Juni 1904 zur Welt kam und ihrer ausdrucksstarken Augen wegen „Gucki" genannt wurde.

Mahler vermisste in seiner Frau die Gefährtin, die mit ihm sein Leben teilte. Der Konflikt verstärkte sich, als sie sich auf einen heftigen Flirt mit seinem Kollegen Hans Pfitzner einließ. Mit Wissen und Billigung von Gustav Mahler hatte Alma sich auch wieder mit Zemlinsky getroffen, um mit ihm gemeinsam zu musizieren. Dieser lehnte es jedoch ab, Alma wieder Unterricht zu geben.

Im Juli 1907 verstarb die erst 5-jährige Tochter Maria an Diphtherie. Der Tod des geliebten Kindes verstärkte die Kluft zwischen den Eheleuten. Bei einer Routineuntersuchung wurde bei ihm außerdem ein Herzfehler diagnostiziert, der seinen Bewegungsspielraum stark einschränkte.

In der Wiener Presse kam es immer wieder zu Angriffen gegen Mahlers Führungsstil an der Oper, die ihn schließlich veranlassten, sich aus dem Wiener Musikleben führten. Im Dezember 1907 trat er ein Engagement am Manhattan Opera House in New York an, zu dem Alma ihn begleitete. Während Mahler mit der Aufführung von Wagners *Tristan und Isolde* seinen ersten großen Erfolg feierte, fühlte sich Alma auch dort isoliert und einsam. In den sechs Monaten, die das Ehepaar anschließend wieder in Europa verbrachte, befand sich Alma meistens auf Kur und lebte von ihrem Mann getrennt. Aus Briefen lässt sich erkennen, dass Alma in dieser Zeit mindestens eine Fehlgeburt erlitt oder eine Abtreibung vornehmen ließ.

Im Mai 1910 begab sich Alma mit ihrer Tochter Anna zur Kur nach Tobelbad, einem kleinen, in Mode gekommenen Kurort in der Steiermark. Nach acht Jahren Enttäuschung bot sich Alma nun Trost für die Jahre der Entbehrung in der Person eines jungen Architekten namens Walter Gropius, der später mit dem Bauhaus entscheidend für die moderne Architektur werden sollte. Nach all den Jahren mit Mahler, die für Alma von Entbehrungen und Askese gekennzeichnet waren, explodierte in ihr die aufgestaute Sehnsucht, als Frau ernst genommen zu werden. Die beiden vergaßen sich in zügellosen Liebesnächten.

Die Affäre kam ans Licht, als Gropius einen Liebesbrief an Alma „irrtümlich" an Gustav Mahler adressierte. Trotz einer klärenden Aussprache betrieb Alma die Beziehung zu Gropius jedoch heimlich weiter. Im Licht dieser Entdeckung entstand Mahlers 10. Sinfonie, deren Manuskript eine Fülle intimer Eintragungen aufweist, die dokumentieren, dass Mahler damals die schwerste Lebenskrise durchmachte:

Du allein weißt, was es bedeutet. Ach! Ach! Ach! Leb' wol mein Saitenspiel! Lebe wol, Leb wol. Leb wol." und „Für dich leben! Für dich sterben! Almschi!

Mahler wurde empfohlen, Sigmund Freud aufzusuchen, der ihn im August 1910 im holländischen Seebad Leyden empfing. Diese Begegnung ist rätselhaft und dauerte nur knapp vier Stunden. Es gibt kaum Dokumente über diese Kurzanalyse, doch lässt sich erkennen, dass Freud das Wesen der Beziehung analysierte, die von einer wechselseitigen Sehnsucht nach Vater- bzw. Mutterersatz geprägt war. Alma war allerdings empört, als Freud ihr kurz nach Mahlers Tod ungeniert die Rechnung für diese kurze analytische Sitzung zusandte.

Mahler begann sich nun intensiv um seine Frau zu bemühen und widmete ihr die 8. Sinfonie, deren Uraufführung am 12. September 1910 in München sein größter musikalischer Triumph wurde. Fünf der von Alma komponierten Lieder ließ Mahler noch im selben Jahr drucken und in Wien und in New York zur Uraufführung bringen. Kurz bevor sie ihren Mann für mehrere Monate in die USA begleitete, reiste Alma nach Paris, um sich noch einmal mit Walter Gropius zu treffen.

Auf der letzten USA-Reise erkrankte Mahler schwer. Am 21. Februar 1911 dirigierte er sein letztes Konzert in New York, Alma reiste mit ihrem Mann zurück nach Europa. Am Abend des 12. Mai erreichte man Wien. Am 18. Mai 1911, gegen Mitternacht, verstarb Gustav Mahler, knapp 51 Jahre alt, in Wien. Er wurde auf dem Grinzinger Friedhof neben seiner geliebten Tochter Maria Anna beerdigt.

Nach dem Tod Gustav Mahlers war Alma eine strahlende Erscheinung in der Blüte ihrer Jahre und dank ihrer Witwenpension und dem Erbe Gustav Mahlers eine wohlhabende Frau. Bald wurde sie in Wien heftig umworben. Bereits im Herbst 1911 hatte sie ein kurzes Verhältnis mit dem Komponisten Franz Schreker. Auch Joseph Fraenkel, Mahlers Arzt in New York, stand plötzlich in Wien vor ihrer Tür. Alma nannte ihn „armes, krankes, ältliches Männlein, das nur mit seiner schweren Darmkrankheit beschäftigt war" und lehnte seinen Heiratsantrag ab. Mehr Aufmerksamkeit brachte sie dem Biologen Paul Kammerer entgegen, der ein glühender Ver-

ehrer der Musik Mahlers war und Alma eine Stellung als Assistentin in seinem biologischen Institut im Prater anbot, wo sie mehrere Monate an Experimenten mit Gottesanbeterinnen mitarbeitete. Als Kammerer drohte, sich am Grab Mahlers zu erschießen, beendete sie im Frühjahr 1912 die Beziehung.

Walter Gropius war schockiert, als er erfuhr, dass es vor Mahlers Tod noch zu körperlicher Liebe zwischen den Eheleuten gekommen war, und ging einem Wiedersehen aus dem Weg. Im Dezember 1911 kam es schließlich zum Bruch.

Überschattet wurde die Beziehung schon durch Almas exzessive Verbindung mit dem Enfant terrible der Wiener Kunstszene, dem jungen Oskar Kokoschka, der im kulturell brodelnden Wien vor dem Ersten Weltkrieg heftiges Aufsehen erregte und als Revolutionär, Exzentriker, Provokateur und zugleich als genialer Maler galt.

Carl Moll beauftragte Kokoschka, ein Porträt Almas anzufertigen. Noch während des Abendessens am 12. April 1912 verliebte sich Kokoschka in die Witwe:

> *„Wie schön sie war, wie verführerisch hinter ihrem Trauerschleier! Ich war verzaubert von ihr!"*

Am nächsten Tag hielt sie seinen ersten Liebesbrief in Händen, dem vierhundert weitere folgen sollten. Damit hatte Alma ihren leidenschaftlich-verrücktesten Liebhaber gefunden. Alma berichtet über Kokoschkas Liebe:

> *Oskar konnte nur mit den furchtbarsten Vorstellun-*
> *gen lieben. Da ich mich weigerte, ihn während der*
> *Liebesstunden zu schlagen, begann er damit, die ent-*
> *setzlichsten Mordbilder in seinem Hirn zu ersinnen*
> *und leise vor sich hin zu flüstern. So erinnere ich*
> *mich, dass er einmal Dr. Fraenkel, Mahlers Arzt, auf*
> *diese Weise beschwor und ich musste an einem*
> *scheußlichen Phantasiemord teilnehmen. Als er sich*
> *befriedigt wähnte, sagte er: ‚Wenn's ihn auch nicht*
> *umgebracht haben dürfte, einen kleinen Herzklaps*
> *wird er schon davongetragen haben.'*

Bereits im Juli 1912 war Alma von Kokoschka schwanger. Im Oktober desselben Jahres ließ Alma ihre Schwangerschaft abbrechen. Er besuchte sie im Krankenhaus, nahm ihr die erste blutige Watte weg und behielt sie. „Das ist mein einziges Kind", sagte er, „und wird es bleiben".

Diese alte vertrocknete Watte soll er noch lange aufgehoben haben. Kokoschka war über sein ungeborenes Kind todunglücklich und machte es zum Thema zahlreicher Zeichnungen. Oskar und Alma lebten und reisten zusammen, und wenn sie nicht miteinander schliefen, malte er sie. Kokoschka war in seinen Gefühlsausbrüchen unberechenbar, er liebte leidenschaftlich und bedingungslos, „wie ein Heide, der zu seinem Stern betet". Alma muss die heftige Leidenschaft ähnlich empfunden haben:

Die drei Jahre mit ihm waren ein Liebeskampf. Niemals zuvor habe ich so viel Hölle, so viel Paradies gekostet.

Alma litt von Anfang an unter Kokoschkas hemmungsloser Eifersucht, er konnte es kaum ertragen, dass sie mit anderen Menschen gesellschaftliche Kontakte pflegte.

Du darfst mir nicht auch nur für einen Augenblick entgleiten, deine Augen müssen immer, ob Du bei mir bist oder nicht, auf mich gerichtet sein, wo Du auch seiest.

Kokoschkas Eifersucht richtete sich aber nicht nur gegen Almas Freunde und Bekannte, sondern insbesondere auch gegen ihren verstorbenen Ehemann Gustav Mahler. Vor der Uraufführung der 9. Sinfonie am 26. Juni 1912 kam es zum Streit:

Alma, ich kann nicht in Dir zum Frieden kommen«, schrieb er ihr nach einem Probenbesuch, »solange ich einen Fremden, ob tot oder lebendig, in Dir weiß. Warum hast Du mich zu einem Totentanz eingeladen und willst, dass ich stumm stundenlang Dir zusehe, wie Du, geistiger Sklave, dem Rhythmus des Mannes gehorchst, der Dir fremd war und sein muss und mir, und wissen, dass jede Silbe des Werkes Dich aushöhlt, geistig und körperlich.

Kokoschka unternahm jede Anstrengung, Alma zur Eheschließung zu überreden, diese jedoch zog sich mehr und mehr zurück. Kokoschka suchte einen „mütterlichen Genius" und erwartete – trotz aller rauschhaften Ausschweifungen – Fürsorglichkeit und liebende Hingabe. Auf Dauer konnte die Beziehung nicht funktionieren.

Im Jahr 1913 schuf er die „Windsbraut", ein eindringliches, barockes Bild, auf dem die beiden Liebenden durch den Raum wirbeln. Kokoschkas berühmtestes Gemälde zeigt ihn und Alma als Schiffbrüchige in einem kleinen Boot auf stürmischer See. Das Gemälde hieß zuerst „Tristan und Isolde", der Titel jener Oper Richard Wagners, die die erste Begegnung der beiden im April 1912 begleitete. Bezeichnend ist, wie Alma sich zärtlich an ihn schmiegt und zu schlafen scheint, Kokoschka aber unruhig und mit geöffneten Augen daliegt. Noch an ihrem siebzigsten Geburtstag nannte Kokoschka seine unsterbliche Geliebte ein „wildes Geschöpf" und war überzeugt: „In meiner Windsbraut sind wir auf ewig vereint."

Die Windsbraut, 1913

Als er das Bild malte, war der Dichter Georg Trakl fast täglich bei ihm und hat das Gemälde in seinem Gedicht *Die Nacht* besungen:

Golden lodern die Feuer der Völker rings. Über schwärzliche Klippen stürzt todestrunken die erglühende Windsbraut, die blaue Woge des Gletschers und es dröhnt gewaltig die Glocke im Tal: Flammen, Flüche und die dunklen Spiele der Wollust stürmt den Himmel ein versteinertes Haupt.

Prof. Dr. Alice Scarlates (1882 - 1958)

D er wohl schwierigste Teil der Recherchen war der über Alice Scarlates. Diese Frau war die langjährige Lebensgefährtin von Mathilde. In Mathildes schriftlichem Nachlass, der in der Österreichischen Nationalbibliothek aufbewahrt wird, finden sich keinerlei persönliche Aufzeichnungen mit Bezug zur Lebensgefährtin Alice, obwohl sie über 30 Jahre zusammen lebten. Durch Schriftvergleiche war es mir lediglich möglich herauszufinden, dass Alice ein Werkverzeichnis ihrer Freundin Mathilde nach deren Tod 1944 angefertigt hatte. Diese Papiere bilden heute die wichtigste Quelle zum musikalischen Lebenswerk von Mathilde.

Alice wurde in Paris erzogen und studierte Geschichte an der Universität Wien. Sie wurde Lektorin für Romanische Sprache an der Universität Wien und Lehrerin für Französisch. Das Thema ihrer Dissertation von 1911 war „Der russisch-türkische Krieg im Jahre 1711 und die Politik des Fürsten Demeter Cautemir" (PN 3105).

Von Alice Scarlates existiert eine 270 Seiten umfassende Personalakte im Archiv der Wiener Universität, aber leider waren auch darin keine Fotos von ihr zu finden. Ihren Familiennamen hatte Alice in der Schreibweise geändert. Geboren wurde sie als Alice Scarlatescu, in ihrem Wirken als Wissenschaftlerin und privat wurde sie aber „Scarlates" geschrieben. Am 20. Juni 1949 verfasste Alice Scarlates ein Curriculum Vitae, das hier in voller Länge wiedergegeben ist:

Curriculum Vitae

Ich bin am 3. Juli 1882, als Tochter des Herrenhaus-Mitgliedes Georg Scarlatescu in Atarnatzi-Rumänien geboren. Nach Vollendung meiner Studien an den Universitäten Bukarest, Paris und Wien erwarb ich das philosophische Doktorat (Wien, 28. März 1911). – 1912-1914 wirkte ich als Lehrerin für französisch in Cottage – Lyzeum-.

Während des Krieges 1914-18 war ich im Kriegsspital Kaasgraben Wien tätig und erhielt die silberne Ehrenmedaille mit der Kriegsdekoration (13.IV.1918).

1918 erwarb ich die österreichische Staatsbürgerschaft. 1918 wurde ich als Lektor für Rumänisch an der Universität Wien (Erlass vom 11. Okt. 1918, Z.36731-VIIIb) und wirkte daselbst ununterbrochen bis jetzt.-1946 erhielt ich den Lehrauftrag f. Diplomdolmetscher-Ausbildung (Erlass vom 19.4.1946 Z.10235/III/4b/46).-1946 wurde ich Seminarlektor (Erlass vom 30. Juli 1946 Z.22660-III/8-46).- 1920-25 wirkte ich als Lehrerin für Rumänisch a. d. öff. Lehranstalt für orientalische Sprachen in Wien (Erlass vom 16.XII. 1920, Z.20036/I- Abt.2).-1921 wurde ich als beeideter Gerichtsdolmetsch bestellt (Erlass des Oberlandesgerichtspräsidiums vom 8. März 1921).- 1925 erhielt ich vom Bundesministerium f. Unterricht den Titel Professor (31. Okt. 1925,Z.25.287-I/2).- 1921 habe ich ersucht, um die Erlangung der Dozentur mit meiner Arbeit „Westfälische Einflüsse" in der rum. Literatur, wurde aber nicht zugelassen, weil Rumänisch durch keinen o. Prof. vertreten war.

Indessen habe ich wissenschaftlich gearbeitet. Ein Verzeichnis meiner größeren Arbeiten lege ich vor:

1. Die französische Übersetzung der wissenschaftlichen Abhandlung literarhistorisch, kunsthistorisch und philologisch – über das „Prachtwerk Rene d'Anjon" (3 Bde) von der Nationalbibliothek und der österr. Staatsdruckerei 1927 als unicum herausgegeben. Ein Exemplar von den wenigen noch vorhandenen wurde dieses Jahr von der österreichischen Regierung dem Präsidenten der französischen Republik, M. Guriot, überreicht.-

2. Ich bin Mitarbeiterin vom Großen Brockhaus (Leipzig),-

3. Die Notifikationen bei der Proklamation des österr. Kaisertums 1804 und bei der Niederlegung der deutschen Kaiserwürde 1806, mit Einleitung und Kommentar noch Akten des Staatsarchivs zu Wien liegt im Manuskript, da die Drucklegung durch die Fide-Kommiß-Bibliothek 1918 durch den Umsturz verhindert wurde.-

Mein Hauptwerk an dem ich unausgesetzt weiter arbeite ist ein wissenschaftliches Quellwerk aus dem Mittelalter über die Frau in der Geschichte, in der Zeit nach dem Vertrag von Verdun bis zu den Hohenstaufen. Zwei Bände sind druckbereit.

Wien, 20. Juni 1949 Dr. Alice Scarlates

Zum Geburtsort von Alice Scarlates hat mein Wiener Verwandter Karl Liko recherchiert und folgendes herausgefunden:

Der Wortlaut ist eindeutig ATARNATZI, was in moderner rumänischer Rechtschreibung ATÂRNAȚI geschrieben wird. Diesen Ort findet man nicht ohne weiteres, da er nur mehr ein Teil einer Stadt ist und überdies mehrfach umbenannt wurde. Die Stadt selbst heißt Titu und liegt im Judetz (Bezirk) Dambovitza, etwa 30 km nw[nord-westlich von] Bukarest.

Die Namenshistorie ist zu abenteuerlich, um sie zu verschweigen. Nach dem Bau der Eisenbahn Bukarest-Pitesti wurde nämlich der Ortsteil mit dem Bahnhof seit 1872 Atarnatzi-Gara bzw. Atârnați-Gara genannt. 1926 - 1948 hieß er zu Ehren des Kronprinzen Michael "Principele Mihai". 1948, unter den Kommunisten, trug er kurzfristig den Namen "Marschall Tito", erhielt aber nach dessen Bruch mit Moskau sofort wieder einen anderen Namen. Nach dem - allerdings dem Marschallsnamen sehr ähnlich klingenden - Hauptort Titu heißt er seither "Titu-Gara".

Die Gegend gehörte übrigens bis 1864 einem Großgrundbesitzer namens Scarlat Codreanu..

Die Zeit der ersten Begegnung zwischen Mathilde und Alice könnte um das Jahr 1912 liegen. Mathilde ließ sich im März 1912 fotografieren und schenkte dieses Bild „Ihrer lieben Alice Scarlates" wie auf der Rückseite des Fotos signiert ist. Mathilde befand sich zu dieser Zeit im 55. und Alice im 30. Lebensjahr.

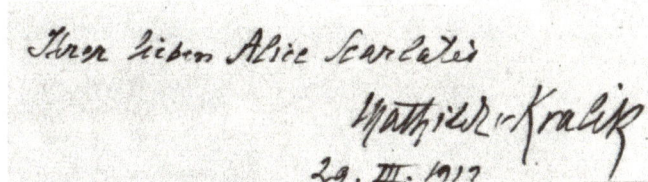

Die Wohnung von Alice Scarlates und Mathilde Kralik, das Haus der Schwestern Elise und Helene Richter, sowie das Haus von Mathildes Bruder Richard Kralik befanden sich im Wiener Cottage-Viertel. Man wohnte quasi in der Nachbarschaft und besuchte einander regelmäßig.

Von Alice Scarlates existieren zwei Briefe, deren Empfängerinnen mit großer Wahrscheinlichkeit Elise und Helene Richter waren. Bei dem hier zuerst abgedruckten Brief könnte es sich bei der Empfängerin um Dr. Elise Richter handeln, da auch deren Schwester gegrüßt wird. Elise Richter hatte im Jahr 1919 bereits ihren Doktortitel auf dem Gebiet der Romanistik erworben.

Da sich auch Alice Scarlates mit der französischen Sprache beschäftigte, gab es auch zwischen ihnen im beruflichen Sinne einen regen Gedankenaustausch. Über die Schwestern Richter wird im nachfolgenden Kapitel berichtet werden.

Baden 19. September 1919

Liebe verehrte Frau Doktor,

seit 4 Tagen bin ich in Baden wo ich schon die Kur begonnen habe. Das Staatsbeamten Kurhaus ist ganz angenehm, wozu auch die schöne Witterung beiträgt. Ich komme mit einer Bitte an Sie aber nicht für mich, sondern für eine Dame deren Name Ihnen nicht unbekannt ist. Frau Hofrat [Augwitz], die ich hier kennen gelernt habe, die Mutter des Ihnen auch bekannten Dr. Augwitz hat eine Tochter die einige Zeit Schauspielerin am Lessing Theater Berlin war. Dieselbe hat auch Stunden bei Frau Geyer genommen und sehnt sich ein Engagement in Wien zu bekommen. Indem ich weiß, daß Sie den Direktor Geyer näher kennen, habe ich mir gedacht, daß Sie mir es nicht übel nehmen werden, wenn ich mit der Bitte an Sie herantrete ein gutes Wort für die junge Dame bei Dr. Geyer einzulegen. Entschuldigen Sie, daß ich Sie belästige, ich kenne aber Ihre edle Gesinnung und weiß, daß Sie sich selbst freuen einem jungen Talent helfen zu können.

Indem ich Ihnen und Ihrer verehrten Schwester angenehme Herbsttage wünsche, verbleibe stets

Ihre Alice Scarlates

Liebe Freundinnen!

Ich möchte Ihnen aus der Tiefe meines Herzens die große Freude die Sie mir in meiner Leidenszeit bereiteten schildern und meinen innigsten Dank zum Ausdruck bringen. Doch was ich sagen kann, scheint mir zu schwach in Anbetracht der warmen Gefühle die ich für Sie beide hege.

Ich ergötze mich jetzt an der Lektüre des fesselnden und einzigartigen Kainzbuches das der Geist der lieben Vorfahrin zu einem monumentalen Werk gestaltet hat.

Mit meinem herzlichsten Dank verbinde ich die wärmsten Wünsche für die Festzeit und das Neue Jahr, das trotz der herrschenden Widerwärtigkeiten sich zum Guten wenden soll.

Auch meine Freundin schließt sich mit besten Grüßen und Wünschen an.

Ihre von Herzen ergebene

Alice Scarlates

Die Adressaten des zweiten Briefs sind mit großer Wahrscheinlichkeit ebenfalls die Geschwister Elise und Helene Richter.

Botschaften zur Weihnachtszeit auszutauschen war damals üblich, auch wenn man nur „um die Ecke" wohnte. Der Brief wurde am Heiligen Abend 1931 geschrieben. Die Bemerkung „*Auch meine Freundin schließt sich mit besten Grüßen und Wünschen an…*" unterstreicht, daß Mathilde und Alice zusammen wohnten. Ein Querhinweis zur offensichtlichen Liebesbeziehung zwischen Alice Scarlates und Mathilde Kralik findet sich „Summe des Lebens", einem Buch der jüdischen Wissenschaftlerin Dr. Elise Richter. Darin schreibt sie über Alice:

Sie war als Lehrerin des Französischen zu Mathilde v. Kralik gekommen, der Schwester Richards, der begabten Komponistin, einem ebenso gütigen wie bescheiden stillen Menschen. Die beiden Frauen schlossen sich so aneinander an, daß sie wie Schwestern miteinander lebten, und es war rührend zu sehen, wie sie sich an Zärtlichkeit füreinander in unzertrennlichem Zusammensein überboten.

Wenn man das Jahr 1912 als Beginn der Liebesbeziehung zwischen Alice Scarlates und Mathilde Kralik ansetzt, lebten die beiden Frauen über 32 Jahre zusammen. Mathilde Kralik starb am 8. März 1944 und Alice Scarlates fast auf den Tag genau 14 Jahre später, am 11. März 1958. Ihr Grab befindet sich auf dem Wiener Zentralfriedhof, Gruppe 54, Reihe 40, Nr. 36.

✝

Am 11. März 1958 wurde Frau

Professor Dr. Alice Scarlates
Seminarlektor an der Universität Wien

nach schwerem Leiden und Empfang der heiligen Krankenölung, im 78. Lebensjahre von dieser Erde abberufen.

Ihrem Wunsche entsprechend wurde sie in aller Stille zu Grabe getragen.

Die heilige Seelenmesse wird Dienstag, den 1. April 1958, um 8 Uhr in der Pfarrkirche zum heiligen Paul in Döbling (XIX, Vormosergasse 7) gelesen.

Gott gebe ihr nach einem mühevollen, emsigen, der Wissenschaft gewidmeten Leben die ewige Ruhe.

Wien, den 20. März 1958

Parte von Prof. Dr. Alice Scarlates

Das Wiener Cottage-Viertel

Der Wiener Cottage Verein wurde am 14.03.1872 gegründet, um eine Anlage von Ein- und Zweifamilienhäusern mit Gärten, so genannten Cottages, auf dem Gebiet der Schotter- und Sandgruben unterhalb der Türkenschanze zu errichten. Idee und Initiative zur Schaffung einer derartigen stadtnahen Anlage im Grünen gingen vom bekannten Wiener Architekten Heinrich von Ferstel aus, dem ersten Obmann des Vereins.

Ohne Absicht von Gewinnerzielung erwarb der Verein selber den größten Teil verfügbarer Gründe, parzellierte sie und verkaufte sie an Bauwerber weiter. Die Baukanzlei des Wiener Cottage Vereins unter Baudirektor Carl v. Borkowski übernahm sowohl die Errichtung der Häuser als auch die Anlagen dazugehöriger Gärten mit Rücksicht auf Billigkeit, Bequemlichkeit und Gesundheit, wobei die Interessen der bauenden Mitglieder gegenüber Professionisten und Lieferanten gewahrt wurden. Für die Leistung der Baukanzlei war ein Regiebeitrag zu zahlen; für planmäßige Bauausführung durfte der Verein lediglich die veranschlagten Kosten verrechnen (eine frühere Form der Bauträgertätigkeit). Die Tatsache, dass Erzherzog Karl Ludwig, der Bruder des Kaisers Franz Josephs, in Anerkennung der Gemeinnützigkeit das Protektorat über den Verein übernahm, erhöhte dessen Ansehen und Kreditwürdigkeit, was sich wiederum für die Beschaffung von Baudarlehen günstig auswirkte.

In dem Bestreben, den Cottage-Charakter der Anlage auf Dauer zu sichern, erhob der Verein das Prinzip der gegenseitigen Rücksichtnahme zur Maxime mit der Verpflichtung der Liegenschaftserwerber zu gewissen baulichen und gewerblichen Beschränkungen, die als „Cottage-Servitut" in den Kaufverträgen sowie im Grundbuch verankert wurden. Der Verein erwirkte darüber hinaus für sonstige Eigentümer im Cottage-Gebiet, auf ihre Liegenschaft freiwillig das Cottage-Servitut eintragen zu lassen. Der Inhalt des Cottage-Servituts war ursprünglich 1873 einfach gehalten und verpflichtete die Bauwerber lediglich, keine Bauten auszuführen, die den Nachbarn freie Aussicht, Licht und Zutritt zu frischer Luft wegnehmen würde, sowie auf der Liegenschaft kein Gewerbe zu betreiben, das auf Grund von Lärm oder Geruchseinwirkung eine Belästigung darstellen könnte.

Auf gut Wienerisch (insbesondere bei den Älteren) heißt es immer noch „die Koteesch", wenn von einem Haus in einer feineren Wohngegend die Rede ist. Über dieses Wohngebiet berichtet Frau Heidi Brunnbauer in „Im Cottage von Währing/Döbling" (siehe Quellennachweis Nr. 8).

Schaut man sich die Liste der Bewohner des Cottage an, kann man davon sprechen, dass hier das so genannte Bildungsbürgertum wohnte. Anfangs waren es Beamte, Lehrer und Offiziere, später Künstler aus der Hofoper, dem Burgtheater und der Konzertwelt, Journalisten, Schriftsteller, Ärzte und Rechtsanwälte, sowie wohlhabende Bürger aus der Finanzwelt und Industrie. Bekannte Namen seien erwähnt wie der Schriftsteller Arthur Schnitzler, der Mathematiker und Physiker Ludwig Boltzmann oder der Schauspieler Johannes Heesters.

Im Cottage wohnten Mathilde und, in unmittelbarer Nähe, ihr Bruder Richard,

sowie die Schwägerin Maia Kralik. Die räumliche Nähe von Künstlern und Wissenschaftlern im Cottage führte zur Bildung vieler Freundschaften, denn man begegnete sich praktisch täglich auf den umliegenden Straßen und Plätzen. So kam es auch, dass sich im Cottage eine Salonkultur entwickelte. Man lud seine interessanten Nachbarn oft zu sich nach Hause ein. Über zwei Frauen sei hier berichtet, die einen eigenen Salon führten und enge freundschaftliche Beziehungen zu Richard und Mathilde Kralik pflegten; es waren Elise und Helene Richter.

Cottage-Viertel in Wien, Weimarer Straße 89, Wohnung von Mathilde Kralik

Elise Richter

Die Schwestern Elise und Helene Richter wohnten im Haus Weimarer Str. 83, nur einen Steinwurf von Mathildes Wohnung entfernt, der Weimarer Str. 89. Die Eltern von Elise und Helene waren Emilie, geb. Lackenbacher, und Dr. Maximilian Richter. Elise war die dritte Tochter der Richters (*02. 03 1865 in Wien, † 21. 06 1943 KZ Theresienstadt). Die zweite Schwester war bereits vor Elises Geburt gestorben.

Der Vater war Chefarzt der k. k. Südbahn. Der Schwiegervater Richard Kraliks, Wilhelm von Flattich, war bei derselben Eisenbahngesellschaft Baudirektor. Es ist davon auszugehen, dass sich über diese Bekanntschaft und die Nähe ihrer Wohnungen im Cottage die freundschaftlichen Begegnungen entwickelten.

In der Familie Kralik wurde mit viel Hochachtung von den „Damen Richter" gesprochen. Elise unterhielt an Montagabenden zusammen mit ihrer Schwester Helene einen Salon, in dem sowohl ihre Schülerinnen, als auch Kolleginnen und sonstige Gäste zusammenkamen. Umgekehrt nahmen die Schwestern Richter am Salon Richard Kraliks an den Dienstagen teil. Neben ihren Nachbarn Richard Kralik, seiner Frau Maia und seiner Schwester Mathilde, sind auch Namen wie Ernst Lissauer und in den späteren Jahren die oben erwähnte Schriftstellerin und Frauenrechtlerin Rosa Mayreder zu nennen.

Elise Richter gilt als die erste Frau Österreichs mit einem Professorentitel! Sie war es auch, die in ihrem Manuskript „Summe des Lebens" bezüglich der Liebesbeziehung zwischen Mathilde Kralik und Alice Scarlates erwähnt, dass sie an „Zärtlichkeiten einander überboten".

Erziehung und Bildung von Elise Richter

Die Erziehung durch die preußische Hauslehrerin Clara Friedrich ist geprägt von großer Strenge und - dem autobiografischen Versuch aus dem Jahre 1884 zufolge – von Erziehungsmethoden, die nach heutigen Maßstäben undenkbar wären, wie zum Beispiel übermäßiges Nachsitzen bei Pünktlichkeitsverstößen, Schläge mit dem Lineal auf die Fingergelenke, allgemeiner Bewegungsmangel und temporäres Sprechverbot, alles in allem ein Unterricht, der keineswegs an die Bedürfnisse und Wünsche des

Kindes angepasst war. So wird es auch verständlich, dass die wohlbehütete bürgerliche Tochter Elise Richter ihre Kindheit mit sehr gemischten Gefühlen Revue passieren ließ.

Sehr früh erwachte in Elise Richter das Interesse an Geschichte und Sprache. Mommsens „Römische Geschichte" veranlasste sie sogar, dem Gelehrten ein Briefchen zu schicken, was der Vater allerdings unterband. Latein und Griechisch lernte sie im Selbststudium. „Als ich Mommsens Einleitung las, eröffnete sich der Blick in die sprachwissenschaftliche Welt." (Führende Frauen, 1928, 77) Griechisch erschloss sie sich angeblich nur mit Homer und einer Grammatikfibel. Später soll sie auf die gleiche Art und Weise Latein gelernt haben. Die „lebenden Fremdsprachen" wie Italienisch und Französisch wurden ihr sehr früh - vor allem über Konversationsunterricht - beigebracht, auch wenn Elise Richter in ihren Autobiografien den Wert dieses Unterrichts relativiert. Ein definitiver Wendepunkt im Leben der beiden Schwestern war der relativ frühe Tod beider Elternteile. Das vom Vater angehäufte Vermögen erlaubte es Elise und Helene Richter, ausgedehnte Reisen zu unternehmen und zunächst ohne Erwerbstätigkeit zu leben, sowie später ein Haus zu bauen.

Der Hausbau 1885 und ein Mord
Im Jahr 1885 erwarben die Schwestern zu gleichen Teilen ein Grundstück in der heutigen Adresse Weimarer Str. 83 und bauten sich ein Haus. Zu dieser Zeit waren Elise und Helene erst 20 und 24 Jahre alt. Sie schrieben:

Kurz entschlossen bauten wir unser eigenes Heim, von wo aus es kein Ausziehen mehr gebe, als auf den Friedhof [...] wir erstanden dort einen Acker mit wunderschöner Rundsicht auf die Berge [...] der Bau fesselte mich in allen Einzelheiten. Er begann im Frühjahr 1885. Jede Woche wurde ein Stockwerk vollendet. Im Mai 1886 zogen wir ein. Da stand der große Kasten an der noch unbenannten und keineswegs gangbaren Straße in einem wüsten Flecken, der sich Garten nannte, nicht gerade erhebend. Aber im Innern war alles zweckmäßig und viel schöner als wir es je gekannt hatten.

Da das Haus letztlich doch für zwei Personen zu groß war, entschlossen sich die Schwestern, die erste Etage zu vermieten. Als Mieter nahmen sie unter anderen Elise Richters Lehrer für Romanische Philologie, Mentor und auch väterlicher Freund, Univ. Prof. Adolf Mussafia (1835-1905) auf. Mussafia stammte aus Split (damals Österreich gehörend, heute Kroatien) und war der Sohn eines Rabbiners.

Haus von Elise und Helene Richter in der Weimarer Str. 83

In ihren Lebenserinnerungen schreibt Elise Richter, dass sie Anfang der dreißiger Jahre der erste Haushalt in der Weimarer Straße waren, der einen Staubsauger ausprobierte. Nun muss man sich das nicht so vorstellen, wie wir es heute gewohnt sind. Ein Staubsauger war kein kleines fahrbares Gerät, nein, es war ein Monstrum. Ähnlich wie zum Abpumpen von Jauchegruben wurde auf der Straße eine gewaltige Maschine aufgefahren und ein dicker Schlauch durch das Fenster gelegt. Der Saugapparat stand auf der Straße und verursachte einen Höllenlärm, in der Wohnung wurden die Staubflocken eingesogen und über den Schlauch, durch das offene Fenster bis zum Wagen abgesaugt. Durch den Lärm liefen alle Nachbarn zusammen und die Pferde vorbeifahrender Kutschen scheuten. Es muss ein herrliches Spektakel gewesen sein.

Eines Tages kam es in diesem Haus zu einem Mord, wie Elise Richter schreibt. Der Hausbesorger Kopetzky, Geldausträger der österreichisch-ungarischen Bank, Vertrauensmann ersten Ranges und leidenschaftlicher Jäger, ging in die elegantesten Sportanzüge gekleidet spazieren. Eines Tages erschoss er seine Frau in begründeter Eifersucht mit seinem Jagdgewehr. Elise Richter schreibt dazu:

Ich konnte mich nicht entschließen, ihm beim Abschied die Hand zu drücken, die eben gemordet hatte, was ihn sichtlich verwunderte. Er glaubte auch nach überstandener Haft zurückkommen zu können. Von Teilnahmsbezeugungen und Heiratsanträgen von Frauen förmlich überschüttet, hatte er nachher die Qual der Wahl. Er selbst legte auf den Sarg der Ermordeten einen Kranz, der Unvergesslichen.

Bei Ausbruch des ersten Weltkrieges konnten sich auch die Schwestern Elise und Helene Richter dem Strom der Zeit nicht entziehen und zeichneten wie viele andere Österreicher Kriegsanleihen. Sie verloren ihr Vermögen und nach dem Krieg verschlechterte sich ihre finanzielle Situation derart, dass sie im Jahr 1923 ihr schönes Haus gegen eine „allerbescheidenste Leibrente" verkaufen mussten. Das Wohnrecht behielten sie jedoch, als sie das Haus an die Halbbrüder Max und Rudolf Gutmann verkauften. Seit 1974 gehört die Liegenschaft einer Wohnungseigentumsgemeinschaft.

Biografischer Auszug aus „Jüdische Frauen im 19. und 20. Jahrhundert. Lexikon zu Leben und Werk" [3]

Strenge Religiosität, ohne Anbindung an eine Konfession, und bürgerliche Mädchenbildung kennzeichnen den kindlichen Alltag der Elise Richter. Zusammen mit ihrer Schwester erhält sie Privatunterricht bei einer norddeutschen Erzieherin, einem „Richtigen preußischen Feldwebel". Den Wunsch zu studieren halten die Eltern für „unmädchenhaft", so daß Elise Richter im Anschluß an den häuslichen Unterricht zunächst „drauflosliest": Herders „Ideen zur Philosophie der Geschichte der Menschheit" und Theodor Mommsens „Römische Geschichte", die ihr sprachwissenschaftliches Interesse wecken. In ihrem zwanzigsten Lebensjahr erkrankt sie an Gelenkrheumatismus und lebt von da an nie völlig schmerzfrei. Sie sucht verstärkt Zuflucht in der Musik, im Lesen und Lernen, empfindet dies jedoch weniger als Therapie denn als „Gaya scienzia", als „fröhliche Wissenschaft" im Sinne Nietzsches, was sie auch als Lebensmotto beibehält.

---

[3] Hg. v. Jutta Dick. Reinbek bei Hamburg, 1993.

Elise Richters Studentenausweis

Seit 1891 ist Elise Richter Gasthörerin an der Wiener Universität, u. a. bei Lujo Brentano und Theodor Gompertz. Ihr späterer väterlicher Freund und Mentor Adolf Mussafia, der „erste regelrechte Vertreter der Romanischen Philologie an der Wiener Universität" (Christmann [...]), läßt sie jedoch erst nach bestandener Matura (1897) als Externe am Akademischen Gymnasium in Wien zu seinem altfranzösischen Kolleg zu. Nach Abschluß ihres Studiums (1901) bemüht sie sich lange Zeit um eine Dozentur, die ihr jedoch erst 1907, nach vollendeter Habilitation gewährt wird. Damit ist Elise Richter die erste, wenngleich unbezahlte Privatdozentin Österreichs und Deutschlands. Schon mit der Abhandlung „Der innere Zusammenhang in der Entwicklung der romanischen Sprachen" (1911) strebt Elise Richter weg von der systematischen Auffassung der Sprachgeschichte hin zu einer „pragmatischen" Geschichte der romanischen Sprachen, einer „Chronologie der Romanismen" (Christmann [...]), und entdeckt die Psychologie als unverzichtbares Element zum Verständnis sprachlichen Geschehens. 1921 wird sie zum a. o. Professor ernannt, doch erst mit der Erteilung eines Lehrauftrags für Sprachwissenschaften und Phonetik an der Universität Wien angemessen für ihre Tätigkeit bezahlt. Ein Jahr später gründet sie auf den Anstoß der „International Federation of University Women" hin den „Verband der akademischen Frauen Österreichs". Als 1930 ihr grundlegender Forschungsbericht „Die Entwicklung der

Phonologie" erscheint, ist das Fach durch die Initiative Elise Richters gerade seit zwei Jahren an der Universität Wien etabliert. Der Titel des Ordinarius bleibt ihr jedoch verwehrt. 1938 wird ihr aufgrund der rassistischen Gesetzgebung der Nationalsozialisten die Lehrerlaubnis entzogen. Das Angebot der „International Federation of University Women", nach England zu emigrieren, lehnt Elise Richter ab.

Was für sie zwischen 1905 und 1907 gilt, als sie sich während des zermürbenden Habilitationsverfahrens schon einmal mit Auswanderungsplänen befaßt, gilt erst recht 1938: „Ich hing mit allen Fasern an Wien, an der Landschaft, der Architektur, dem Burgtheater und den philharmonischen Konzerten ... ein klein wenig auch am selbstangelegten Gärtchen. Ich war zu fest eingewurzelt." [...] Ihre letzten Arbeiten, darunter sprachpsychologische Betrachtungen zum „Stammausgleich der ablautenden französischen Verben", kann sie 1940 bis 1942 nur noch in den Niederlanden und Italien veröffentlichen. Zusammen mit ihrer Schwester bleibt Elise Richter bis zu ihrer Deportation in der Wohnung ihres ehemals eigenen Hauses im Wiener Cottage.

Langer Weg zum Universitätsstudium

Ab 1891 genossen Elise und die ebenfalls hochbegabte Helene das Gastrecht in einigen Universitätsvorlesungen, unter anderem bei Lujo Brentano (Philosophie), Otto Benndorf (Archäologie und Geschichte) und Theodor Gomperz (Philosophiegeschichte). Allerdings verwehrte Adolf Mussafia (der Begründer der Wiener Romanistik verstarb 1905), unter dessen Einfluss Elise Richter ihr Herz an die romanischen Studien hängte, ihr die Teilnahme an seinen Vorlesungen. Offenbar wollte er nicht den Verdacht der Protektion aufkommen lassen und stellte Elise Richter den Besuch seiner Vorlesungen nach abgelegter Matura in Aussicht. 1896 gestattete ein Ministerialerlass den Frauen die Ablegung der staatsgültigen Matura. Nach nur einjähriger Vorbereitungszeit unterzog sich Elise Richter als erste Frau den Prüfungen. Externe Lehrer halfen ihr dabei, das bereits vorhandene Wissen zu systematisieren und zu ergänzen. Sie war zu diesem Zeitpunkt bereits 31 Jahre alt. Sie bestand trotz der Tatsache, dass der Prüfungsvorsitzende, ein erklärter Feind des Frauenstudiums, sie eindeutig durchfallen lassen wollte.

Als 1897 die Frauen an die philosophische Fakultät der Universität zugelassen wurden, konnte sich Elise Richter - mit zwei weiteren Frauen - als ordentliche Hörerin einschreiben. Während des Studiums traf sie auf ihre lebenslange Freundin, die aus Brünn stammende Margarete Rösler, eine Anglistin. Sie schrieb in jedem Halbjahr eine Seminararbeit; die des fünften Semesters (1899/1900) war druckreif. Die Arbeit über das rumänische Possessivpronomen in der III. Person wurde von Gustav Gröber in dessen Zeitschrift für romanische Philologie, Band 25, abgedruckt.

Romanistikstudium

Elise Richter betrieb Romanistik bei Mussafia und bei Meyer-Lübke, der zu ihrem zweiten akademischen Mentor wurde. Ferner hörte sie klassische Philologie bei Gomperz und Marx sowie Indogermanistik bei Kretschmer und Meringer, ebenso Germanistik bei Heinzel. Über ihre Doktorarbeit (summa cum laude) urteilte Gröber, der Straßburger Romanist, sie hätte in Amerika für das Buch gleich eine Professur bekommen. Der sofortige Erfolg in der Fachwelt bestärkte sie, die akademische Laufbahn einzuschlagen. Elise Richter begnügte sich nicht mit dem Doktorat. Sie wollte die Dozentur. „Was sie dazu

treibt, ist weder Ehrgeiz noch Eitelkeit, die beide ihrer Natur fremd sind, sondern sie sagt: ‚Ich wünschte mit aller Inbrunst, den Weg zu gehen, auf den innerster Betätigungsdrang mich wies'" (Helene Rauchberg und Führende Frauen, 1928, 92). 1904 erschien ihre Habilitationsschrift („Ab im Romanischen. Halle"), 1905 wurde die Habilitation von der Universität bestätigt, im Mai hielt Elise Richter ihren Probevortrag. Erst 1907 bekam sie die Venia Legendi. In der langen Wartezeit dachte sie sogar ans Auswandern, aber ihre Heimatliebe vereitelte dieses Unterfangen.

Forschung und Lehre an der Universität Wien

Am 23. Oktober 1907 durfte Elise Richter als erste Frau in Österreich und Deutschland ihre Antrittsvorlesung halten. Die Umstände dieser Antrittsvorlesung, die übertriebene Geheimniskrämerei aus Angst vor vermeintlichen Störungen, mögen aus heutiger Sicht nur lächerlich erscheinen. Elise Richter nahm ihre Lehrveranstaltungen auf und lehrte - ohne Bezahlung - aus den verschiedenen Bereichen der Romania. 1915 verließ ihr Mentor Meyer-Lübke Wien Richtung Bonn, Leo Spitzer würde ihm einige Zeit darauf folgen. Karl Ettmayer bekam die Lehrkanzel, obwohl Elise Richter die „logische Nachfolgerin" gewesen wäre. Daraufhin wandte sich Elise Richter verstärkt einem anderen Mentor zu, ohne den Kontakt nach Bonn abreißen zu lassen.

Ihre Arbeiten wurden zunehmend semantischer. Hugo Schuchardt in Graz bestärkte sie beispielsweise, eine Arbeit zum französischen „Boche" zu verfassen und das mitten im Ersten Weltkrieg. 1921 erhielt Elise Richter - wieder als erste - den Titel eines „außerordentlichen Professors". Die 1920er und frühen dreißiger Jahre waren nicht nur für Elise Erfolgsjahre, sondern auch für ihre Schwester Helene, der für ihre Arbeiten der Ehrendoktor der Uni Heidelberg verliehen wurde.

Ehrungen

1935 wurde Elise zu ihrem 70. Geburtstag geehrt. Eine ordentliche Professur wurde zwar angedacht, aber nicht beschlossen. Eine Tabula Gratulatoria mit mehr als 200 Unterschriften belegte den nationalen und internationalen Ruf der Ge(l)ehrten. Allerdings haben die namhaften Lehrer (Meyer-Lübke, Mussafia, Schuchardt u.a.) und die ebenso namhaften Schüler von Elise Richter (darunter Leo Spitzer und Ernst Gamillscheg) ihr nicht die ausreichende Unterstützung zukommen lassen, um Elise Richter einen Platz in der „Hall of Fame" der Romanistik zu sichern.

So gab es neben der Tabula weder eine Festschrift, noch eine Form der Anerkennung, die über den engen Rahmen der Universität Wien hinausgegangen wäre. Ein Platz im Arkadenhof unter ihren Kollegen bleibt ihr bis heute verwehrt. Die Ehrungen durch die Universität Wien (Eintragung in die Ehrentafel, Benennung eines Richter-Tores am Universitätscampus und die Umbenennung des ehemaligen Juristen-Saales in einen Elise-Richter-Saal) sind neueren Datums; sie erfolgten erst ab den späten 1990er Jahren.

Romanische Sprachwissenschaft

Es verwundert nicht, dass Elise Richter trotz der beginnenden Spezialisierungen in der Romania in ihrer akademischen Lehrtätigkeit das ganze Gebiet der romanischen Sprachwissenschaft behandelt: Wortgeschichte, Syntax, Geschichte der einzelnen romanischen Sprachen und vergleichende Geschichte der romanischen Sprachen, Vulgärlatein, elementare Einführung ins Altfranzösische, Mittelfranzösisch, Neuestes Französisch. Daneben finden wir immer wieder Abstecher in die zeitgenössische Literatur der Romania (Romain Rolland und Henri Barbusse für den französischen Raum). Sie beschäftigte sich mit Sprachpsychologie, Lautbildungskunde, germanisch-romanischen Kulturbeziehungen im Spiegel des Lehnwortes, Analogiebildung und fand sogar noch die Zeit, theoretische Überlegungen zur „Sprachwissenschaft in der Schule" zu verfassen. Schon früh widmete sie sich der Volksbildung. Die Bücher „Wie wir sprechen" und „Fremdwörterkunde" sind die unmittelbaren Ergebnisse aus dieser Tätigkeit.

Schreiben: Rezensionen, Nachrufe, Autobiografien

Ihre wissenschaftlichen Schriften, circa 300 an der Zahl, decken ein weites Spektrum der Romania ab. 1934 erschien Elise Richters eigentliches Hauptwerk: „Die chronologische Phonetik". Es fällt auf, dass Elise Richter ihren KollegInnen große Dienste erwies: Sie rezensierte zahlreiche Fachpublikationen und Nachrufe der bedeutenden Romanisten Mussafia, Schuchardt, Meyer-Lübke und Meillet. Daneben bringt Elise Richter es auf nicht weniger als drei autobiografische Darstellungen, wovon „Erziehung und Entwicklung" noch zu Lebzeiten gedruckt wurde. Die „Summe des Lebens", die sie, in der „inneren Emigration" verfasste, zirkulierte zwar als Typoskript, fand aber erst 1997 eine Drucklegung.

Frauenbewegte Politikerin

Auch (gesellschafts-)politisch war Elise Richter sehr aktiv: Sie gründete nicht nur den Verband der Akademikerinnen Österreichs, sondern wurde zusätzlich in einer Kleinpartei aktiv und verfasste 1927 sogar den Aufruf zu einer eigenen Frauenpartei. An den Montagabenden unterhielt sie zusammen mit Helene Richter eine Art Salon, in dem sowohl ihre SchülerInnen, als auch KollegInnen, sowie die großen Namen der damaligen Wiener Geistesszene immer wieder auftauchen. Ernst Lissauer und in späteren Jahren Rosa Mayreder sind hier ebenso zu nennen, wie ihre Nachbarn Richard, Maja und Mathilde Kralik. An dieser Stelle ein paar Worte der Zeitzeugin Helene Rauchberg, die Elise und Helene Richter bis 1941 eine ergebene Freundin war:

Wer an einem Montagabend das Haus draußen in der Weimarer Straße betritt, der atmet dort die Luft feinster Geistigkeit, in der die beiden Schwestern leben, die durch Herz und Kopf treulichst verbunden sind. Ihn wärmt dort schlichte Güte und sonniger Humor. Er weiß, dass die Frau, die Mitternacht am Schreibtisch heranwacht, Zeit findet, am Krankenbett ihrer Freunde zu sitzen, Spielzeug für Kinder zu machen und beglückt die Pflanzen ihres Gärtchens zu betreuen. Er findet die Schwestern im Burgtheater und in den philharmonischen Konzerten und wo es sonst etwas zu lernen und Edles zu erleben gibt.

Erst mit den 1970er Jahren setzt eine gewisse Richter-Renaissance ein. Yakov Malkiel, dessen Dissertation Elise Richter brieflich begutachtete, gibt ihre kleineren Schriften 1977 heraus. H. H. Christmann publiziert 1980 eine kurze Biografie über Elise Richter. Einige kleinere Arbeiten erscheinen in der Folge. Schließlich wird 1997 - im Zuge der Feierlichkeiten zu 100 Jahren Frauenstudium - die „Summe des Lebens" herausgegeben.

Dr. h. c. Helene Richter (*04.08. 1861 in Wien, + 8.11. 1942 in Theresienstadt)

Helene Richter war Anglistin und Theaterwissenschaftlerin. Sie wurde gemeinsam mit ihrer Schwester Elise privat unterrichtet. Sie bildete sich durch autodidaktische Studien sowie durch Vorlesungen an der Universität Wien (ab 1891 als Gasthörerin) und ausgedehnte Reisen durch Europa und Nordafrika weiter. Nach frühen dichterischen Versuchen wandte sie sich in erster Linie der wissenschaftlichen Publizistik auf dem Gebiet der englischen Literatur zu.

Sie verfasste Burgtheaterrezensionen, die sie zu tiefer gehender Beschäftigung mit der Geschichte des Burgtheaters und zu meisterhaften, psychologischen, einfühlsamen Schauspielercharakterisierungen führten. Ihren Ruf als Anglistin begründete Helene Richter mit ihrer Geschichte der englischen Romantik. Darüber hinaus bereicherte sie die Shakespeareforschung und wurde insbesondere durch ihre Monographien bedeutender englischer Dichter bekannt. Aufgrund ihrer Werke wurde sie 1931 Dr. h. c. der Universitäten Heidelberg und Erlangen.

Tod in Theresienstadt

Elise Richter unterrichtete bis zu ihrem 73. Lebensjahr. Ihre letzte Vorlesung Anfang März 1938 schloss sie mit den Worten: „Beim nächsten Mal mehr." Es gab kein nächstes Mal mehr. Elise Richter wurde aufgrund der geltenden Rassengesetze der Universität verwiesen. Zunächst konnte sie noch ein wenig im Phonogrammarchiv ihren Studien nachgehen. Doch auch dieser Arbeitsplatz wurde ihr bald verwehrt. Im Jahr 1940 beschloss Elise Richter ihre Memoiren zu verfassen - dazu war keine Bibliothek notwendig. Die „Summe des Lebens" zirkulierte als Typoskript. Die ehemalige Romanistikprofessorin am Institut zu Wien schrieb über die Summe ihres Lebens und darin ergab sich das berührende Bild einer Wissenschaftlerin, die aus den gegebenen Umständen in Gesellschaft und Politik lange auf die Gelegenheit warten musste, bis sie ihrem Wissensdrang folgen konnte.

1942 mussten die Richter-Schwestern das Haus, in dem sie 47 Jahre gelebt hatten, verlassen und gegen das Gildemeester-Altenheim im IX. Wiener Gemeindebezirk eintauschen. Der Nachlass von Elise und Helene Richter wurde weitgehend beschlagnahmt. Der persönlichere Teil wurde bereits 1941 von der ehemaligen Schülerin und Nationalbibliothekarin, Christa Rohr von Denta, zur Aufbewahrung übernommen. Im Oktober 1942 wurden die beiden Schwestern mit dem letzten Transport nach Theresienstadt gebracht. Helene Richter starb sehr bald nach der Deportation. Elise Richter überlebte noch einige Monate. Ihr offizielles Todesdatum wird mit 21. Juni 1943 angegeben.

Die gestohlene Oper

Die unglaubliche, aber wahre Geschichte über den Notendiebstahl aus Mathildes Oper „Blume und Weißblume" von einem Pförtner soll nun erzählt werden.

Zur dreiaktigen Märchenoper hatte Mathildes Bruder Richard das Libretto frei nach dem Volksbuch „Flos und Blankflos" geschrieben. Am 13. Oktober 1910 fand im Stadttheater Hagen in Westfalen die Premiere statt. Sowohl die „Hagener Zeitung", als auch das „Westfälische Tageblatt" brachten lange Rezensionen. Die Uraufführung war vielleicht auch deshalb von großem Interesse, weil die Musik von einer Frau komponiert worden war. Diese Tatsache allein reichte jedoch nicht aus, die Oper später populärer werden zu lassen. Bemängelt wurden der Text und auch die Leistungen des Dirigenten und der Sänger.

Mathildes Erwartungen wurden mit diesem Dilettanten-Ensemble nicht erfüllt, deshalb sah sie sich nach anderen Opernchefs um. Durch Vermittlung des Wiener Konzertsängers Hermann Gürtler wurde dann Kontakt zum Bielitzer Opernchef Carl Rübsam aufgenommen. Bielitz, in Schlesien gelegen, hatte ein schönes Stadttheater. Es entsprach Mathildes Vorstellung, dort die Oper erneut aufführen zu lassen. Aber offenbar war das Budget des Bielitzer Stadttheaters sehr begrenzt und ein Erfolg der Oper ohnehin fraglich. Vorsorglich verlangte der Opernchef Rübsam einen Zuschuss von 1000 Kronen für die Aufführung. Mathilde willigte ein und der nachfolgende Vertrag wurde unterzeichnet.

Vertrag

Zwischen Herrn Direktor R ü b s a m, Direktor des Stadttheaters in Bielitz und Fräulein von K r a l i k, Wien I, Elisabethstrasse ist heute nachstehender Vertrag rechtsgültig abgeschlossen worden.

1. Fräulein M a t h i l d e von K r a l i k überlässt Herrn R ü b s a m für die Saison 1912/ 13 das Aufführungsrecht in deutscher Sprache der Oper *W e i s s b l u m e*, Oper in 3 Akten von

2. M a t h i l d e von K r a l i k, Text von Richard von Kralik, kostenlos ohne Tantiemen zu beanspruchen und verpflichtet sich dafür K. 1000 Kronen /Kronen Tausend/ in bar am Abend nach der ersten Aufführung an Herrn Direktor Rübsam zu zahlen.

3. Fräulein M a t h i l d e von K r a l i k verpflichtet sich ferner: Das gesamte Aufführungsmaterial bestehend aus einer Partitur, 2 Klavierauszügen, sämtliche Orchesterstimmen, wie Solo und Chorstimmen leihweise dem Herrn Direktor Rübsam für die Saison 1912/ 13 spätestens am 1. September 1912 zu liefern und zur leihweisen Verfügung zu stellen.

4. Herr Direktor Rübsam verpflichtet sich die Oper *W e i s s b l u m e* in der Saison 1912/ 13 am Stadttheater in Bielitz als reguläre Abendvorstellung in entsprechend würdiger Weise zur Aufführung zu bringen.

5. Sollte einer der beiden Contrahenten diesen Vertrag brechen, oder irgendeiner Weise zuwiderhandeln, dass einen der beiden Contrahenten die Erfüllung des Vertrages unmöglich gemacht wird, so verfällt derselbe in eine sofort fällig werdende, keiner richterlichen Mässigung und Entscheidung unterliegenden Conventionalstrafe von K. 1.000,-- / Kronen Tausend unbeschadet der Rechtsbeständigkeit des Vertrages an sich.

6. Bei Streitigkeiten unterwerfen sich die Contrahenten der Gerichtsbarkeit in Bielitz.

Bielitz, den 15. August 1912   Die Direktion des Stadttheaters Bielitz

gez. Rübsam

Die weiteren Opern Mathildes, „Unter der Linde" und „Der heilige Gral", beide auf Texte ihres Bruders, blieben unaufgeführt, wenngleich einzelne Szenen in Konzerten erklangen. Mit den beiden Aufführungen war jedoch das Schicksal der „Blume und Weißblume" noch nicht abgetan. Über zwanzig Jahre später kam eine Oper mit dem Titel „Quo Vadis?" in Gablonz zur Aufführung und fand immerhin eine solche Anerkennung, dass sie bei den Egerer Festspielen als „Festspieloper" präsentiert wurde. Komponist war der bereits als Schöpfer anderer musikalischer Werke bekannte ehemalige Pförtner des Franziskanerklosters zu Falkenau, Nicasius Schusser. Das wäre nicht weiter ungewöhnlich, wäre nicht im „Prager Tagblatt" vom 7.3.1937 ein Artikel von Fritz Seemann erschienen, der einen Schwindel aufdeckte, einen Plagiatsfall ohnegleichen:

Fritz Seemann:
52 Seiten ... Nicasius Schussers „Quo vadis" ein Plagiat, was die Entrümpelung enthüllte

Der ehemalige Pförtner des Franziskanerklosters in Falkenau, Frater Nicasius Schusser, hat in den letzten fünf Jahren die musikalische Welt, aber auch die breitere Oeffentlichkeit lebhaft beschäftigt. In kurzen Abständen erschienen von ihm umfangreiche Kompositionen: „Föns salutis" (Quell des Heiles). „Symphonia Coelistacia", ein zyklisches Werk in vier Sätzen für großes Orchester, die „Symphonia Infenaiia" (dreisätzig für großes Orchester),„Lieb' Heimatland" (Weihegesang für Männerchor mit Orchesterbegleitung), „Symphonischer Festmarsch" für Orchester, eine „Deutsche Messe für Männerchor mit Bläseroktett und Pauken". Lieder. Egerländer Tänze. Seine Begabung schien weitreichend zu sein; sie umfaßte alle Stile und Formen. Sogar an Jazzkompositionen wagte er sich heran.

Es machte Aufsehen, als er 1935 in Franziskanerkutte eine Carioca dirigierte. Seine Werke waren und sind häufig zu hören. Zuletzt wurde erst am vergangenen Freitag eine „romantische Suite" im Rahmen des Symphoniekonzertes heimischer Komponisten vom Teplitzer Kurorchester erstaufgeführt. Berühmt aber hat Schusser die Oper „Quo Vadis" gemacht.

Zunächst wurde der erste Akt 1931 in Falkenau bei einer Konzertaufführung gespielt. Im nächsten Jahr wurden, ebenfalls in Konzerten, der zweite und dritte Akt aufgeführt.

Schusser gab den Klavierauszug in der Gala-Edition Falkenau heraus. Am 24. März 1933 wurde die Oper unter Leitung von Doktor Karl Nowak mit Tilly de Garmo, Tilde Merz, K. E. Preger, M. Roller, Dr. Ehm und R. Popevic in der Prager deutschen Sendung aufgeführt.

Es folgte das Gablonzer Stadttheater. Der Ruf der Oper verbreitete sich. Schusser fand Gönner und brachte eine große Geldsumme auf.

Die Egerer Festspielhalle mit einem Fassungsraum von 10000 Besuchern wurde gemietet, und „Quo vadis" wurde eine Festspieloper, über 200.000 Menschen sahen sich die Opem-Festspiele in Eger an, das Werk bewies seine Bühnenwirksamkeit.

Im „Prager Tagblatt" vom 9. Juli 1935 wurde über die Aufführung vom 7. Juli berichtet:

„Die Oper geht keine neuen Wege. Sie benützt die Formen und die Technik eines Meyerbeer und Wagner. Die Musik ist für einen Opernerstling überraschend geschickt."

Damals ahnte der Rezensent nicht, wie nahe er der Wahrheit war...

Die Opernfestspiele endeten mit einem finanziellen Mißerfolg. Schusser geriet in Geldnöte. Jetzt hörte man, daß er aus dem Franziskanerorden ausgetreten sei, heiraten wolle und Kohlenhändler in Dresden geworden sei. Dieses bürgerliche Leben schien Schusser aber auf die Dauer nicht zu behagen. Er unternahm eine Bußreise nach Rom, erhielt Absolution und befindet sich derzeit in Oesterreich.

Die Schnelligkeit, mit der Schusser komponierte, erweckte immer schon Staunen. Er schien aber sein musikalisches Studium (er erklärte sich oft für einen Autodidakten) sehr ernst zu nehmen. Die Post brachte ihm häufig umfangreiche Notensendungen. Schusser schloß sich mit seinen Noten ein und studierte. Dann aber ließ er die Notensendungen verbrennen, oder in den Müll werfen. Zwei Opernauszüge entgingen auf letzterem Weg der Vernichtung. Zwei brave Bürger fanden sie, und da sie klavierspielende Kinder hatten, nahmen sie die Bücher nach Hause. Den Klavieradepten waren die Auszüge aber zu schwierig, und so wanderten sie auf den Dachboden. Bei der Entrümpelung wechselten die Bücher neuerlich den Besitzer. Auf einigen Umwegen gelangten sie dieser Tage nach Prag und in meine Hände.

Es handelt sich um „Aphrodite", Oper in einem Aufzug, Dichtung nach Pierre Louis von Hans Liebstoecki, Musik von Max Oberleithner, erschienen im Verlag Josef Weinberger, Leipzig. Diese Oper wurde 1912 an der Wiener Volksoper uraufgeführt. Die Titelrolle sang Marie Jeritza, für die der Komponist das Werk geschrieben hatte. Ein Vergleich dieses Klavierauszuges mit dem Klavierauszug von Schussers „Quo vadis" ergibt die notengetreue (ja sogar druckfehlergetreue) Übereinstimmung folgender Seiten:

„Aphrodite" - Auszug	„Quo-vadis" – Auszug
Seiten 5-8	Seiten 146-149
Seite 73	Seite 230
Seiten 84-86	Seiten 177-178
Seiten 91-92	Seiten 201-202
Seite 96	Seite 179
Seiten 100-102	Seite 151-153
Seite 104	Seiten 186-187 (192-195)
Seiten 120-123	Seiten 188-191

Der Klaviersatz Oberleithners ist mit äußerster Gründlichkeit abgeschrieben. Stellenweise mußte allerdings der Gesangstext geändert (angepaßt) werden. Der zweite Klavierauszug ist der zur Oper „Weißblume", Text von Richard Kralik nach den Volksbuch „Floß und Blankfloß", Musik von Mathilde von Kralik. Mathilde von Kralik, die heute als Achtzigerin in Wien lebt, zählte in der Monarchie zu den bekanntesten Komponistinnen. Das vorliegende Werk, das 1909 im Verlag Albert Guttmann, Wien, erschienen ist, wurde zweimal aufgeführt (in Bielitz und in Hayer). Teile davon wurden in Konzerten zu Gehör gebracht. Dem Klavierauszug hat Schusser 16 Seiten entnommen.

„Weißblume" - Auszug	„Quo-vadis" - Auszug
Seiten 5-6	*Seiten 114- 116*
Seiten 7-8	*Seiten 76-79*
Seiten 8-9	*Seite 218*
Seiten 22-23	*Seite 230*
Seiten 34-36	*Seiten 232-234*
Seiten 53-54	*Seiten 242-244*
Seite 65	*Seite 246*
Seiten 74-75	*Seite 143*
Seiten 130-134	*Seiten 70-73*
Seite 165	*Seiten 74-75*

Im Ganzen hat Schusser also allein aus diesen zwei Auszügen 52 Seiten notengetreu für „Quo vadis" verwendet. Es liegt also der Verdacht nahe, daß die ganze Oper ein „Pasticcio" (Pastete) ist, wie man im 17. und 18. Jahrhundert auf solche Art entstandene Werke nannte. Das war damals eine durchaus erlaubte Angelegenheit, die auch nicht abgeleugnet wurde. Die Musikgeschichte der letzten hundert Jahre aber kennt kein „Pasticcio" mehr. Beide bestohlenen Musiker wie auch ihre Textdichter stammen aus Böhmen und Mähren. Oberleithner, der vor einem Jahr starb, lebte in Mähren, Mathilde von Kralik und ihr Bruder Richard (der angesehene katholische Dichter und Schriftsteller) wurden in Eleonorenhain im Böhmerwald geboren.

Wer die anderen Väter der Oper „Quo vadis" sind, wird man jetzt wohl bald erfahren.

Etwas nachlässig hatte der Verfasser Seemann allerdings recherchiert. Statt Aufführungsort „Hagen", hatte er den Phantasienamen „Hayer" als Premierenort vor 23 Jahren bis zum Erscheinen seines Artikels genannt. Auch war Eleonorenhain in Böhmen nur der Geburtsort von Richard Kralik, seine Schwester Mathilde wurde in Linz geboren. Die Leidtragende war Mathilde Kralik als noch lebende Komponistin der Oper „Blume und Weißblume". Max Oberleithner, der Komponist der Oper „Aphrodite", war bereits verstorben.

Mathilde wurde auf den Artikel von Seemann aufmerksam gemacht und reagierte im gleichen Blatt am 13. März 1937 mit einem offenen Brief, der hier wiedergegeben wird:

DAS PLAGIAT NICASIUS SCHUSSERS

Erlauben Sie (Anmerkung: gemeint ist Fritz Seemann), daß ich Ihnen meinen Dank ausspreche dafür, daß Sie das mich so sehr schädigende Plagiat aufgedeckt haben. Ohne diesen Zufall würde man wohl schwer darauf gekommen sein, und ich bin nicht beruhigt,

daß nicht auch noch andere meiner Kompositionen von dem Plagiator für seine Zwecke benützt worden sind, da er mir unter anderen Werken seine besondere Begeisterung für meine „Lieder im Heiligen Geist" zum Ausdruck gebracht hat. Schon im April 1929 hat mir Schusser unbekannterweise geschrieben, daß er sich eine Auswahlsendung meiner Werke kommen ließ und „ganz entzückt ist über die wunderbaren Kompositionen", und daß er sich einige Werke angekauft hat, darunter auch den Klavierauszug meiner Oper „Weißblume". Er wollte auch die Orchesterpartitur haben. Im Juni 1930 schrieb er, daß er sich in meine „Lieder im Heiligen Geist" ganz

Weißblume.

Oper in drei Akten

von

Mathilde v. Kralik.

Text von Richard Kralik nach dem Volksbuch „Flos und Blankflos".

PERSONEN.

Leuwigild, König der Westgoten in Spanien	.	Baß
Die Königin .	.	. . .	Sopran
Rekared, ihr Sohn	. . . .	.	Tenor
Rigunde .	. . . .	.	Mezzo-Sopran
Herzog Konrad von Montoro	. . .	.	Tenor
Meister Johannes	. . . .	.	Bariton
Klaris, Freundin der Rigunde	. . .	.	Sopran
Sadok, ein Perser.	. . . .	.	Baß-Bariton
Berchta, die Elbenkönigin .	. .	.	Mezzo-Sopran
Schmetterling, Führer des Elbenreigens .	.	Sopran
Ein Elbenchor.	. . . .	.	Sopran-Alt

Schauplatz.

Erster Aufzug: I., Königshalle in Toledo, II., Hain von Montoro.
Zweiter Aufzug: I., Königshalle in Toledo, II., Grabmal im Walde.
Dritter Aufzug: I., Babylon, II., Halle im Turm in Babylon.

Zeit: 6. Jahrhundert.

versenkt habe: „Einzelne Motive daraus haben mich so gefesselt, daß ich mich beinahe versucht fühlte, sie symphonisch durchzuarbeiten/" Auf seine Anfrage, ob ich es erlaube, habe ich es ganz energisch abgelehnt. Aber da er von „Weißblume", ohne zu fragen, so reichlichen Gebrauch gemacht hat, ist es nicht unwahrscheinlich, daß er auch aus den „Liedern im Heiligen Geist" sich vieles angeeignet hat. Es wäre mir wichtig, dies zu wissen und ein Einblick in seine Symphonien und in „Christus" wäre mir höchst willkommen.

Denn es ist selbstverständlich, daß ich die Sache nicht auf sich beruhen lassen kann und Schritte zur Wahrung meines Eigentums unternehmen muß.

Ich bin übrigens noch immer kompositorisch tätig. Erst kürzlich wurden im Radio aus meinem Oratorium „Leopold der Heilige" Szenen mit Soli, Chor und Orchester aufgeführt.

Mathilde Kralik (Wien)

Verschiedene Zeitungen nahmen den Fall auf. Mathilde hatte allerdings nicht die angekündigten „Schritte" gegen den ehemaligen Pförtner des Franziskanerklosters Nicasius Schusser unternommen. Warum sollte sie auch, denn auch damals waren die Rechtskosten hoch und von Nicasius Schusser wäre ohnehin nichts zu holen gewesen. Trotzdem ist an dieser Geschichte erstaunlich, mit welcher Energie Schusser seine *Pasticcio* geknetet, gebacken und bis zum Verzehr an über 200.000 Festspielbesucher verkaufen konnte. Der Gedanke, dass sich ein ehemaliger Pförtner ohne Vorbildung in einem Konservatorium vor ein Orchester hinstellt, um es zu dirigieren, fordert Respekt. Die 80-jährige Mathilde war offensichtlich gleicher Ansicht und hatte dieses Plagiat letztlich schmunzelnd zur Kenntnis genommen. Die strenggläubige Katholikin Mathilde hätte es ohnehin nicht übers Herz gebracht, einem reuigen Sünder den Prozess zu machen, denn Schusser unternahm einen Bußgang nach Rom und erhielt vom Papst für seine Sünden die Absolution. Indirekt wurde mit Schussers „Quo vadis" ein Teil von Mathildes Oper bekannter als bei den Aufführungen in den Jahren 1910 und 1912.

Worum geht es in Mathildes Märchenoper überhaupt? Um dem Leser eine musikwissenschaftliche Sichtweise näher zu bringen, sei aus der 2004 erstellten Diplomarbeit „Mathilde Kralik von Meyrswalden im Spiegel der Zeit" von Maria Laglstorfer zitiert.

Maria Laglstorfer zur Märchenoper „Blume und Weißblume"

Erster Akt

1. Szene

Rekared und Rigunde haben gemeinsam ihre Kindheit verbracht und sind seit eh und je ein Herz und eine Seele. Der König nahm die Mutter von Rigunde nach einem Krieg mit ins Königshaus, die Königin und die Mutter von Rigunde gebaren am selben Tag ein Kind. Die Mutter von Rigunde starb nach der Geburt und so nahm sich das Königspaar des Kindes an. Diese Szene handelt nun von einer Auseinandersetzung des Königs mit seinem Sohn, da der König die beiden Liebenden nicht als ein Liebespaar sehen möchte. Der König verlangt die Trennung seines Sohnes von Rigunde. Vor dem Streit führen der König, die Königin, ein Meister und ein Herzog noch ein energisches Gespräch über die nicht mehr tragbare Situation der Liebenden.

2. Szene: Hein bei Montoro

In der zweiten Szene kommen die Tiere zu sprechen: der Schmetterling als Eigenführer, der Chor der Elfen und Berchta (erweckt den Tag). Berchta ermahnt den Schmetterling und die Elfen bei aufgehender Sonne zur Ruhe und bittet Herold, dem Prinzen, der bald des Weges kommen wird, einen Ring zu übergeben, der Fluch und Segen in sich trägt. Nachdem Berchta wieder weg ist, sorgt der Schmetterling für Ruhe und fordert die Elfen auf, wieder in die Blumen zu verschwinden. Dann tritt Rekared auf und ist begeistert und gerührt von der Pracht der Blumen. Die Begeisterung über die schöne Natur wird vom Klagen des Schmetterlings unterbrochen. Der vorerst erschrockene Rekared beginnt mit dem Schmetterling zu sprechen und plötzlich erkennt er, warum er auf Reisen geschickt worden ist: Rigunde ist des Todes geweiht. Der Schmetterling hat ihm die Wahrheit angekündigt und bevor er geht, übergibt er dem Prinzensohn den Zauberring.

Zweiter Akt

Sadok & Arbeiter als weitere handelnden Personen

1. Szene

Rigunde klagt zu Beginn dieser Szene über die nicht akzeptierte Liebe zu Rekared und spricht einmal mehr über ihre große Liebe zu dem Prinzensohn. Plötzlich betritt Sadok mit seinen Dienern und den Waren den Raum und Rigunde bekommt große Angst. Die Königin kommt mit Klaris hinzu und sagt, sie hörte, ein Kaufmann sei angekommen.

Der hingegen meint, er sei nicht irgendein Kaufmann und preist seine Ware, die ein wertvoller Kriegsschatz ist, reichlich an. Die Königin zeigt reges Interesse, diesen Schatz als ihr eigen betrachten zu können, doch der Kaufmann meint, dieser Schatz sei mit keinem Geld und Gold zu bezahlen. Sadok unterbreitet ihr jedoch den Vorschlag, die Ware nicht mit Geld, sondern mit der wunderschönen, eben in diesem Raum gewesenen Frau erwerben zu können.

Nun kommt der König hinzu und klagt sein Leid, an dem Rigunde Schuld sein soll. Der Herzog hat ihm einen Brief geschickt, der ihn in tiefe Besorgnis stürzt und deshalbwill er Rigunde töten. Die Königin macht ihm den Vorschlag, Rigunde in ein fremdes Land zu verbannen, anstatt sie zu töten. Der Kaufmann wäre die ideale Möglichkeit, denn er könnte sie in sein Land mitnehmen. Der König nimmt den Vorschlag an und der Kaufmann schenkt der Königin aus Dankbarkeit seinen Schatz. Rigunde ist verzweifelt über die Verbannung und möchte Hand an sich legen. Klaris, eine Dienerin, kann sie davon abhalten und verspricht ihr, sie zu begleiten. Nachdem die anderen den Raum verlassen haben, eilt Meister Johannes herbei und offenbart dem König, dass der Prinz außer sich ist vor Angst um Rigunde und deshalb bald wieder zurückkommen wird.

2. Szene: Grabmal im Walde

Meister Johannes und seine Arbeiter stellen die Arbeit ein, als sie den König, die Königin, den Herzog Konrad und den Prinzen des Weges entlang kommen sehen. Sie alle spielen Rekared vor, Weißblume sei tot und inszenieren ein Begräbnis für ihn.

Prinz Rekared steht am Grabe, doch er kann nicht weinen und fragt nach dem Sinn des Ringes. Plötzlich ist er überzeugt, dass Rigunde nicht tot ist und offenbart seinen

Eltern, dass er sie suchen werde. Die Königin gibt nun zu, dass Rigunde lebt. Der Meister und die Königin gestehen ihm, dass Rigunde bereits mit einem anderen Mann in ein fremdes Land unterwegs ist. Rekared, tief enttäuscht von dem Betrug, klagt seinen Vater an und eilt des Weges, um seine große Liebe wieder zu finden. Der Herzog begleitet ihn.

Dritter Akt

<u>1. Szene: Babylon</u>

Der Herzog und der Prinz sind in Babylon angekommen und Rekared schickt den Herzog fort, um alleine nach Rigunde zu suchen. Vor dem Turm angelangt, hört Sadok plötzlich Rekared und fragt ihn, warum er hier in diesem, ihm fremden, Land sei. Der Königssohn belügt ihn und gibt vor, aus Langeweile sein Land verlassen zu haben. Außerdem behauptet er, einen ähnlichen Turm wie diesen bauen zu wollen und bittet Sadok, den Turm von innen betrachten zu können. Sadok ist vorerst sehr skeptisch und offenbart ihm, dass er der Stadthalter von Babylon ist. Außerdem macht sich Sadok über sein jugendliches Alter lustig und fordert ihn zu einem Schachspiel vor dem Turm auf, denn der Stadthalter will den Fremden auf keinen Fall in den Turm lassen. Der Prinz setzt einen edlen Stein und Sadok sein Schwert als Preisgeld ein. Sadok meint nach dem Erblicken des Steines, jenen schon einmal gesehen zu haben und stellt auch fest, dass ihm das Gesicht von Rekared bekannt vorkomme. Er fügt hinzu, dass er große Ähnlichkeit mit Rigunde habe. Rekared wird nun sehr hellhörig und fragt während des Spiels noch weiter nach Weißblume. Sadok erzählt ihm, dass er Rigunde an seinen König verschenkt habe und der König sie, sobald er vom Krieg zurückkommt, zu seiner Frau nehmen werde. Sadok sei nur der Knecht und als Lohn für dieses Geschenk zum Stadthalter von Babylon ernannt worden. Rekared fragt ihn, warum er Weißblume nicht selbst zur Frau genommen habe. Daraufhin antwortet jener, er habe sich für zu hässlich für diese Frau gehalten und darüber nachgedacht, was er in seinem Leben noch erreichen möchte: Macht. Deshalb habe er Weißblume dem König übergeben und sich zum Stadthalter von Babylon ernennen lassen. Nach dieser Erzählung erkennt er plötzlich, dass er vor seinem Tod noch etwas erreichen möchte: eine Freundschaft. Deshalb fragt er

Rekared, was er für eine Freundschaft tun kann. Nach einigem Zögern lässt Sadok ihn in den Turm hinein.

<u>2. Szene</u>

Rigunde und Klaris sind im Turm. Klaris will Rigunde zum Lachen ermutigen, doch es gelingt ihr nicht. Rigunde klagt ihr Leid über die verlorene Liebe ihres Lebens und verlässt den Raum. Sadok kommt und lässt zwanzig Rosen bringen, eine Aufforderung von Rekared, dem er keinen Wunsch abschlagen kann. Rosen am ersten Mai einer Jungfrau zu bringen sei ein Brauch im Land des, ihm fremden, Mannes. Dann geht er wieder, da sein Freund im Garten auf ihn wartet. Klaris sucht daraufhin Rigunde und geht ebenso aus dem Zimmer.

Plötzlich kommt aus dem Blumenkorb der ganze Reigen der Elfen, zuletzt der Schmetterling, welcher auch Rekared aus dem Korb heraushilft. Nachdem die Elfen und der Schmetterling wieder verschwunden sind, kehren Klaris und Rigunde zurück ins Zimmer. Nach kurzer Zeit kommt Rekared zum Vorschein und gibt sich zu erkennen. Ihre große Freude über das Wiedersehen wird vom Herannahen des Wächters unterbrochen. In großer Eile verstecken sich Rigunde und Rekared. Sadok fragt Klaris nach Rigunde, da der große König als Sieger vom Krieg heimkommen wird und Rigunde zur Königin von Persien machen möchte. Er geht in ihre Kammer und plötzlich sieht er Rigunde und Rekared. Sadok will zuerst die beiden am Pfahl verbrennen. Plötzlich erscheint der Herzog mit seinem Gefolge und im Gewittersturm auch Berchta mit dem ganzen Elfenchor. Berchta lässt Rigunde und Rekared frei, da sie ihre Treue bewiesen haben und nimmt den Zauberring zurück, dessen Fluch sich in Glück aufgelöst hat. Außerdem spricht sie davon, dass Rekareds Vater gestorben sei. Den beiden Verliebten Rigunde und Rekared sagt sie die Geburt einer Tochter voraus. Weiter versichert sie Sadok, dass er den König nicht mehr fürchten müsse, da er niemals mehr zurückkommen werde.

Analyse der Märchenoper

Da es aus rechtlichen Gründen nicht möglich ist, dieses Werk zu kopieren, um somit diese Oper mit Hilfe eines Klaviers harmonisch genauer zu analysieren, beschränke ich mich in meiner Analyse vor allem auf das Wort-Ton Verhältnis und auf die

Instrumentierung in den verschiedenen Handlungen. Diese Fokussierung auf zwei Aspekte ermöglicht bereits eine kleine Darstellung der Kompositionsweise von Mathilde Kralik.

Die Oper hat drei Akte mit folgender Orchesterbesetzung: zwei Flöten, eine kleine Flöte, zwei Oboen, ein Englischhorn, zwei Klarinetten, eine Bassklarinette, zwei Fagotte, ein Kontrafagott, vier Hörner, drei Trompeten, drei Posaunen, eine Tuba, mehrere Pauken, eine große Trommel, eine kleine Trommel, ein Becken, eine Triangel, Harfen und Streicher (erste Geigen, zweite Geigen, Bratschen, Violincelli, Kontrabässe).

Einleitung

Die Einleitung beginnt im schnellen Tempo, mit Sechzehnteln in den Pauken und in den Kontrabässen, die Fagotte und die Celli spielen kurze melodische Figuren. Bis zum Takt 11 wird die Einleitung kontinuierlich aufgebaut, sodass dann beinahe alle Instrumente einige Takte gemeinsam spielen. Das Tempo der Einleitung wird sukzessive gesteigert, nach dem Höhepunkt wird das Tempo wieder zurückgenommen, um mit Ruhe zum ersten Akt gelangen zu können.

Erster Akt

1. Szene

Der erste Akt beginnt in den Hörnern, den Trompeten, den Celli und den Kontrabässen in einem strammen Tempo, nicht zu langsam. Vor dem Beginn des Gesanges des Königs kommt noch einmal ein, sich in wenigen Takten aufbauender, Höhepunkt, der im fortissimo endet. Einige wenige Instrumente dienen dem König als Begleitung. Interessant ist, dass sich beim Auftritt der Königin die Instrumentierung ändert, bereits einige Takte vorher verstummen die Trompeten und Hörner. Beim Gesang der Königin beginnen die Flöten, Oboen und das Englischhorn zu spielen. Die Königin bittet hier den Herzog und den Meister, sich ihres Sohnes anzunehmen, der nach Erachten der Eltern das falsche Mädchen liebt. Die Instrumente werden hier wieder sukzessive weniger und der erneute Einsatz des Königs ist vom piano und von ganzen Noten geprägt. Das Publikum soll seine ganze Aufmerksamkeit wieder auf den König als Protagonist richten.

Die Pause bis zu dem erneuten Einsatz des Königs wird hier unter anderem zwei Takte lang nur von den Pauken im pianissimo gespielt. Der König beginnt dann mit der Erzählung, warum Rigunde und Rekared gemeinsam aufgezogen wurden. „Die Königin ward froh des Sohns: jedoch dies Mädchens Mutter starb." Vor dem Wort „starb" komponierte Kralik eine Viertelpause, die vom dunklen Klang der tieferen Streicher mit dem kleinen C im pizzicato ausgefüllt wird. Mathilde Kralik lehnt sich in der musikalischen Gestaltung der Szene sehr an den Text des Königs an. Das Orchester hat hier wieder die Begleitfunktion, vier Takte lang unterstützen nur die Celli, die Klarinetten und die Fagotte in ganzen Tönen den König.

Beim erneuten Auftreten der Königin kommt den Streichern wieder mehr Bedeutung zu und somit tritt auch die Königin in den Mittelpunkt. Sie spricht hier von den Kindertagen der beiden und nennt zum ersten Mal die Kosenamen von Rigunde und Rekared, die die beiden auf Grund ihrer tiefen Zuneigung zueinander zugeteilt bekamen: „Blume" für ihren Sohn Rekared und „Weißblume" für Rigunde, die Tochter einer fremden Frau, die bei der Geburt ihre Kindes gestorben ist. Die Wörter Blume und Weißblume werden nur von den Flöten und Klarinetten in Halbtönen begleitet, außerdem wird dieser Takt gedehnt und erst zwei Takte später, mit dem Ende des Gesanges der Königin, wird das ursprüngliche Tempo wieder aufgenommen. Die große Anlehnung der Musik an das Wort lässt an dieser Stelle keinen Zweifel offen.

Der König klagt nun über die Liebe der beiden mit der musikalischen Anweisung „Energisch". Die Instrumente versuchen hier, den Gesang des Königs durch Akzentuierungen und die eher selten auftretenden Pauken zu unterstreichen. Der Auftritt der Königin wird nach einer längeren Pause von den ersten Flöten und Oboen begleitet. Zum ersten Mal komponierte Mathilde Kralik Triolen in der Singstimme, die in Halbtonschritten abwärts gehen und im e´ enden. „Das ist es, Herr, was ich dir Klagte, und […]". Der Oktavsprung nach oben setzt mit einem Abwärtsgehen in Halbtönen fort, hier aber nicht mehr in Triolen, sondern in Achtelbewegungen „[…] Wahr ist alles, was ich sagte". Die Klage ist geprägt durch diesen chromatischen Abstieg. Nach diesen Takten endet das Orchester nach einem poco ritardando mit einer zweitaktigen Generalpause.

Die Königin spricht nun von der sich entwickelnden Liebe der beiden Kinder mit der musikalischen Anleitung „dolce". Schwergewichtig und stark, aber im Tempo zurückhaltend, bittet sie die sogenannten weisen Herren um Rat. Meister Johannes antwortet nach einem poco ritardando in ruhigen Worten, dass eine brennende Liebe schwer zu löschen sei. „Starken" erklingt mit einem e´ in einer hohen Lage für einen Bass, ist außerdem akzentuiert zu singen und somit findet dieses Wort eine musikalische Entsprechung. Der optimistische Herzog wird dann durch Achtelbewegungen in fünf verschiedenen Instrumenten mit der musikalischen Anweisung „Lebhaft" eingestimmt. Dieser ist zuversichtlich und meint, in seiner Obhut auf dem Schloss werde der junge Knabe bald seine große Liebe vergessen. Der König wird bei seiner zustimmenden Antwort daraufhin ohne Streicher begleitet, nur die Posaunen und die Tuba unterstützen den Gesang. Erst bei dem Wort „hasse" setzen die Celli und die Kontrabässe mit einer schnellen, in Halbtonschritten aufwärts gehenden, Figur ein. „Lasset uns nicht länger warten" wird a capella gesungen und von allen Streichern akzentuiert beantwortet. Ein weiterer Auftritt des Königs wird noch einmal von der Pauke und kurz auch von der Triangel unterstützt. Diese Textpassage handelt von dem königlichen Beschluss, Rigunde und Rekared voneinander zu trennen. Der sonst eher seltene Einsatz der Pauken und der Triangel können diesen Entschluss des Königs verstärken.

Danach kündigt der Meister mit weicher Stimme die beiden Liebestollen Rekared und Rigunde an. In der Pause spielt das Cello ein Solo, das von den Flöten unterstützt wird. Rekareds kurzer Gesang wird wiederum solistisch von einer Geige eingespielt, die Celli und die Flöten begleiten Rekared mit einer schnellen, espressivo gespielten melodischen Figur, „im Zeitmass nachlassend". Das spielerische Element der Soli steht für den lieblichen Umgang der beiden Verliebten zueinander.

Die erregte Stimme des Königs, der von seinem Sohn eine ruhige, zarte Antwort erhält, ist in den Streichern erstmals mit Quintolen vertont. Der ständige Wortwechsel zwischen dem König, der Königin, dem Herzog, Rekared und Rigunde wird je nach Ausdruck der jeweiligen Gefühlslage musikalisch von verschiedenen Instrumenten unterschiedlich unterstützt. Die Erregung des Königs wird durch Sechzehntelquintolen begleitet, die ruhigen Stimmen von Rekared, Rigunde und der nach Ruhe suchenden Königin werden meist durch eine andere Instrumentierung hervorgerufen. Nur die Begleitung in den Geigen und Bratschen kündigt die bevorstehende Ungerechtigkeit an. Das Wortgefecht zwischen dem König und dem Prinzen geht weiter, da er seinen Sohn mit dem Herzog auf sein Schloss mitschicken möchte. Die Entschlossenheit des Königs wird immer deutlicher, seine Erregtheit zeugt von der Absicht zur Durchsetzung seines Willens. Die Verzweiflung ist nun auch bei Rekared erkennbar, doch seine innere Ruhe und seine Weichheit soll er in seinem musikalischen Ausdruck auch hier noch nicht verlieren. Erst die mit Angst verbundene Androhung von Rekared, sein Vater werde mit seiner Forderung sein Glück zerstören, drückt sich in den Bratschen mit einer Sechzehntel Bewegung aus. In seiner Verzweiflung droht Prinz Rekared nun mit seinem Freitod, womit erstmals seine große Angst vor einer Trennung von Rigunde deutlich gemacht wird. „Doch willst du unser beider Tod, dann magst du beharren auf deinem Gebot" - die Akzentuierung von „Tod" und „beharren" ist ein Ausdruck für Rekareds Entschlossenheit. Die Antwort des Königs ist wiederum von Erregung geprägt. Nach dieser Textpassage ist die Verzweiflung bei Rekared endgültig ausgebrochen, die Ohnmacht wird durch den Einsatz der Pauken im fortissimo angekündigt und Rekareds Angst wird von den Geigen mit Akzentuierungen und im fortissimo musikalisch ausgedrückt.

Die Trennung von Rekared und Rigunde lässt sich nicht mehr vermeiden und das Rigundes Drängen, Rekared solle wegfahren und den Anweisungen des Vaters gehorchen, spiegelt sich im forte in der Begleitung der Streicher wider. Erst der Austausch ihrer Briefe beruhigt sie wieder ein wenig. Diese Angst vor der Trennung wird durch häufige Taktwechsel, z. B. 3/8, 3/4, 4/4, 6/8, 2/4, … Takte, untermauert. Die Hektik des Abschieds ist nun in verschiedenen Instrumenten spürbar. Mit höchster Kraft ruft Rekared noch einmal nach Weißblume, die ebenso im fortissimo mit der Unterstützung einiger Blasinstrumente, der Streicher und der Pauken antwortet. Die Dramatik der Szene wird durch den Einsatz dieser vielen Instrumente, die meist im forte spielen, immer mehr spürbar. Vor der zweiten Szene spricht noch einmal der Meister Johannes und kündigt großen Kummer an, der jedoch sehr ruhig und getragen präsentiert wird.

2. Szene: Hein bei Montoro

Der Schmetterling beginnt nach einer kurzen Einleitung, die vor einer Generalpause mit einer Triangel im pianissimo und mit den ersten und zweiten Geigen endet, mit dem Chor der Elfen als Begleitung (mit la-la) in fröhlicher Stimmung zu singen. Die Harfe, die hier erstmals eingesetzt wird, die Triangel und die Generalpause kündigen eine völlig andere Welt an, eine Welt voller Hoffnung und Freude. Der Chor wiederholt manche Textpassagen des Schmetterlings in humoristischer Art und Weise, jedoch immer ohne Streicher, die den Schmetterling ansonsten kontinuierlich unterstützen. Die Harfen kommen hier in schnellen Sechzehntelbewegungen vor, sie sollen die Fröhlichkeit dieser Welt betonen.

Die Ankündigung des Tages und das Eintreffen von Berchta wird in den Geigen mit einer zweitaktigen Sechzehntelbewegung und erstmals mit der kleinen Trommel eingespielt. Die Trommel, die Sechzehntelbewegung und die Bläser (mit einem hellen E-Dur Akkord) sollen das Auftreten von Berchta in seiner Wichtigkeit hervorheben. Die Anweisungen von Berchta werden immer wieder durch lange, gebundene Noten von verschiedenen Blasinstrumenten zusätzlich zu den Streichern begleitet. Die Erklärung des besonderen Ringes, der dem Prinzensohn alsbald übergeben werden soll, wird durch einen Taktwechsel und ohne die Streicher fortgeführt. Die Klarinetten und später die Flöten erlangen melodische Bedeutung, da sie wesentlich für die Unterstützung des Gesanges verantwortlich sind. Mit dem Einsatz der Flöten spielen die ersten und zweiten Geiger lange Noten im forte, wodurch der Text hervorgehoben werden soll: „Zwiefacher Zauber ist des Ringes Kraft: so Fluch wie Segen sind in seinem Haft." Dem Ring soll durch diese intensiven melodischen Figuren in den Flöten ein Ausdruck für seine große Bedeutung verliehen werden, als eine wesentliche Hilfe und Stütze für den Prinzen. Berchta wird durch eine lange Note in der Bratsche und einer im piano gespielten melodischen Figur in den Klarinetten bei ihrem Abschied begleitet.

Nun erfolgt ein Tonartwechsel von C-Dur auf Des-Dur, der die musikalische Entsprechung für eine Veränderung im szenischen Geschehen darstellt: das Erscheinen des Prinzensohnes. Rekareds Ankunft im Blumenfeld wird sehr ruhig und wiegend, im pianissimo von wenigen Instrumenten, aber wieder mit einem eher seltenen Einsatz der Harfen unterstützt. Erst nach einer längeren Gesangpause Rekareds treten die ersten und zweiten Flöten gemeinsam mit den ersten und zweiten Oboen durch schnelle Bewegungen in den Mittelpunkt. Rekared spricht in dieser Passage von seinem Entzücken über die Pracht der Natur und diese Freude wird von den Harfen unterstützt. Die Instrumentierung ändert sich nun ständig, wobei die Trommeln, die Pauken, die Posaunen und Trompeten keinen Platz haben. Die Erinnerung an die Sehnsucht nach seiner Liebsten erfolgt durch zwei Tonartwechsel: zuerst nach As-Dur und dann zurück zu C-Dur. Plötzlich, nach mehreren Takten, hört der Prinz jemanden klagen, worauf er sehr erschrickt. Der Schmetterling macht sich sichtbar. Die Ankündigung des möglicherweise bevorstehenden Todes von Rigunde seitens des Schmetterlings wird von ständigem Taktwechsel, 6/8 Takt und 4/4 Takt, untermauert. Interessant ist, dass der Schmetterling von den Flöten, die hier Achteln und Sechzehnteln spielen, begleitet wird und die Antwort des Prinzen mit anderen Blasinstrumenten und verschiedenen Streichinstrumenten unterstützt wird. „Was hast du damit ausgesprochen! Mir ist als hätt mich ein Dorn gestochen mitten durchs Herz mit einem Mal" wird mit Unterstützung der Celli und der Contrabässe verstärkt und einige andere Blasinstrumente als beim Gesang des Schmetterlings spielen hier lange, leise Töne. „Weißblume ist geweiht dem Tod", bei dem Wort „Tod" wird nach einem vorangegangenen ritardando wieder im Tempo und im 6/8 Takt gespielt. Die Instrumentierung ändert sich, die Flöten kommen erstmals bei Rekareds Gesang zum Einsatz und die Begleitung wird schneller und wirkt damit unruhiger. Außerdem beginnt diese Textpassage mit einem fortissimo.

Die Übergabe des Ringes erlangt durch die Triangel, die kurz vorher einen Takt lang erklingt, eine besondere Bedeutung. Die Harfen sollen wiederum die besondere Bedeutung des Ringes mit sehr hohen Tönen unterstreichen. Der Akt endet nach der Übergabe des Ringes und Rekareds Abgang, der nun nach Hause zu Rigunde will, mit einem intensiven, längeren Einsatz der Triangel im pianissimo und mit dem Erklingen der Harfen.

Zusammenfassend ist zu bemerken, dass die Pauken in der Einleitung eine tragende Rolle spielen und in der ersten Szene selten, aber bewusst eingesetzt werden. Die Triangel erlangt ebenso durch den seltenen Einsatz große Wichtigkeit. Die kleine Trommel soll Berchta als eine besondere Person ankündigen. Die Harfen drücken in der zweiten Szene die fröhliche Stimmung in der anderen Welt musikalisch aus. Der erste Akt steht weitgehend in C-Dur, Tonartwechsel stehen in engem Bezug zum Inhalt der Oper. Es gibt nur zwei Generalpausen; die erste ist vor der Erzählung der Königin über die beginnende Liebe von Blume und Weißblume und die zweite steht vor dem Gesang des Schmetterlings und des Elfenchores.

Zweiter Akt

1. Szene

Ähnlich wie im ersten Akt setzt Mathilde Kralik die Instrumente den Stimmungen der handelnden Personen entsprechend ein. Die musikalischen Anweisungen entsprechen meist der Stimmungslage der jeweiligen Charaktere. Mathilde Kralik beginnt den Akt in G-Dur, wobei sie beim Eintreffen von Sadok wieder zu C-Dur wechselt. Die Verwirrung der Königin, nachdem sie den Schatz gesehen hat, wird von Sechzehntelbewegungen in den Streichern und Harfen musikalisch ausgedrückt. Die Harfen bekommen erstmals eine andere Funktion als im ersten Akt in der ersten Szene. Sie stehen hier für die Gier nach dem besonderen Schatz.

Die Dramatik der Verurteilung Rigundes durch den König wird durch Triolen in den Celli und den Contrabässen unterstrichen, die Zweiunddreißigsteln verstärken die nervöse Stimmung. Der König besänftigt jedoch Rigunde, indem er ihr sagt, er werde sie nicht mit dem Tod bestrafen. In dieser Textpassage spielen die Harfen mit der Anweisung „dolce und pianissimo" ganze Noten, die Harfen erhalten also wieder eine beruhigende Funktion. Die Verzweiflungstat, die Rigunde daraufhin begehen will, wird durch den Einsatz aller Streicher, der Harfen und dem bewussten Einsatz einiger Blasinstrumente hervorgehoben. Die Pauken spielen erstmals wieder beim Abgang des Kaufmanns, der von Rigunde und Klaris begleitet wird. Bei dem darauf folgenden Auftritt von Meister Johannes, der sehr hektisch Rekareds Heimkehr ankündigt, treten die Pauken ebenso in Erscheinung.

2. Szene: Grabmal im Walde

Die nächste Szene beginnt mit vielen Instrumenten im fortissimo, die, außer in den Streichern, in Viertelnoten voranschreiten. Die Hörner, Trompeten und Posaunen sind dabei akzentuiert zu spielen. Der schwergewichtige Beginn der Sänger steht plötzlich im piano, verbunden mit einer kleinen Orchesterbesetzung. Diese Einleitung soll das Begräbnis von Rigunde einstimmen, der dramatische Beginn mit dem subito piano vermittelt die traurige Stimmung. Die Traurigkeit beim Grabmal wird durch Instrumente wie Celli, Contrabässe, Klarinetten und Fagotte musikalisch ausgedrückt, wobei die tiefe Lage zur bedrückenden Stimmung beiträgt. Die Gespräche der Königin, des Königs und des Prinzen über das (vorgetäuschte) Unglück von Rigunde wird nach und nach mit immer weniger Blasinstrumenten begleitet, die aber sehr bewusst eingesetzt werden, beispielsweise wird „giftige Schlange" vom ersten Horn mit einer halben Note gestopft im pianissimo gespielt, währenddessen „Blumen im Wald" von den Flöten mit drei halben Noten im piano begleitet wird. Die spätere Textpassage von Rekared „Eine Biene summt darüber weg, in allen Blüten sucht sie keck" wird ebenso von den Flöten begleitet, die ansonsten in dieser Szene seltener zum Einsatz kommen. Die Flöte soll demnach die Schönheit der Natur hervorheben. Rekareds Erkenntnis, dass Rigunde nicht tot ist, wird durch die Harfen in Achtelbewegungen eingeleitet, die nach einigen Takten Pause mit Sechzehnteln intensiv in den Vordergrund treten. Sie unterstützen dabei wieder Rekareds Gesang, der von seiner großen Liebe zu Rigunde spricht. Rekareds Forderung, Rigundes toten Leichnam zu sehen - „Ja, das will ich! Zurück! Macht Platz!" - findet im fortissimo und im schnellen, crescendierenden Tremolospiel der Streicher ihre musikalische Entsprechung. „Öffnet mir das Grab" wird durch das Spielen von nur zwei ganzen Noten in den Kontrafagotten geprägt.

Die Königin muss schließlich bekennen, dass Rigunde nicht tot ist. „Halt ein! Lass ab! Weißblumen Körper ist nicht da, ist fort, sie lebt, sie atmet ja!" gewinnt durch ein Tremolospiel in den Geigen und Bratschen und durch einen vorangegangen Taktwechsel in einen 2/4 Takt an Dramatik. Die Antwort Rekareds „Wie viel soll ich euch heute glauben?" wird erst einmal ohne Instrumente, mit der musikalischen Anweisung „wie gesprochen" vorgetragen. Zum Abschluss treten alle ab und die Elfen und der Schmetterling kommen zum Vorschein. Dabei treten die Triangel und die Harfen als unterstützende Instrumente des Schmetterlings wieder in den Vordergrund. Der Akt endet nach dem Chor der Elfen mit Soli in den ersten und zweiten Geigen. Die Flöten, die Klarinetten, die kleine Trommel und die Harfen begleiten die Solisten bis zum letzten Akkord. Diese Szene ist von häufigen

Taktwechseln gekennzeichnet, die Dramatik eines vorgetäuschten Betrugs und seine Entdeckung durch Rekared scheint dadurch noch verstärkt zu werden.

Dritter Akt

<u>1. Szene: Babylon</u>

Die Triangel, die Klarinetten und das Englischhorn haben in der Einleitung eine Begleitfunktion, die Flöten spielen melodische Figuren. Bereits in den ersten Takten komponierte Mathilde Kralik einige Taktwechsel: Der 12/8 Takt geht in einen 9/8 Takt über, die Szene wird dann wieder mit einem 12/8 Takt fortgesetzt. Anschließend erfolgt ein erneuter Wechsel von einem 9/8 Takt in einen 12/8 Takt, wobei Kralik nun einen 6/8 Takt anschließt. Hier beginnt der Herzog zu singen, Rekared setzt fort und schickt den Herzog weg. Rekared steht nun vor dem Tor des Turmes und macht sich über Weißblume Gedanken. Diese Textpassage des Prinzen ist wiederum von häufigen Taktwechseln gekennzeichnet. Die Harfen unterstützen die Streicher bei einer kurzen Gesangspause. Sadoks Hervortreten wird mit der musikalischen Anweisung „Stramm" und mit akzentuierten Achteln und Sechzehnteln ausgedrückt. Sadok, als strenger Herrscher über den Turm, bekommt durch die Instrumentierung und auf Grund der verschiedenen Kompositionsweisen ganz andere Charaktereigenschaften als Rekared zugeschrieben. Rekared wird durch ein pizzicato in den Geigen anders charakterisiert als Sadok. Die Blasinstrumente spielen hier eine kleinere Rolle. Sadoks „Halt, Knabe, zähme deinen Schritt! Du brauchst nicht in das Haus zu schreiten, ich lass hier aussen es bereiten" wird erstmals von Sechzehntelbewegungen in den Celli, Bratschen und später auch in den zweiten Geigen untermalt. Damit soll dieses Verbot, nicht in den Turm gehen zu dürfen, verstärkt werden.

Nach einem Schachspiel und einem Gespräch über die zukünftige Frau des Königs, die Weißblume sein soll, erlaubt Sadok Rekared endlich, in den Turm zu gehen. Diese Wandlung von Sadok in einen netten Gastgeber, der gerne Freundschaft schließen würde, wird hier von der Harfe begleitet - die Harfe als Ausdruck von Freundlichkeit und Offenheit.

2. Szene

Der Übergang in die nächste Szene endet mit einem „stringendo e crescendo" im fortissimo in fast allen Instrumenten. Außer dem Englischhorn, den dritten Trompeten und den Harfen spielen alle Instrumente gemeinsam einen Takt lang im 12/8 Takt, ein Ausdruck für den Szenenwechsel ins Innere des Turms zu Klaris und Rigunde. Dieser Beginn wird mit einem „meno forte" mit einer melodischen Figur in den Klarinetten, die von einigen Geigern begleitet wird, fortgesetzt. Kurz vor dem Auftritt von Rigunde und Klaris erfolgt ein erneuter Taktwechsel und ein Tonartwechsel zu H-Dur. Dieser Wechsel wird aber bereits einige Takte später wieder auf C-Dur rückgeführt, um bei Klaris Wunsch an Rigunde „O lächle auch du!" auf A-Dur überzuleiten. Rigundes Klage über ihr trauriges Leben wird durch einen erneuten Wechsel zu C-Dur vollzogen. Ihr Weglaufen vor Sadok wird mit einem Zweiunddreißigstel-Lauf in den Flöten, den Klarinetten und zwei Takte später auch von den zweiten Geigen und den Bratschen angekündigt.

Das Zwiegespräch zwischen Sadok und Klaris beginnt mit einem Solo in den Klarinetten und setzt sich mit Sechzehntelfiguren in verschiedenen Blasinstrumenten fort. Die Streicher spielen hier selten, aber bewusst gesetzte Figuren. Die Instrumente sind in diesem Gespräch Ausdruck für die noch ungetrübte Stimmung. Der Vorschlag von Klaris, Rigunde frei zu lassen, um den „Frühling zu empfangen, auf Wiesen, in den Waldesgründen Blumen zu brechen und Kränze zu winden", wird genau in dieser zitierten Textpassage von den Harfen untermalt. Die Harfe steht wiederum für das Instrument, das die Schönheit der Natur unterstreichen soll (siehe 1. Akt, 2. Szene: Hein bei Montoro). Nach einiger Zeit erinnert sich Sadok wieder an seinen Freund, der unten wartet: „Doch Gottes Blitz! Da fällt mir ein, […]". Er wird zuerst durch Triolen in den zweiten Geigen und in den Bratschen untermalt. Sadoks innerlicher Stress, sich beeilen zu müssen, wird mit diesen Triolen, die zehn Takte lang durchgehend gespielt werden, verdeutlicht.

Rekared schleicht sich später aus dem eben gebrachten Blumenkorb zu seiner Geliebten und gibt sich zu erkennen, als Klaris und Weißblume in das Zimmer zurückkehren. Rekareds „Weißblume, ich bin da!" beginnt nach einem crescendo im fortissimo in vielen Instrumenten, die Freude über das Wiedersehen wird durch die hohe Lage der Flöten noch verstärkt. Bevor Sadok kommt, verstecken sich Rekared und Rigunde.

Sadok verlangt nach Rigunde, da der König vom Krieg zurückkehrt ist und er nun Weißblume heiraten möchte. Nach einem kurzen Gespräch mit Klaris ahnt er plötzlich, dass mit Weißblume etwas nicht stimmen kann. Diese für ihn schreckliche Ahnung wird musikalisch in den Geigen durch ein Tremolo im fortissimo veranschaulicht, verschiedene Blasinstrumente spielen melodische Figuren. Der Einsatz der Instrumente vermehrt sich im Laufe dieser Erkenntnis immer mehr. Die Entdeckung von Blume und Weißblume wird mit einem Beckenschlag und mit der großen Trommel im pianissimo hörbar gemacht. Das Becken und die Trommel enden erst nach Sadoks Aussage: „Du bist es, Knabe! Weh, o Graun!" Die Instrumentierung soll hier eindeutig die Dramatik dieser Szene hervorheben. Sadok will die beiden verbrennen, die Pauken, die Achtel- und Sechzehntelbewegungen in einigen Blasinstrumenten und in den Streichern kündigen die sich anbahnende Katastrophe an. Rekared will Rigunde auf jeden Fall helfen und bittet darum, Rigunde das Leben zu lassen. Diese Textpassage wird durch lang andauernde Sechzehntelbewegungen, die in den Bratschen beginnen und dann in den Geigen fortgeführt werden, begleitet. Die Angst Rekareds wird durch die sich immer fortbewegenden Sechzehntelbewegungen dargestellt. Die Dramatik spitzt sich, bevor der Herzog mit Gefolge kommt, immer mehr zu. Die Instrumentierung ändert sich dabei ständig, doch die Angst und die Hektik bleiben erhalten.

Sadoks Forderung, der Herzog solle zurücktreten, wird von den schnellen Bewegungen in den Geigern und abwechselnd in den Blasinstrumenten in einer längeren Gesangpause hervorgehoben, wobei sich die Dramatik vor dem Erscheinen von Berchta mit einem diminuendo löst, um schließlich in einem 4/4 Takt das ruhige Auftreten von Berchta verkünden zu können. Berchta wird meist von wenigen Instrumenten begleitet, die Triangel und die Harfe als Boten der Ruhe und des Friedens dürfen nicht fehlen.

Die Oper schließt ab mit einem erneuten Auftreten des Schmetterlings und des Elfenchors in einem mäßigen Tempo, im Einsatz aller Instrumente, die im fortissimo beginnen und nach drei Takten mit einem pianissimo das Stück beenden.

Mathilde Kraliks Anlehnung an Richard Wagner

Mathilde Kralik lehnt sich mit ihrer Oper „Blume und Weißblume" an das Musikdrama von Richard Wagner an. Dieser machte „die Erfahrung, dass der Mythos besser als beispielsweise jeder liturgische Text die Möglichkeit bot, zunächst ‚die poetische Konzeption mit fesselloser Freiheit (zu) entwerfen' „Der mythische Stoff räumt dem Künstler die nötige Freiheit für die Komposition ein, da es ein freies Spiel mit den Gedanken erlaubt. Somit verliert der beengende, realistische Bezug zur Historie an Bedeutung. „Die ‚Holländer'-Partitur ermöglichte die neue Erfahrung, dass ausschließlich ‚der mit dem Auge der Musik ersehene' Stoff des Mythos […] diese neue Kunstform, die Wagner später unter dem Leitgedanken des ‚musikalischen Dramas' [Musikdrama] zusammenfasste, bewirken könnte." Mathilde Kraliks Oper knüpft an diese Ideen von Wagner an und gibt ihr einen Stoff zum Inhalt, der durch die Einbindung tierischer Gestalten und Fabelwesen die Grenzen des Realismus überschreitet. Die Sage „Der fliegende Holländer" war in Seemanskreisen allgemein verbreitet; vermutlich war sie durch mehrere Jahrhunderte mündlich überliefert worden.

Ein Mythos ist eine überlieferte Dichtung, Sage, Erzählung aus der Vorzeit eines Volkes, und demnach ist diese Sage der Oper ein klassischer Mythos. Mathilde Kralik lehnt sich mit dieser Oper sehr an die Idee der musikalischen Vertonung eines Mythos von Wagner an. Berchta, der Elfenchor und der Schmetterling sind handelnde „Personen", die gewissermaßen außerhalb der Geschichte stehen, um dem Publikum somit das Gefühl der Zeitlosigkeit vermitteln zu können. Mythen, Fantasiegeschichten, Science-Fiction Filme haben in unserer Zeit noch immer einen scheinbar unantastbaren Stellenwert. Harry Potter ist der jüngste Beweis für eine fast manische Liebe zu Welten, die nur in unserer Vorstellung existieren. „Denn die Mythen sind nicht nur ‚Denkinstrumente" oder bloße ‚Begriffskonfigurationen': ‚sie sind auch Kunstwerke, die bei den Zuhörern […] starke, ästhetische Empfindungen hervorrufen. ' Dass also der Mythos eine gleichzeitige bzw. gleichermaßen starke Wirkung auf Geist und Sinne des Hörers ausübt, erklärt seine Affinität zur Musik."

Mythen rufen im Zuhörer und im Zuschauer Empfindungen hervor, die ihm die Möglichkeit geben, aus der realen Welt mit den realen Problemen zu fliehen.

Mathilde Kraliks Oper beinhaltet auch eine Problematik, die eine lange Tradition hat und immer wieder in Opern dargestellt wurde. Die Diffamierung des Heidentums durch das Christentum, welches durch Kaiser Theodosius 280 n. Chr. zur Staatsreligion erklärt wurde, breitete sich auf Grund der Christianisierung immer mehr aus. Babylon wurde für die Christen zu einem Zentrum heidnischen Lebens und deshalb galt diese Stadt, die im heutigen Irak liegt, als ein Zentrum, in dem unchristliche und folglich schlechte Menschen lebten. In der Oper „Blume und Weißblume" wird Rigunde in einem Turm in Babylon festgehalten. Die schlechte Person wird von Sadok dargestellt, der in der „unchristlichen Stadt" Babylon lebt und den vorbildlichen Menschen, Rigunde und Rekared, nichts Gutes will.

Eine weitere Anlehnung Mathilde Kraliks an Wagner zeigt sich in dem für diese Oper wichtigen Einsatz der Instrumente. Die Instrumente intensivieren durch ihre spezifischen Klangfarben oftmals die Stimmung der jeweiligen Handlung und die verschiedenen Charaktere der handelnden Personen. Die Oper des 19. Jahrhunderts erfährt in der Instrumentierung eine Veränderung, die mit Wagner einen Höhepunkt erreicht. Das Orchester soll den gewünschten Klang des Komponisten durch gezielte Instrumentierungen hervorrufen, die Instrumente mit ihren verschiedenen Klangfarben erhalten dadurch gesteigerte Bedeutung und sollen die Szene und die dramatische Situation zum Ausdruck bringen. Das dramatische Geschehen bleibt demnach im Mittelpunkt und die Charaktere der handelnden Personen werden durch die Instrumentierung verstärkt. Das Orchester ist für Wagner das wesentliche Ausdrucksmittel des musikalischen Dramas. Mathilde Kralik greift diese Gedanken auf und versucht, das Wort eng mit der Musik zu verknüpfen. Dabei scheint ihr die spezifische musikalische Aufzeichnung der verschiedenen Charaktere besonders wichtig zu sein. Bis hier die Ausführungen von Frau Maria Lagsdorfer zur Oper „Blume und Weißblume".

Mathildes Geburtstagsfeier

Zu Mathildes 75. Geburtstag fand eine Feierstunde am 11. Dezember 1932, ein Festkonzert des Wiener Damenchorvereins statt. Die Begrüßungsansprache wurde von ihrem alten Freund Jakob Förster gehalten:

Wir haben uns heute hier eingefunden, um einer gottbegnadeten Tondichterin – Mathilde von Kralik - einen Ehrenabend zu veranstalten;

mit Recht konnte die Leiterin unseres Vereins sagen, daß die hohe Zahl der Jahre dieser Geburtstagsfeier uns unwahrscheinlich erscheint; denn was wir heute an unserer teueren Jubilarin feiern, das ist nicht ihr Alter, sondern ihre ewige Jugend, die in der erquickenden Frische ihrer Persönlichkeit und ihrer Tondichtungen zu uns spricht. Wir sind versucht zu sagen, daß unsere jugendlichen Greise und Greisinnen noch immer mehr Wert und Bedeutung haben, als gewisse greisenhafte junge Leute von heute. Noch immer steht mir das Bild unserer verehrten Jubilarin vor Augen, wie sie als junges Mädchen im weißen Kleide bei der Schlußproduktion im alten Wiener Konservatorium des Jahrgangs 1878 nach dem Taktstock griff, um eine Suite für Orchester eigener Komposition au dirigieren, für die ihr der erste Preis einstimmig zugesprochen wurde.

Dieses weiße Kleid hat sie aber auch, - ebenso wie damals über ihr Äußeres - so auch späterhin stets über ihr Inneres, über ihre schöne Künstlerseele getragen, und dieses

Wiener Damenchorverein

Sonntag, 11. Dezember 1932, 4 Uhr nachmittags im Kammersaal der Gesellschaft der Musikfreunde.

FEST-KONZERT

in dem anläßlich ihres 75. Geburtstagsfestes ausschließlich Kompositionen von

Mathilde Kralik

(Ehrenpräsidentin des Wiener Damenchorvereines)
zur Aufführung gelangen.

MITWIRKENDE:

Senta Benesch, Cellovirtuosin; Prof. Grete Hinterhofer, Konzertpianistin; Prof. Berta Jahn-Beer, Konzertpianistin; Elemér von John, Konzertsänger; Margarete Kolbe-Jüllig, Violinvirtuosin; Prof. Egon Lustgarten, Klavierbegleitung der Lieder, Erika Rokyta, Konzertsängerin.
Der Wiener Damenchorverein unter Leitung von Dr. Viktor Paul Heinrich.

VORTRAGSFOLGE:

Wahlspruch des Damenchorvereines
1.) »Gesang der Genien beim Tode Goethes« (Worte von Hermann Zaiser) für dreistimmigen Frauenchor und Klavierbegleitung. (komp. 1932)
    Am Flügel: Elfriede Tomanetz
2.) Trio in F-dur für Klavier, Violine u. Cello (komp. 1897)
    Prof. Berta Jahn-Beer (Klavier) Margarete Kolbe-Jüllig (Violine)
    Senta Benesch (Cello)
3.) Lieder für Sopran: »Sonntag« (E. Schwab), »Silbernebel« (E. Schwab) »Heilige Familie« (O. Menghin), »Ein Traum« (A. Sarold), »Musikalischer Eindruck« (Chr. Morgenstern).
    Erika Rokyta, am Flügel: Prof. E. Lustgarten
4.) Fantasie für Cello u. Klavier (komp. 1929)
    Senta Benesch (Cello) Prof. Berta Jahn-Beer (Klavier)
5.) »Morgennebel«, »Sommerabend« und »Gebet am Sonntage« (E. Schwab) für dreistimmigen, unbegleiteten Frauenchor (komp. 1930)

PAUSE

6.) »Rhapsodie« und »Romanze« für Klavier (komp. 1909 u. 1910)
    Prof. Grete Hinterhofer
7.) Lieder für Bariton: »Gebete (R. Kralik), »Schiffe, die sich nachts begegnen« (A. Sarold), »Evoë« (H. Zaiser).
    Elemér von John, am Flügel: Prof. E. Lustgarten
8.) Sonate für Klavier u. Violine in d-moll (komp. 1878)
    Prof. Berta Jahn-Beer (Klavier) Margarete Kolbe-Jüllig (Violine)
9.) »Der Tanz« (Friedrich Schiller) für zwei Singstimmen, Frauenchor, Klavier, Violine und Cello. (komp. 1919)
    Herma Schiller (1. Sopran) Mary Ettlinger (2. Sopran)
    Franziska Burscha (Alt) Vereinsmitgl. E. Tomanetz (Klavier)
    Ferdinand Maultaschl (Violine) Dr. Karl Hofer (Cello).

171

weiße Kleid konnte niemals von den Schmutzwellen des Materialismus beschmutzt und besudelt werden. Ihr künstlerisches Schaffen war stets von der Überzeugung getragen, daß wir in der Kunst ein Geschenk der Gottheit zu erblicken haben, daß wir uns dessen bewußt sein müssen, daß wir Menschen unter allen Organismen die einzigen sind, hineinblicken zu dürfen in das Wunderwerk der Schöpfung, daß wir von einer höheren Macht dazu berufen sind, uns vom Irdischen zu erheben, zum überirdischen, vom Sinnlichen zum Übersinnlichen, vom Zeitlichen zum Ewigen, vom Menschlichen zum Göttlichen.

Unserer Seele, besonders unserer deutschen Volksseele widerstrebt es, die Kunst zu einem Handelsartikel herabzuwürdigen, die sich nur an das Animalische im Menschen wendet; natürlich muß dann diese Spekulation glänzend gelingen, denn sie ist die Stelle des geringsten Widerstandes; das Tierischtriebhafte, das Erotische und Frivole läßt sich totsicher bare Kassa ausmünzen und verspricht den ausgiebigsten und umfangreichsten Umsatz und Gewinn.

Wie ganz anders unsere verehrte Meisterin! Sie hat die Kunst stets einzig und allein um der Kunst willen geliebt und war stets von der Überzeugung geleitet, daß wahre Kunst nur geschaffen werden kann durch Phantasie, schöpferische Gestaltungskraft, seelischen Ausdruck und sittlichen Ernst.

Nun haben aber alle jene, denen es an diesen Grundelementen der Kunst gebricht, lediglich um ihrem planlosen Herumexperimentieren den Schein einer Berechtigung zu geben, das Wort von der „neuen Sachlichkeit" erfunden, als ob Kunst überhaupt jemals mit Sachlichkeit etwas zu tun hätte. Gefühl, Empfindung, Seele wird ausgemerzt aus Kunstschaffen und Kunstnachschaffen; an deren Stelle tritt die Übersteigerung des Technischen, die Ausartung in die Artistik, in die Akrobatik des Schnelligkeitsrekords, der Sensation, des Bluffs und des zirkusartigen Bravourstücks.

Wahre Kunst aber liegt außerhalb und überhalb aller Sachlichkeit und Wirklichkeit; sie liegt im Reiche des Überirdischen, im Traumland des Ideals.

Altmeister Goethe hat mit seinem hellseherischen Prophetenblick dies alles vorausgesehen und in den folgenden Versen aus dem zweiten Teile seines Faust klar und unzweideutig ausgedrückt:

Was ihr nicht tastet, liegt euch meilenfern,

Was ihr nicht faßt, das fehlt euch ganz und gar!

Was ihr nicht rechnet, meint ihr sei nicht wahr,

Was ihr nicht wägt, hat für euch kein Gewicht,

Was ihr nicht münzt, das meint ihr gelte nicht!

Und was wird heute nicht alles unter der falschen Flagge der Kunst in bare Kassa ausgemünzt!

Statt daß z. B. das Radio unserer Zeit zum Segen würde, wird es ihr zum Fluche! Durch den Atonalismus wird unsere Zeit vertrottelt und durch die Jazzmusik verfoxtrottelt.

Statt die Herzen der Jugend für das Ideal zu erobern, wird das Radio dazu mißbraucht, ihr animalisches Triebleben aufzureizen.

„Sex appeal" heißt das hierfür geprägte neue, schöne Wort, zu deutsch: Reizung der Geschlechtsnerven! Als ob uns Menschen nicht das Schamgefühl gegeben wäre, womit wir deutlich bekunden, daß wir Menschen berufen sind, uns stolz emporzuheben über alles, was wir mit den anderen Organismen gemein haben. Von diesem ganzen dunklen Hintergrunde aber hebt sich in fleckenloser Reinheit die Idealgestalt unserer teueren Jubilarin ab, und in diesem Sinne wollen wir das reine, ideale Streben und Schaffen unserer verehrten Meisterin feiern, indem wir ihre Töne zu uns sprechen lassen, wir wollen alle Liebe und Verehrung, die wir ihrer illustren Persönlichkeit, alle Bewunderung und Hochschätzung, die wir ihrem künstlerischen Schaffen zollen, alle Dankbarkeit seitens ihrer Schüler, die bei ihr gut geborgen waren, all unsere Hoffnungen und Wünsche, die wir für ihr ferneres Glück und Wohlergehen hegen, - dies alles wollen wir in den einzigen Satz zusammenfassen: „Mathilde von Kralik! Wir danken Dir!" und aus ganzem Herzen und aus vollster Seele wollen wir nun alle einstimmen in den Ruf: Dir Heil, Heil, Heil!

Die von Jakob Förster gehaltene Festrede zu Mathildes 75. Geburtstag ist aus heutiger Sicht extrem konservativ. Man muss allerdings die Rede in das Zeitfenster des Jahres 1932 stellen. Vierzehn Jahre nach Zusammenbruch der Donaumonarchie waren seine Wertvorstellungen noch vom josephinischen Staatswesen geprägt. Er schimpft unter anderem auf die erst seit ein paar Jahren ausgestrahlten Radiosendungen, die die Jugend mit Jazz „verfoxtrottelt".

Jazz hat sich inzwischen zu einer anerkannten Musikrichtung entwickelt und man wird Jakob Försters überholte Kritik wahrscheinlich ablehnen oder beschmunzeln. Aber wie sieht es heute aus? Viele moderne Musiker haben nie ein Konservatorium von innen gesehen; sie wissen nichts von den Mühen eines Musikstudiums und wollen vielleicht auch nichts davon wissen, denn Musik lässt sich schließlich auch ohne Studium verkaufen. Kann man heute nicht ebenso fragen: „Ist eigentlich überall Musik drin, wo Musik drauf steht?"

Drei Monate später, am 25. Februar 1933 wurde von der ADAXL-Gesellschaft Wiens nochmals eine Feierstunde für Mathilde veranstaltet.

ADAXL-GESELLSCHAFT Telephon B-15-9-74
Vereinigung Wiener Intelligenz zur Erhaltung süddeutscher Wesensart
Sekretariat: XIX, Reithlegasse 16. Redaktion „Wiener Rundschau" (Adaxl)

EINLADUNG
zu der am Samstag, den 25. Februar 1933, präz. ½ 8 Uhr,
im Saale des **Frauenklubs, I., Tuchlauben 11**, stattfindenden

MATHILDE-KRALIK-FEIER

unter Mitwirkung des **Wiener Damenchorvereines** (Dirigent **Dr. Viktor P. Heinrich**) u. der Konzertpianistin **Prof. Jahn-Beer**. Melodram: „Jeanne d'Arc's Todesweg" / **Elfriede Tomanetz-Olga Greipel**
Nachher: **Heiterer Szenenabend** (Wr. Autoren)

Der Empfänger dieser Karte wolle freundlichst die gewünschte Anzahl von Eintrittskarten telephonisch bekanntgeben. Obige Einladung berechtigt den Geladenen zum Bezug von Eintrittskarten zum ermäßigten Regiebeitrag von S 1.–. Beim Saaleingang zu beheben.

Ehrung zum 80. Geburtstag von Mathilde im Brahmssaal der Gesellschaft der Musikfreunde Wien am 12. Dezember 1937. Auch 5 Jahre später hält der Freund von Mathilde, Jakob Förster, nunmehr zu ihrem 80. Geburtstag wieder die Festrede:

Meine teure, hochverehrte Meisterin und Freundin Mathilde von Kralik!

Meine hochgeschätzte Zuhörerschaft!

Wir haben uns heute mit innigster Freude hier versammelt, um Dir den schuldigen Tribut unserer Liebe, unserer treuen Anhänglichkeit vor allem aber den Tribut unserer Dankbarkeit für Dein von Deinem Genius geschaffenes Lebenswerk zu zollen, das Du reinen Herzens, erfüllt von tiefer Religiosität, durchdrungen von dem Glauben an das ewige Gesetz der Liebe, diesem Inbegriff aller göttlichen und menschlichen Weisheit geschaffen hast.

Und so hast auch Du die ewige Wahrheit der Worte unseres Dichterfürsten bestätigt: „Nur ein wahrhaft religiöser Mensch kann ein echter Künstler sein!"

Aber noch eines anderen Wortes will ich hier Erwähnung tun, es stammt von einem erfolg- und ruhmgekrönten Feldherrn: „Nicht der Glanz des Erfolges, sondern die Lauterkeit des Strebens und das Beharren in der Pflicht auch da, wo das Ergebnis kaum in Erscheinung tritt, wird der Wert eines Menschenlebens entscheiden."

Es ist und bleibt für mich eine meiner kostbarsten Erinnerungen, daß mir als 15jährigen Gymnasiasten das Glück zuteil wurde, im Jahre 1878 Zeuge gewesen zu sein, wie Dir bei der Preisbewerbung für Komposition am alten Wiener Konservatorium der erste Preis einstimmig zuerkannt wurde; damals tratst Du gleich einer hohen Priesterin im Tempel der Muse im Weißen Gewande an das Dirigentenpult, ergriffst den Taktstock und da erklang das scharfumrissene plastische Thema des ersten Satzes einer Orchestersuite; in organischer Gestaltung und in vollendeter Satztechnik wuchs da ein sofort packendes und überzeugendes Tonstück vor uns empor – unter den vielen Berufenen hatte eine Auserwählte zu uns gesprochen. Mag auch diese Begebenheit volle sechs Dezennien hinter uns liegen, so ist doch Eines immer gleich geblieben; noch heute steht diese freundliche Lichtgestalt im gleichen Glanze vor uns und sie strahlt um so heller, je düsterer, je schwärzer der Hintergrund unserer heutigen Kunstzustände sich von ihr abhebt.

Es wäre sehr verlockend, sich einer eingehenden Schilderung dieses so düsteren Hintergrundes einzulassen, dieser gewissen Schattenseiten unseres heutigen als modern und fortschrittlich gepriesenen Kunstlebens, dieses üppig wuchernden Gestrüpps von antiästhetischen und antiethischem Unkraut, das sich heute im Garten der Kunst breit gemacht hat, denn auch von der modernen Opernbühne kann man heute schon nicht mehr sprechen als von den Brettern, die die Welt bedeuten, sondern nur mehr von den Brettern die die Halbwelt bedeuten! Was nicht die gewisse parfümierte Demimondeathmosphäre atmet, gilt nicht als opernfähig, gilt als uninteressant für das anspruchsvolle Opernpublikum, das sich seine Nerven nur mehr durch die erotischen Ehedreiecksprobleme und kriminelle Sensationen aufpeitschen lassen will.

Unser unvergesslicher Kardinal Dr. Friedrich Gustav Piffl hat für die modernen Bühnen nicht umsonst das brennende Wort von den „geistigen Bordellen" geprägt. Und was bringen uns unsere Schallplatten?

Einerseits die Glorifizierung des Grinzinger Heurigen Duliähs, andererseits den lasziven frivolen Sing-Sang mit Jazzmusik-Begleitung: „Heut' Nacht oder nie!"

„Heute Nacht sollst Du mir gehören!", „Ich weiss auf der Wieden ein kleines Hotel!", „So hat mich noch nie eine Frau geküsst!" u.s.w. mit Wonne und Grazie!

Auf der Staatsoper durfte heuer am Ostersonntag abends die raffinierte „Giuditta" ihre verführerischen Reize anpreisen: „Meine Lippen küssen zu heiß, meine Glieder sind schmiegsam und weich!"

Was soll sich da das Ausland für ein Bild machen von den viel gepriesenen österreichischen Menschen?

Der Dienst an der Muse ist tief herabgesunken zum kritiklosen Dienste an der Kundschaft. Muss er da nicht glauben, das die eine Hälfte der österreichischen Menschen aus Trunkenbolden und die andere Hälfte aus elenden Wüstlingen besteht? Ist es da nicht vollkommen begreiflich, wenn man eine Meisteroper wie „Walter von der Vogelweide" mit der ausgezeichneten Wortdichtung des gottbegnadeten Poeten Richard von Kralik und der erhabenen vollendeten Tondichtung unserer lieben Meisterin von der Opernbühne abweist. Als wenn die guten Opernneuheiten nur so auf den Bäumen wachsen würden!

Dabei halten wir bereits bei Nummer 30 der Achtungsdurchfälle der an der Staatsoper für gut und erfolgversprechend befundenen Opernneuheiten, - eine Serie von verunglückten Experimenten schon sozusagen, „am laufenden Bande"!

In Deutschland gingen in der letzten Saison von 51 Opernneuheiten zwei nur zweimal, eine dreimal, aber 48 nur ein einziges mal über die Bretter!

Doch nun genug von all diesen hässlichen Bildern, wir haben uns heute hier versammelt, auf dass Du und wir mit Dir uns Deines kostbaren Lebenswerkes erfreuen mögen; wir wollen Dir sagen, dass wir Dein unermüdliches Streben und Ringen nach höchster künstlerischer Vollendung vom ganzen herzen mitfühlen, und dass wir voll und ganz *davon überzeugt sind, dass dereinst auch die kommenden Geschlechter Dir dafür Dank wissen werden, dass Du ihre Seele geadelt und ihre Herzen beglückt hast:*

Was uns aus tiefster Brust uns da entsprungen,

was sich die Lippe schüchtern vorgelallt,

Missraten jetzt und jetzt vielleicht gelungen,

Verschlingt des wilden Augenblicks Gewalt!

Oft, wenn es erst durch Jahre durchgerungen,

Erscheint es in vollendeter Gestalt!

Was glänzt, ist für den Augenblick geboren,

das echte bleibt der Nachwelt unverloren!"

Und so wollen wir uns jetzt freudigen Herzens in dem Garten Deiner Kunst ergehen, in welchem Du so viele liebliche Blumenbeete, so viele früchtereiche Bäume gepflanzt hast, und Deine Töne sollen uns mit einer eindringlichen Sprache Dein Verdienst und Deinen Ruhm verkünden, als schwache Worte dies vermögen!

Meine liebwerte hochgeschätzte Zuhörerschaft!

Lassen wir nun alle warmen Gefühle, die wir für unsere liebe Meisterin hegen, all unsere Liebe und Treue, all unsere Dankbarkeit für alles, was sie als hohe Priesterin im Tempel der Tonkunst geschaffen hat, all unsere Hoffnungen und Wünsche für ihr ferneres Glück und Wohlergehen in einem harmonischen Schlussakkorde erklingen, in dem wir mit Begeisterung in den dreimaligen Ruf einstimmen:

„Mathilde von Kralik Heil Dir!, Heil !, Heil !, Heil !

Meine liebwerte hochgeschätzte Zuhörerschaft !

Lassen wir nun alle warmen Gefühle, die wir für unsere liebe
Meisterin hegen, all unsere Liebe und Treue, all unsere Dankbarkeit für
alles, was sie als hohe Priesterin im Tempel der Tonkunst geschaffen hat,
all unsere Hoffnungen und Wünsche für ihr ferneres Glück und Wohlergehen
in einem harmonischen Schlussakkorde erklingen, indem wir mit Begeisterung
in den dreimaligen Ruf einstimmen

" Mathilde von Kralik, Heil Dir ! Heil , Heil, Heil !

Meine liebe, hochverehrte Freundin!

" Nun danket alle Gott, mit Herz und Mund
und Händen ! "

" Nun hebt die Herzen himmelan
Und himmelan die Hände
Und rufet alle Mann für Mann :
Die Knechtschaft hat ein Ende ! "

Es grüßt dich in alter treuer Freundschaft
Dein alter
Jakob Förster

Wien 26. III. 938.

Auszug aus Festrede Jakob Förster

Die oben gezeigte letzte von vier Seiten der Rede Jakob Försters vom Dezember 1937
enthält eine handschriftliche Bemerkung, die er Mathilde drei Monate später
zukommen ließ.

Meine liebe, hochverehrte Freundin!
Nun danket alle Gott, mit Herz und Mund und Händen!
Nun hebt die Herzen himmelan und himmelan die Hände
Und rufet alle Mann für Mann!
Die Knechtschaft hat ein Ende!
Es grüßt Dich in alter treuer Freundschaft
Dein alter Jakob Förster

Wien, 26. III. 1938

Warum Jakob Förster hier in persönlichen Zeilen aus dem Studentenlied „Der Gott, der Eisen wachsen ließ" von Ernst Moritz Arndt 1812 zitiert, kann nur spekuliert werden. Als Arndt die Zeilen schuf, war Napoleons Herrschaft in Europa noch nicht gebrochen. Die Befreiungskriege werden erst in der Schlacht bei Leipzig 1813 ihren Höhepunkt in Deutschland erreichen. Der blutige Text sollte die innere Mobilmachung der deutschen Studenten für einen Krieg gegen Napoleon vorantreiben. Der handschriftliche Vermerk von Jakob Förster am 26. März 1938 bekommt allerdings vor dem Hintergrund des Anschlusses Österreichs an das nationalsozialistische Deutsche Reich 14 Tage zuvor mit Wirkung vom 12. März 1938 eine politische Bedeutung. Welche „Knechtschaft" meinte Förster wohl, die nun ein Ende haben werde? Oder war es doch nur eine verbale Floskel für seine alte Freundin Mathilde?

Aus dem Programm der Festveranstaltung zu Ehren der Jubilarin kann man an der Auswahl ihrer Werke erkennen, welche Stücke zur damaligen Zeit besondere Beachtung fanden. Die Veranstaltung wurde vom Wiener Damen-Chorverein organisiert, deren Ehrenpräsidentin Mathilde war.

Mathilde als 80jährige (1937)

1. Strophe

Der Gott, der Eisen wachsen ließ,
Der wollte keine Knechte,
Drum gab er Säbel, Schwert und Spieß
Dem Mann in seine Rechte,
Drum gab er ihm den kühnen Mut,
Den Zorn der freien Rede,
Daß er bestände bis aufs Blut,
Bis in den Tod die Fehde.

2. Strophe

So wollen wir, was Gott gewollt,
Mit rechten Treuen halten,
Und nimmer im Tyrannensold
Die Menschenschädel spalten;
Doch wer für Tand und Schande ficht,
Den hauen wir zu Scherben,
Der soll im deutschen Lande nicht
Mit deutschen Männern erben.

3. Strophe

Oh Deutschland, heil'ges Vaterland!
Oh deutsche Lieb' und Treue!
Du hohes Land, du schönes Land!
Dir schwören wir aufs neue:
Dem Buben und dem Knecht die Acht!
Der fütt're Krähn und Raben.
So ziehn wir aus zur Hermannsschlacht
Und wollen Rache haben.

4. Strophe

Laßt brausen, was nur brausen kann,
In hellen lichten Flammen!
 hebt die Herzen himmelan und
Ihr Deutsche alle, Mann für Mann,
Zum heilgen Krieg zusammen,
Und Himmelan die Hände,
Und rufet alle Mann für Mann:.

5. Strophe

Laßt klingen, was nur klingen kann,
Die Trommeln und die Flöten!
Wir wollen heute Mann für Mann
Mit Blut das Eisen röten,
Mit Henkersblut, Franzosenblut
Oh süßer Tag der Rache!
Das klinget allen Deutschen gut,
Das ist die große Sache!

6. Strophe

Laßt wehen, was nur wehen kann,
Standarten wehn und Fahnen!
Wir wollen heut' uns Mann für Mann
Zum Heldentode mahnen.
Auf, fliege, stolzes Siegspanier,
Voran den kühnen Reihen!
Wir siegen oder sterben hier
Den süßen Tod der Freien..

Vortragsordnung:

Orgelvorspiel zu den Liedern „Im heiligen Geist"
Prof. Karl Walter

„Ave Maria" *Frauenchor mit Orgelbegleitung und Soli:*
Herma Heinrich (Sopran)
Valerie Laufer (Alt)

„Gesang der Genien beim Tode Goethes" (H. Zaiser)
Frauenchor mit Klavierbegleitung
Am Flügel: Elfriede Tomanetz

Rhapsodie für Klavier Prof. Grete Hinterhofer
Frauenchöre a capella:
„Das kleine Gotteshaus" (L. Grünstein)
„Morgennebel" (E. Schwab)
„Sommerabend" (E. Schwab)
„Schneeflocken" (F. Zlatnik)

Nonett C-moll, 4 Sätze:
Kolbe-Jüllig (1. Violine)
Hedy Haupt (2. Violine)
Hertha Schachermeier (Viola)
Lucie Weiß (Cello)
Poldi Demmer (Klavier)
Erich Webner (Klarinette)
Erwin Richter (1. Horn)
Fritz Kubat (2. Horn)
Siegfried Schmidt (Fagott)

Pause

„Waldquellchen" (L. Schicht)
„Über das Träumen . . ." (L. Grünstein)
Frauenchöre mit Klavierbegleitung
Am Flügel: Elfriede Tomanetz

Aus der Oper „Walter von der Vogelweide" (Rich. Kralik)
„Walters Abschied von der Welt"
Gesang: Karl Wagner
Am Flügel: Herbert Wieninger

Aus der Oper „Der heilige Gral" (Rich. Kralik)
Szene für Sopran und Tenor
Gesang: Josefine Stransky, Karl Wagner
Am Flügel: Herbert Wieninger

Wiener Damen-Chorverein

Sonntag, den 12. Dezember 1937,
um 5 Uhr nachmittags,
im Brahms-Saal
(Kleiner Musikvereinssaal)

Festkonzert

anläßlich des 80. Geburtstages der Komponistin

Matilde von Kralik
Ehrenpräsidentin des Wiener
Damen-Chorvereines

Zur Aufführung gelangen ausschließlich Werke der Jubilarin

Mitwirkende:
Prof. Grete Hinterhofer, Konzertpianistin
Josefine Stransky, Konzertsängerin
Karl Wagner, Opernsänger
Kapellmeister Herbert Wieninger (Klavier)
Kolbe-Quartett:
  Margarete Kolbe-Jüllig
  Hedy Haupt
  Hertha Schachermeier
  Lucie Weiß
Poldi Demmer, Konzertpianistin
Ein Bläserquartett
Domorganist Professor Karl Walter (Orgel)
Chorsolisten: Herma Heinrich
  Valerie Laufer

Preis 30 Groschen

Der Wiener Damen-Chorverein unter Leitung von Hans Gillesberger
Chorbegleitung Elfriede Tomanetz

Mathildes Aktivitäten in Frauenvereinen werden in einem Dankschreiben des Wiener Frauen Symphonie Orchesters anlässlich ihres 80. Geburtstages deutlich.

W. Frauenorchester

Wien, 3.12.1937

An Frau Mathilde Kralik

Componistin

Das Wiener Frauen Symphonie Orchester erlaubt sich, Ihnen in dankbarer Erinnerung für soviel genussreiche Stunden welche durch Ihre meisterhaften Compositionen uns zu teil wurden - u. in inniger Verehrung für Ihre edle Persönlichkeit - unsere innigsten Glückwünsche zu Ihrem Geburtstage entgegen zu bringen, hoffend dass Sie noch ungezählte Jahre glücklich und gesund verbringen mögen zur Freude aller Ihrer Verehrer zu denen wir alle zählen.

In größter Wertschätzung

Valerie Caboga

In Eigenem Namen und des Frauen Symphonie Orchesters

Die weiteren Briefe und Dokumente in Zusammenhang mit ihrem 80. Geburtstag geben einen Eindruck zur gesellschaftlichen Stellung Mathildes im Wien von 1937. Hervorzuheben ist das Glückwunschschreiben von Marie Hoheisel, Vorsitzende vom *Bund österreichischer Frauenvereine*, dem weitere Bundeskommissionen angeschlossen waren wie die Antialkoholkommission, die Kommission für Volksernährung und Hauswirtschaft, die Kommission für Volksernährung und Hauswirtschaft, die Friedenskommission, die Fürsorgekommission, die Pressekommission, der Unterausschuss der Pressekommission für Literatur, der Unterausschuss der Pressekommission für Kunst, die Rechtskommission, die Sozialwissenschaftliche Kommission, die Unterrichtskommission und die Kommission für Volksgesundung. Die 24 weiblichen Vorstandsmitglieder trugen zum großen Teil akademische Grade und aus heutiger Sicht eindrucksvolle Titel, in denen allerdings noch die maskulinen

Schreibweisen enthalten sind wie Primararzt Dr. Gisa Kaminer, Regierungsrat Prof. Rosina Kaplan, Amtssekretär Rosa Schaufler und Hofrat Hertha Sprung.

Bund österreichischer Frauenvereine

GRÜNDERIN: MARIANNE HAINISCH

Dez. 37

— Wien, IX., Sensengasse 5
Telephon Nr. A-27-7-57
Sprechstunden von 3 bis 5 Uhr

Vorstand:
Vorsitzende: Marie Hoheisel. Vorsitzende-Stellvertreterinnen: Ernestine Fürth, Gisela Urban. Vorstandsmitglieder: Dr. Lore Antoine-Trappen, Hilde Bartsch, Henriette Hainisch, Eugenie Hoffmann, Dr. Marianne Hönig Hertha Jäger, Primararzt Dr. Gisa Kaminer, Regierungsrat Prof. Rosina Kaplan, Illy Kjaer, Prof. Dr. Grete Laube, Dr. Berta List-Ganser, Irene Myrbach, Prof. Annetta Pfaff, Amtssekretär Rosa Schaufler, Hofrat Hertha Sprung, Antonie Steinach, Dr. Therese Zeitlinger, Käthe Horzeyschy (Linz), Prof. Marie Simmerle (Salzburg).

Bundeskommissionen:
Antialkoholkommission,
Kommission für Volksernährung und Hauswirtschaft,
Friedenskommission,
Fürsorgekommission,
Pressekommission,
Unterausschuß der Pressekommission für Literatur,
Unterausschuß der Pressekommission für Kunst,
Rechtskommission,
Sozialwissenschaftliche Kommission,
Unterrichtskommission,
Kommission für Volksgesundung.

Brief Bund Österreichischer Frauen

**Gesellschaft der Musikfreunde
in Wien**

☙

Postsparkassakonto-Nummer A 81.393

☙

Telephone:

Kanzleidirektion / Präsidium
U 40·4·58

Gebäudeinspektion U 46·3·45

Generalsekretariat U 46·0·78

Konzertkassa (Tageskassa) / Buchhaltung
U 47·0·89

Archiv- und Bibliotheksdirektion / Sammlungen
U 40·8·52

Wien, am 7. Dezember 1937

Musikvereinsgebäude
1., Bösendorferstraße Nr. 12

Hochwohlgeboren
Frau
Mathilde von K r a l i k
W i e n , 19.,
Weimarerstrasse 89.

Hochverehrte gnädige Frau !

    Sie begehen diese Tage Ihren 80. Geburtstag, welchen die Gesellschaft der Musikfreunde nicht vorübergehen lasen kann, ohne sich dem Kreis der Vielen anzuschliessen, welche Ihnen ihre Segenswünsche entbieten.

    Ein so reiches, den idealsten künstlerischen und literarischen Zielen geweihtes Leben wie das Ihre, schliesst an sich so viele Werte ein, dass jeder, der Einblick in dieses Ihr Wirken genommen hat, von Rührung und aufrichtiger Hochachtung erfüllt sein muss.

    Möge ein gütiges Geschick Sie, hochverehrte gnädige Frau, auch weiterhin behüten und Ihnen noch viel Freude bescheren.

       In grösster Verehrung

DIE DIREKTION DER GESELLSCHAFT DER MUSIKFREUNDE IN WIEN

Generalsekretär.   Vizepräsident.

Brief der Gesellschaft der Musikfreunde Wien

ÖSTERREICHISCHER KOMPONISTENBUND

WIEN, III. BAUMANNSTRASSE 8

TELEPHON U 14-5-40

WIEN, am 23. Februar 1938

Hochverehrte gnädige Frau!

Verspätet aber nicht minder herzlich spricht Ihnen der Vorstand des Österreichischen Komponistenbundes seine allerherzlichsten Glückwünsche anlässlich Ihres 80.Geburtstages aus. Wir bewundern Ihre stete frohe Arbeitskraft und freuen uns darüber, dass Sie unermüdlich und beispielgebend Werk auf Werk schaffen.

Mit den herzlichsten kollegialen Grüssen und dem Ausdruck unserer aufrichtigsten Verehrung und vorzüglichsten

Hochachtung

für den Vorstand des
Österreichischen Komponistenbundes

Präsident.   Schriftführer.

Hochwohlgeboren
Frau
Mathilde Kralik-Meyrswalden
W i e n XIX.,
Weimarerstrasse 89

Brief Österreichischer Komponistenbund

185

SÄNGERBUND DER BLINDEN, WIEN

Postsparkassen-Konto Nr. 190.561

Geschäftsstelle: WIEN III, RADENGASSE 6/6/6

Wien, 4.Dezember 1937.

Frau

Mathilde   Kralik,

Wien,XIX.,Weimarerstr. 89.

Sehr geehrte gnädige Frau !

Gestatten Sie uns noch im Nachhinein im Namen unseres Chorleiters,Herrn Niedermann,als auch unserer Chormitglieder,die herzlichsten Glückwünsche zum 80.Geburtstage zu übermitteln.
Mit den besten Wünschen auch für die Zukunft,zeichnen mit dem Ausdrucke der vorzüglichsten

Hochachtung
für   den

Friedrich Gebhardt

Obmann.

Schriftführer.

Brief Sängerbund der Blinden Wien

Albert Gutmann

Mathilde war mit Albert Gutmann (1852 – 1915), einem österreichischen, jüdischen Verleger und Musikalienhändler in Wien befreundet und ließ sämtliche ihrer Werke bei ihm in Druck geben. Er eröffnete am 17.3.1873 in Wien die „k.k. Hof-Musikalienhandlung" in der Hofoper.

Albert Gutmann war Mitglied wichtiger Vereine wie dem *Wiener Tonkünstler-Verein* und dem *Wiener Akademischen Wagner-Verein*. Weiterhin hatte er sich die Aufgabe gestellt, dafür zu sorgen, dass die Verbreitung des Konzertwesens nicht nur der gesellschaftlichen Oberschicht vorbehalten bliebe. So wurde er ein Förderer von Jugendkonzerten. Studenten und anderen minder bemittelten Jugendlichen sollte ermöglicht werden, Musik zu hören. Anlässlich seines 25-jährigen Firmenjubiläums im Jahr 1898 veranstaltete er sein 200. Benefizkonzert! Die vielfältigen Tätigkeiten Albert Gutmanns

sind in ihrer Bedeutung für das Musikleben Wiens noch kaum gewürdigt worden. Als Musikalienhändler, Verleger, engagierter und risikofreudiger Organisator von Konzerten, war er auch Entdecker und Förderer maßgebender Interpreten.

Hervorragend ist sein Engagement im Zusammenhang mit der Meininger Hofkapelle des Herzogs von Sachsen-Weimar unter Leitung des Hans v. Bülow 1884. Den Wiener Philharmonikern erwuchs damit eine gefährliche Konkurrenz. Das erste Gastkonzert dieser Art war zuerst eher ungewohnt, die Besucherzahl überschaubar. Für Gutmann bedeutete die Organisation solcher Konzerte ein hohes Risiko. Diese Risikobereitschaft zeigte sich auch bei einem „Richard Strauss-Konzert" im Jahr 1901. Strauss war zu dieser Zeit in Wien weit eher als Dirigent, statt als Komponist bekannt, von seinen Symphonischen Dichtungen kannte man bis dahin lediglich „Till Eulenspiegel" und „Tod und Verklärung".

Folgenreicher aber war die schon erwähnte Einrichtung einer Konzertagentur. Gutmann wollte nun unbedingt das jüngst komponierte „Heldenleben" in Wien zur Aufführung bringen. Gustav Mahler hatte eine Aufführung erwogen, schließlich aber doch Abstand davon genommen. Die von der Partitur geforderten 120 Musiker wollte Gutmann durch Engagement des kurz zuvor gegründeten Konzertvereins-Orchesters, bestehend aus 70 Musikern und ergänzt durch Mitglieder des Hofopernorchesters, zusammenbringen. Einige Mitglieder des Hofopernorchesters weigerten sich allerdings, im Rahmen eines anderen Orchesters mitzuspielen. Daraufhin trat Gutmann erfolgreich an das Münchner „Kaim-Orchester" heran, ergänzt durch Mitglieder des Münchner Hofopernorchesters. Richard Strauss konnte somit alle Proben in München abhalten. Die am 23.1.1901 erfolgte Wiener Erstaufführung des „Heldenleben" wurde zwar gefeiert, aber leider nur von einer kleinen Gruppe Konzertbesuchern und Albert Gutmann musste 5.000 Kronen zuschießen.

Besseren finanziellen Erfolg hatte das für den 17.4.1901 organisierte Gastspiel der Berliner Philharmoniker, wobei das Publikum aus drei von Gutmann vorgeschlagenen Sinfonien, Beethoven c-moll, Brahms c-moll oder Tschaikowski h-moll auswählen konnte. Zu diesem Zweck konnte das Publikum vor der Aufführung in seiner Musikalienhandlung Stimmzettel abgeben, die Wahl fiel auf Peter Tschaikowski.

Im Jahr 1886 rief Gutmann eine Serie unter dem Titel „Liederabende berühmter Operngrößen" ins Leben, die sofort auf große Publikumsresonanz stieß. Liederabende waren im öffentlichen Musikleben bis zu dieser Zeit eher eine Ausnahme oder zumindest keine regelmäßige Einrichtung. Zugkräftig waren beispielsweise Liederabende von Rosa Papier, Marie Wilt oder Theodor Reichmann.

Eine Belebung des Wiener Konzertlebens strebte Gutmann auch auf der Ebene der Orchesterkonzerte an, wobei er vor allem eine „Verbreiterung" des Publikums vor Augen hatte. Als Hemmschuh sah Gutmann (wie viele andere, etwa auch Robert Hirschfeld) diesbezüglich das Fehlen weiterer Berufsorchester neben den Philharmonikern, auch der *Orchesterverein der Gesellschaft der Musikfreunde* war ein

Dilettanten-Verein. 1890 richtete Gutmann daher an die *Gesellschaft der Musikfreunde* den Aufruf, „Volkskonzerte ins Leben zu rufen", bzw. dafür ein Berufsorchester zu gründen. In Wien seien (im Unterschied etwa zu Berlin, wo es bereits eine erfolgreiche Reihe „populärer Konzerte" gab) nur 2000 Abonnenten der „Philharmonischen Konzerte" registriert. Wenig bemittelte Musikinteressierte, Schüler, Studenten, einfache Berufszweige wären von hochwertigen sinfonischen Konzerten praktisch ausgeschlossen.

Gutmann analysierte die Konzertprogramme und damit auch die negativen Aspekte für die zeitgenössischen Komponisten. Erwies sich ein neues Werk nicht schon bei der ersten Aufführung als entsprechender Erfolg, wanderte es in die Archive. Wie ist es auch anders möglich, wenn im Jahr nur acht Symphoniekonzerte stattfinden? Und wie ist andererseits dem Publikum das Verständnis eines neuen komplizierten symphonischen Werkes bei einmaligem Hören zuzumuten? Trotz positiver Reaktion auf Gutmanns Aufruf seitens der *Gesellschaft der Musikfreunde*, scheiterte die Verwirklichung.

Einen weiteren Anlauf zur Installation eines zweiten Berufsorchesters unternahm Gutmann als Mitglied der Ausstellungskommissionanlässlich der „Internationalen Ausstellung für Musik- und Theaterwesen" im Jahr 1892. Für die im Rahmen der Ausstellung geplanten „Populären Sinfoniekonzerte" hatte man ein bunt zusammengewürfeltes Orchester aufgestellt, das sich unter der Leitung von Hermann Grädener im Laufe der viermonatigen Tätigkeit musikalisch stark entwickelt hatte. Etwa 30 Konzerte wurden gegeben.

Gutmann hatte nicht nur die Notwendigkeit eines eigenen Ausstellungorchesters betont, er plädierte auch vehement für die Fortdauer desselben, allerdings wiederum erfolglos, trotz Zustimmung des damaligen Bürgermeisters von Wien, Johann Prix. Gutmann sah die Gründe in erster Linie in der Zusammensetzung des Orchesters, viele Mitglieder kamen aus entlegenen Gebieten der Monarchie.

Gutmanns damals schon umstrittene Idee, Speis und Trank während der Populären Sinfoniekonzerte zu reichen, wurde umgesetzt. Der Geschäftsmann Gutmann wollte das Publikum nicht nur mit Musik locken. Dem Publikum gefiel die Idee, bei „Bier und Braten" Musik zu hören. Das Benehmen des Publikums war bemerkenswert. Bei der Aufführung von Bruckners d-moll-Sinfonie, die dem Zuhörer viel Geduld abfordert, soll das Publikum sogar Speis und Trank vergessen haben, um keinen Ton zu verpassen.

Bedeutsam war das Wirken Gutmanns auf der Ebene der Kammerkonzerte und Liederabende. Einige der von ihm organisierten Konzerte sind als Programmblätter heute erhalten. (siehe unten) Neben Felix und Fritz Mottl, Karl Pinschof und Karl Wolf, war Gutmann Gründungsmitglied des *Wiener Akademischen Wagnervereins*. Ging es zunächst um das „Vertiefen in die Wagnerschen Musikdramen [...] im Verborgenen" waren es die bald hinzugestoßenen Mitglieder Karl Oehn und Nikolaus Oesterlein, die stärker in die Öffentlichkeit treten wollten und heftig neue Mitglieder warben. In dieser frühen Phase war der Wiener Wagnerverein, dessen Mitglieder unter anderen Siegfried Lipiner, Hugo Wolf und Gustav Mahler, sowie Mathildes Bruder Richard von Kralik waren, durchaus noch ein Forum der geistigen Auseinandersetzung mit neuen Ideen. Allerdings beschränkte Gutmann die Existenz des Vereins als musikalische Kulturstätte Wiens auf die ersten zehn Jahre seit der Gründung.

Gutmanns Offenheit für verschiedenste künstlerische Strömungen, verbunden mit seiner Tatkraft, lassen ihn auch als Förderer verschiedenster Künstlerpersönlichkeiten erkennen. Am bemerkenswertesten auf interpretatorischer Ebene ist möglicherweise die Entdeckung des polnischen Violinvirtuosen Bronislaw Hubermann (1882-1947):

Mit einer Art dankbarer Rührung mag aber einer der gefeiertsten, jetzt bekannten Violinvirtuosen - Bronislaw Hubermann - jenes sensationellen Konzertes der Patti am 22.1.1895 im großen Musikvereinssaal gedenken, da es ihm an diesem Abend als 10- (oder 12-jährigen) Knaben gelang, durch den Vortrag des Mendelssohnschen Violinkonzertes die Leistungen der illustren Konzertgeberin selbst völlig zu verdunkeln. Sein damaliger Impessario, Hofmusikverleger A. J. Gutmann, benützte den Riesenerfolg seines Schützlings, ihn sofort als eigenen Konzertgeber in die Musikwelt einzuführen.

Die Folge waren neun kurzfristig angesetzte Konzerte im Bösendorfersaal und im großen Musikvereinssaal, die alle ausverkauft waren.

Aus seinem Engagement für zeitgenössische Komponisten seien zwei Namen hervorgehoben: Anton Rubinstein und Anton Bruckner. Nach dem Misserfolg einiger Opern Rubinsteins an der Hofoper bedurfte es sicherlich eines besonderen Kraftaktes, die Aufführung von „Nero" 1884 durchzusetzen.

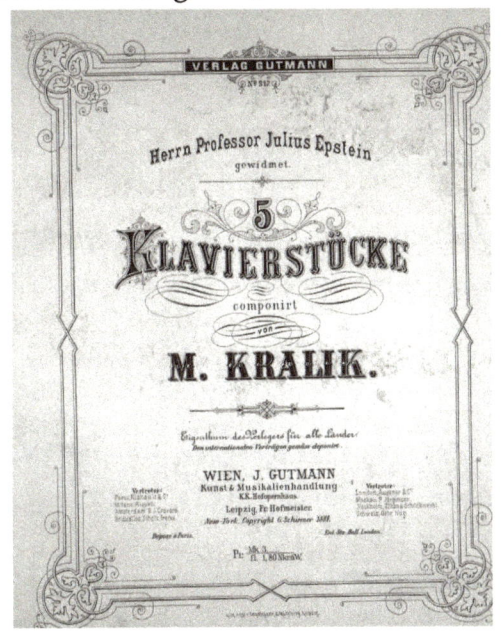

„Nero" war immerhin solange erfolgreich, wie Rubinstein selbst dirigierte. Von Bruckner hatte „Hofmusikverleger" A. Gutmann bereits einige Werke herausgegeben, darunter die Partitur und der vierhändiger Klavierauszug der 7. Sinfonie in E-Dur. Gutmann trat den zahlreichen Kritikern Bruckners in der „Neuen freien Presse" vom 1. April 1886 entgegen. Mit der Veröffentlichung von neun „Kernsprüchen" aus zum Teil ausländischen Kritiken von voran-gegangenen Aufführungen in Leipzig, München, Karlsruhe, Köln, Hamburg und Graz, wie auch von der Wiener Aufführung mit den Philharmonikern unter H. Richter, (15 insgesamt, 7 davon positiv) wollte Gutmann die überwiegend negativen Urteile der Wiener Presse relativieren:

„Neue Freie Presse" vom 1. April 1886.
Verlag der kais. kön. Hof-Musikalien-Handlung
Albert J. Gutmann in Wien
Siebente Sinfonie (E-dur) von Anton Bruckner.

Dieses Werk wurde mit außerordentlichem Erfolg aufgeführt, nämlich in Leipzig (Capellmeister Nikisch), München (Hof-Capellmeister Levi), Karlsruhe (beim Musikfeste des Deutschen Tonkünstler-Vereins, Dirigent Hof-Capellmeister Felix Mottl), Köln (Capellmeister Dr. Wüllner), Hamburg (Capellmeister Bernuth), Graz

(Capellmeister Muck) und Wien durch die „Philharmoniker" unter der Leitung von Hof-Capellmeister Hanns Richter.

Kernsprüche aus kritischen Referaten.

Das Werk fordert die höchste Bewunderung heraus.
   „Leipziger Nachrichten" vom 1. Januar 1885. Bernhard Vogel.

Bruckner ist ein Genie, das sich an Beethoven herangebildet hat und in der That Züge zeigt, die Beethoven's würdig wären. Referat über das Karlsruher Musikfest des deutschen Musikvereins.
   „Frankfurter Zeitung" vom 1. Juni 1885.

Das ist endlich einmal ein Tondichter, welcher nicht mit sorgsamer Klügelei kleine und nichtige Themen zu etwas Grossem zu erheben sich abmüht, sondern der schon ursprünglich wahrhaft gross empfindet.
   „Münchner Neueste Nachrichten" vom 12. März 1885.

Die ersten drei Sätze sind hochbedeutend, die Themata des Adagio von ergreifender Schönheit, der Aufbau imposant. Durch das Ganze geht ein grosser Zug.
   Berliner „Tageblatt" vom 13. März 1885. Dr. Paul Marsop.
   (Bericht über die Münchener Aufführung, mitgeteilt durch H. Ehrlich.)

Wie wohl thut es, einmal wieder einem im besten Sinne naiven Tondichter zu begegnen, der nicht grübelt, sondern aus innerstem Bedürfnisse schafft.
   „Deutsche Zeitung" vom 25. März 1886. Dr. Theodor Helm.

Die neueste Symphonie ist von einer Macht der Empfindung, wie sie nur den grössten unserer deutschen Tondichter nachgerühmt werden kann.
   „Neues Wiener Tagblatt" vom 30. März 1886. W. Frey.

So steht die 7. Brucknersche Symphonie als ein unvergängliches Tonbauwerk vor uns. Die Zeit ist ganz nahe, in welcher die symphonischen Werke Bruckners die Programme aller Concerte erfüllen und in das Herz aller Musikmenschen eindringen werden. Vorurtheil und Indolenz können quälen, aber niemals hindern.
    „Wr. Abendpost" vom 27. März 1886.
    Dr. Hans Paumgartner.

Ich bekenne unumwunden, dass ich über Bruckner's Symphonie kaum ganz gerecht urtheilen könnte, so antipathisch berührt mich diese Musik, so unnatürlich aufgeblasen, krankhaft und verderblich erscheint sie mir.
    „Neue Freie Presse" vom 30. März 1886.
    Dr. Eduard Hanslick.

Bruckner componirt wie ein Betrunkener.
    „Wr. Allgemeine Zeitung".
    Gustav Doempke.

Gutmann gehörte zu den letzten ständigen Gesprächspartnern von J. Brahms. Bei einem der häufigen „Morgenbesuche" beim bereits schwerkranken Brahms am 2.3.1897 (Brahms starb am 3.4.) wollte Gutmann Brahms, der an diesem Tag sich erstmals ihm gegenüber über seine Krankheit, deren „Sitz er nicht kenne", äußerte, zu einem Kuraufenthalt am Como See in die Villa des Herzogs von Meiningen, den auch Gutmann gut kannte, überreden. Brahms war offenbar einverstanden, es kam allerdings nicht mehr dazu. Bereits am 7.10.1884 hatte Brahms in einem Brief an Hans von Bülow aus Mürzzuschlag die Person Gutmanns kurz skizziert:

Gutmann war hier - ganz enorm und freudigst aufgeregt, als ob deine Konzerte Parzifalvorstellungen wären. Seine Wünsche schillern in allen Farben ...

Dieser kurzen Würdigung soll eine ausführlichere, wertschätzende Kundgebung hinzugefügt werden, die Robert Hirschfeld in der „Wiener Abendpost" vom 12.3.1898 anlässlich des 25-jährigen Bestehens der „Firma k.u.k. Hof-Musikalienhandlung und Konzertbüro Albert Gutmann" verfasste.

Von dem Gesellschaftskonzerte komme ich zu dem Konzerte, welches Albert Gutmann der Wiener Gesellschaft gegeben hat, um den fünfundzwanzigjährigen Bestand seines Geschäftes würdig zu feiern. Das Bruttoertragnis, welches die Summe von 10.000 Kronen überstieg, wurde von dem Veranstalter den Armen Wiens und der freiwilligen Rettungsgesellschaft gewidmet. Die hervorragendsten Künstler und Quartett-Gesellschaften waren aus allen Weltgegenden, zum Teile nur für den einzigen Tag, herbeigeeilt und halfen humanen Sinnes Herrn Gutmann, ihrem Freunde, Berater, Entdecker, Führer zu dem schönen Zwecke. Das nun so berühmte „Böhmische Streichquartett", welches Gutmann für Wien entdeckt hatte, das Quartett Hellmesberger, welches viele Jahre ruhmvoll unter Gutmanns Flagge strich, die Landi, Konzertmeister Prill, Herr Von-Zur-Mühlen, Gura junior, Ferrucio Busoni, eine erlesene Künstlerschar war zu einem sehr anregenden Programme, welches die Quartettvereine der „Böhmen" und der Hellmesberger im Mendelsohnschen Oktett verbunden zeigte, vereinigt worden. Mit all den Künstlern hat die Kritik sich wiederholt beschäftigt; sie haben diesmal lediglich Anspruch auf den herzlichsten, wärmsten Dank. Was sie ihrem Freunde Gutmann selbstlos, in uneigennütziger Weise gern und freudig taten, kam der Wiener Bevölkerung zugute. Die Wiener aber ehrten die Künstler und bewiesen Herrn Gutmann, der ihnen durch Jahre die höchsten musikalischen Genüsse vermittelt, Dank und Sympathie, indem sie den großen Musikvereinssaal bei hohen Preisen - er war in wenigen Tagen ausverkauft - bis aufs letzte Plätzchen füllten. Das gab die schönste Harmonie aller Beteiligten und einen ungewöhnlichen Erfolg zugunsten der Beteilten. Gutmanns Wirksamkeit hat die öffentliche Musikpflege in Wien stets belebt, rege erhalten, ja in Erregung gebracht.

Der Abgeschlossenheit des Wiener Kunsttreibens hat er durch Berufung der besten auswärtigen Orchester und Dirigenten (Meininger mit Hans von Bülow, Berliner Philharmoniker mit Mottl, Nikisch, Weingartner, Richard Strauß), durch Einführung des Quartettes Joachim, des „Böhmischen Streichquartetts" etc. tatkräftig entgegengewirkt. Seiner Initiative sind die großartigen Wohltätigkeitskonzerte, welche Rubinstein, Joachim, Grieg, die Barbi wiederholt nach Wien führten, zu danken. Oft genug, wenn es jüngere Kräfte in der Öffentlichkeit zu fördern oder hohen künstlerischen Ehrgeiz zu befriedigen galt, hat Gutmann das Geschäftsinteresse, welches ja die materielle Grundlage jedes Unternehmens ist, hintangesetzt. Um eine ihm liebgewordene Idee auszuführen, einen Künstler oder eine Künstlervereinigung hier „durchzusetzen", hat Gutmann wiederholt namhafte Opfer gebracht. Es ist schön, wenn in einem Geschäftsmanne ideale Regungen Oberhand gewinnen. In der Technik des Konzertwesens ist Gutmann Meister. Der Musikkritiker, welcher ja täglich im Banne der unermüdlichen Tatkraft Gutmanns steht, darf bei dem gründlichen Einblicke mit gutem Gewissen feststellen, daß Gutmanns Konzertbüro der Kunst nicht minder wie den Künstlern genützt hat, daß der Geschäftsmann die Kunst in vielen Fällen mehr zu fördern strebte, als Persönlichkeiten und Vereinigungen, welche einzig dazu berufen wären, die Ideale der Kunst zu pflegen. Zum speziellen Nachweise dieser Behauptung bin ich jederzeit bereit; es kämen aber in das goldene Buch der Wiener Konzertgeschichte Schatten, die ich nicht gern heraufbeschwöre.

Dr. Robert Hirschfeld

Ab dem September 1908 hatte sich Gutmann in Paris niedergelassen (seine Konzertagentur hatte zu diesem Zeitpunkt auch Büros in London und Berlin), um „die deutsche Kunst in der Seinestadt zu Ehren zu bringen"; die ersten engagierten Künstler waren S. Kurz, B. Hubermann, A. Grünfeld und Siegfried Wagner. In seinen Künstlererinnerungen gibt Gutmann diesbezüglich interessante Einblicke in das Pariser Musikleben, auf die ich an dieser Stelle nur verweise (S. 140-145).

Am 7.3.1915 starb Gutmann in Wien. Als Universalerbin eines beträchtlichen Vermögens hatte er seine Frau eingesetzt, die Geschäfte des Konzertbüros hatte schon seit einiger Zeit Hugo Knepler mitgeführt (auf den Programmen ist Knepler seit 1912 angegeben). Im Jahr 1920 kam der von seiner Frau 1916 in eine GesmbH umgewandelte Verlag an die Universal Edition AG (15%), bzw. an 15 weitere Privatpersonen. Am 3.12.1937 wurde der Verlag Gutmann aus dem Handelsregister gelöscht. Es existiert allerdings aus dem Jahre 1946 ein Dokument, in dem einem Herrn B. H. Gutmann die Vertriebsrechte für Palästina und Ägypten zugesprochen werden.

Die Geschwister Richard und Mathilde

Die schon in den vorangegangenen Abschnitten erwähnte künstlerische Zusammenarbeit zwischen Richard und seiner Schwester Mathilde soll hier näher beschrieben werden. Richard als der ältere Bruder, hatte seiner Schwester schon frühzeitig geraten, die musikalische Laufbahn einzuschlagen, nachdem er ihre Fortschritte in der gemeinsamen Hausmusik beobachten konnte.

Richard selbst wurde noch im böhmischen Eleonorenhain geboren, während seine Schwester Mathilde bereits in Linz das Licht der Welt erblickte. Seine Kindheit und Jugend verbrachte Richard hauptsächlich in Linz, wo er auch die Schule besuchte. Nach der Matura im Jahre 1870 ging er nach Wien und begann ein Jurastudium. Seine Promotion in diesem Fach erfolgte 1876. Daneben besuchte er Vorlesungen und Seminare über Kunstgeschichte, Archäologie, Ägyptologie, Geschichte, Philosophie und National-ökonomie. Nach seiner Promotion folgte ein dreisemestriger Studienaufenthalt in Bonn und Berlin. Dabei lernte Richard eine Reihe von bedeutenden Gelehrten kennen, nämlich Jakob Bernays, Mommsen, Lepsius, Treitschke und Hermann Grimm. Eine längere Reise nach Italien schloss sich an.

Nach Wien zurückgekehrt, trat Richard im Jahre 1878 in den Kreis des Philosophen und Dichters Siegfried Lipiner ein, dem damals auch der Komponist und Dirigent Gustav Mahler angehörte. Hier schließt sich auch der Kreis zu seiner Schwester Mathilde, die mit Gustav Mahler die gleiche Kompositionsklasse in Wien besuchte. Es ist vermutlich dem Einfluss Lipiners zuzuschreiben, dass Richard auf eine Universitätslaufbahn, wie sie sein Lehrer Rudolf von Jhering vorschlug, verzichtete und sich stattdessen als freier Schriftsteller und Privatgelehrter betätigte. Diesen Schritt konnte er ohne Risiko wagen, da sein Vater ein wohlhabender Glasfabrikant war. Die finanziellen Mittel gestatteten ihm auch, große Reisen zu unternehmen, z.B. nach Italien und Griechenland. Im Jahre 1880 erlebte er eine Aufführung der Passionsspiele in Oberammergau und 1884, ein Jahr nach Wagners Tod, pilgerte er zum ersten Mal nach Bayreuth.

Seit Anfang der achtziger Jahre verbreitete sich in Österreich aus Sicht der Obrigkeit wieder die Gefahr einer Revolution. Zuerst in den achtziger Jahren des 19. Jahrhunderts stand Richard Kralik mit der Berliner literarischen Revolution in Verbindung. Bald aber löste er sich von ihr, da er sich in sein eigenes Kulturprogramm vertiefte. Er trat in Verbindung mit der Leogesellschaft und regte die großen Festspiele an, die seit 1893 in den größten Hallen und auf den weitesten Plätzen Wiens mit großem Erfolge aufgeführt wurden. Er trug tatkräftig zur Gründung des *Verbandes katholischer Schriftsteller Österreichs* bei, von dem sich dann der *Gralbund* abzweigte.

Gleichsam als Gegenbewegung zu den „sozialistischen Gefahren", entstanden Gruppen, die sich auf Christentum und Nationalbewusstsein als die beiden tragenden Pfeiler einer spezifisch österreichischen Identität stützten. Im Zuge dieser Gesinnung entwickelte Richard seine Theorie einer Erneuerung der europäischen Kultur auf der Grundlage der christlichen Vergangenheit. Diesen religiösen Grundzug verband er mit Elementen der germanisch-nationalen Tradition. In einer großartigen Zusammenschau wollte er so die wertvollen Impulse aus Antike, Germanentum und Christentum miteinander verbinden.

Um diese Ideen einem größeren Publikum verständlich zu machen, schrieb Richard Erzählungen, die an die antike Sagenliteratur anknüpften, sowie zahlreiche Theaterstücke, die sich an der Tradition der mittelalterlichen Mysterienspiele und des jesuitischen Schuldramas orientierten. Er griff dabei auch auf Formen der im alpenländischen Raum noch beheimateten Weihnachts- und Osterspiele und des Puppen- und Kasperltheaters zurück. Charakteristisch für ihn war dabei die Verbindung von Text und Musik, die er häufig in Anlehnung an bekannte Vorbilder selbst verfasste oder die Kompositionsarbeit seiner Schwester Mathilde übertrug. So ist zum Beispiel seine Interpretation der Weltgeschichte („Die Weltgeschichte nach Menschenaltern") zu verstehen. Richard hatte einen Hang zur Dreigliedrigkeit historischer Perioden, der auf dem Einfluss von Ottokar Lorenz, einem bedeutenden

Historiker des 19. Jahrhunderts in Österreich, beruhte, aber auch seine Herkunft von Hegels dialektischer Methode nicht verleugnen konnte, wenn es darum ging, den nach oben strebenden Fortgang der Geschichte zu charakterisieren.

Im Jahre 1905 entstand der *Gral*, eine Vereinigung Gleichgesinnter aus dem Freundeskreis Richards, und eine gleichnamige Zeitschrift erschien ab 1906. Dieser Bund verstand sich als eine Art konservative Gegenbewegung zu der von Carl Muth 1903 gegründeten Zeitschrift „Hochland". Zwischen beiden Publikationsorganen wurde von 1907 bis 1910 der „Katholische Literaturstreit" geführt. Seit 1920 veranstaltete Richard in seinem Haus in Wien die so genannten „Dienstagsvorträge", die bis zum Jahre 1933 ca. 700 Mal stattfanden. Dabei erwies er sich als der Wortführer des katholischen Österreich. Richard entwickelte einen kühnen Plan. Er wollte Gegenwart und Zukunft zu einer aus der Religion und dem Volkstum sprießenden Kulturblüte erheben, die der Antike gleichwertig wäre. Der Verwirklichung dieses romantisch katholischen Kulturprogramms widmete er sein Leben und Werk.

Als Lyriker, Dramatiker und Erzähler war Richard Kralik ein Vertreter der neuromantischen Dichtung. Ein Weggefährte Richards war der Fuldaer Jurist und Literat Adam Trabert, den es nach den deutschen Einigungskriegen nach Wien verschlagen hatte und der dort bis zu seinem Tod blieb. Wie aus der erstellten Gründungsurkunde mit Bild hervorgeht, waren folgende Herren Mitbegründer des Gralbundes:

Franz Eichert: *geb. am 11.02.1851
in Schneeberg/ Böhmen
† 06.07.1926
in Breitenfurt b. Wien
Lyriker

Adam Trabert: * 1822 in Fulda
† 1914 in Wien
Lyriker und Dramatiker, Sekretär der
Österreichischen Staatsbahnen

Eduard Hlatky:
* 21.02.1834 in Brünn
† 21.02.1913 in Wien
Dichter, Eisenbahn-
oberingenieur in Ungarn

Richard v. Kralik:
* 01.10.1852 in
Eleonorenhain/ Böhmen
† 05.02.1934 in Wien
Lyriker, Dramatiker,
Kulturphilosoph

Karl Domanig:
03.04.1851 in
Sterzing / Tirol
† 09.12.1913 in Hocheppau
b. Bozen
Direktor der kaiserlichen
Münz- und Medaillensamm-
lung

Die im Bild dargestellten Utensilien wie „Leyer und Schwert", sowie „Für Kunst und Kreuz" geben eindrucksvoll wieder, worum es dem Gralbund ging. Die Leyer gilt als Symbol der Musik, der schönen Muse, das Schwert symbolisiert den Kampf für die Kunst und das Kreuz stellt den Erhalt christlicher Werte dar. Der Gralbund stand auf der Seite der Antimodernismusbewegung des Papstes. Der Begriff „Modernismus", ursprünglich ein theologisch-philosophischer Begriff, wurde nun für Richard Kralik und die Gralbünder zum Leitbegriff ihres kulturpolitischen Kampfes.

Interessant ist dabei zu erwähnen, dass Richard Kralik seit 1898 zu diesem Thema im Briefwechsel mit dem Schöpfer von Winnetou und Old Shatterhand stand. Karl May fand sich zu der idealistisch-romantischen Kunstdefinition von Richard Kralik hingezogen. Das Mystische in seinen Spätwerken ähnelt den Ideen der Gralbünder. Richard Kralik wiederum hatte eine Vorliebe für Karl Mays Reiseerzählungen.

Für sein Privatleben fand Richard Kralik in Maia Pauline Sophie von Flattich (*25. Oktober 1858 in Stuttgart, † 25. Mai 1943 in Wien) eine kunstfreudige Lebensgefährtin und er heiratete sie am 15. Oktober 1882 in Wien. Seiner Frau Maia widmete er viele Gedichte, die später von Mathilde vertont und in einem Liederbuch bei Gutmann veröffentlicht wurden.

Maias Mutter Luise, geb. Tafel, war mit der Fam. Bonhoeffer verwandt. Luises Schwester, Julie Tafel, war die Großmutter des von den Nazis ermordeten Dietrich Bonhoeffer (1906 - 1945). Von Julie ist bekannt, dass sie auf ihren Enkel Dietrich großen Einfluß hatte. Sie hatte sich früh für Frauenfragen interessiert und war politisch hell wach. Als es am 1. April 1933 zum Boykott jüdischer Geschäfte kam, fuhr die 91jährige zum "Kaufhaus des Westens" und ging durch die Kette der SA-Leute, um gegen dieses Unrecht zu demonstrieren. Die Familie Bonheoffer war oft zu Gast bei Richard Kralik in Wien.

Sein aus Stuttgart stammender Schwieger-vater Wilhelm Gustav Heinrich Flattich (ab 1878 Ritter von Flattich) soll auch erwähnt werden, denn er war ein bekannter Architekt, Baudirektor der österreichischen Südbahn-gesellschaft und Erbauer des alten

Wiener Südbahnhofs. Ab 1871 war er außerdem Direktor der Hochbausektion einer der damals größten Bahnlinien Europas. Er plante und leitete in diesen Jahren zahlreiche Bahnhofsneu- und -umbauten, aber auch andere damit im Zusammenhang stehende Bauvorhaben. Mit seinen 1870 errichteten Wohnhäusern für die Bediensteten der Südbahn in Wien-Meidling zählt er zu den Pionieren des Arbeiterwohnbaus.

Zwischen 1869 und 1873 errichtete er den Wiener Südbahnhof, der im 2. Weltkrieg beschädigt und nach dem Krieg durch einen Neubau ersetzt wurde. Als weit über die Grenzen hinaus bekannter Fachmann wurde er bei Bahnhofsneubauten, wie etwa in Stuttgart und Basel, und bei anderen Hochbauten in verschiedenen Ländern als Planer und Berater herangezogen. 1875 nahm er die österreichische Staatsbürgerschaft an, wurde 1878 von Kaiser Franz Joseph I. nobilitiert zu Ritter von Flattich und trat im Jahr 1890 in den Ruhestand.

Flattich war im Vorstand des Österreichischen Ingenieur- und Architektenvereins tätig und spielte auch im kulturellen Leben Wiens mit seinen Freunden Ludwig Lobmeyr und Theophil Hansen, sowie seinem Schwiegersohn Richard von Kralik, eine nicht unbeachtliche Rolle. Seine wichtigsten Bauten waren die Bahnhöfe der Brennerstrecke (1867) und im Pustertal (1870), Villen in Wien und Reichenau (darunter die Villa Hebra, 1869), die Eisenbahnerwohnhäuser in Wien-Meidling (Eichenstr. 5 – 21, 1870), der Südbahnhof Wien (1873), der Hauptbahnhof Triest (1878) und das Südbahnhotel (heute Grand Hotel) in Toblach (Dobbiaco, 1878). Außerdem entwarf und baute er im Jahr 1890 das Haus für Tochter Maia und Schwiegersohn Richard Kralik.

Das familiäre Umfeld aus dem Richards Frau Maia stammte, war durch den Schwiegervater nicht nur im Sinne des ingenieurtechnischen Bauwesens, sondern auch kulturell geprägt. Aus Richards und Maias Ehe gingen drei Söhne hervor, die alle in die Fußstapfen ihres Vaters traten. Sie waren sehr lernbegierig und schlossen ihre Universitätsbesuche mit Promotionen ab. Richards Vorliebe für die Nibelungen-sage, der er sich in vielen Schriften widmete, blieb nicht ohne Einfluss auf die Namenswahl seiner drei Söhne Dietrich (Dr. phil. Univ. Prof. *15.08.1884 - †29.12. 1959), Heinrich (Dr. phil.

Musikschriftsteller- und Kritiker *17.01.1887- †26.09.1965) und Roderich (Dr. jur., Rat des Obersten Gerichtshofs *23.10.1890 - †31.07.1968).

Hanns Maria Truxa und Adolf Innerkofler hatten über ihren Freund Richard Kralik eine Biografie angefertigt, in der sie schrieben:

Fast alles, was uns die moderne Literatur vermissen lässt, findet man bei Kralik …Kralik hat es sich zur Aufgabe gemacht, die ganze deutsche Heldensage zu sammeln, deren verwickelten Faden zu entwirren und sie so übersichtlich und mit ihrem ganzen Reichtume zu sammeln.

Richard Kralik war davon überzeugt, dass unsere abendländische Kultur und Kunstgeschichte nur durch die Kenntnis dieser Legenden verständlich werde. Hier sind klare Parallelen zu den germanisch-christlichen Mythen Wagners erkennbar. Die beiden Männer verband nicht nur die gleiche Denkweise und der gleiche Vorname, sogar das auf dem Kopf sitzende Barett hatten sie gemeinsam. So berichtet mein Großvater Gottlob Kralik in seinen Aufzeichnungen, dass er seinen Onkel Richard Kralik in Wien nur mit dem „Wagner-Barett" habe herumlaufen sehen.

Richard Kraliks Liebe zu seiner Heimat wird in seinen epischen Dramen immer wieder sichtbar und seine Religiosität hinterlässt Spuren in seiner ganzen Dichtung. In Volksbildung, Kultur, Papsttum und Kirchenbau sah Richard Kralik wichtige Säulen der Gesellschaft. Seine religiöse Verbundenheit und die Ergebenheit zum österreichischen Kaiserstaat lassen sich an vielen seiner Werke ablesen, so haben zum Beispiel „Das Mysterium von der Geburt des Heilandes", „Das Mysterium vom Leben und Leiden des Heilandes" und „Adam" (Erstlingswerk) christliche Inhalte zum Thema. „Die Erwartung des Weltgerichtes" wurde 1898 unter dem Eindruck der Ermordung von Kaiserin „Sisi" geschrieben und in Wien aufgeführt.

Hanns Maria Truxa beschäftigte sich in seiner „Österreichischen Geschichte" (Holzhausen, Wien 1913) mit einigen Dichtungen Richard Kraliks und sprach seine Bewunderung für den beispielhaft Kaisertreuen aus:

Das AEIOU des nüchternsten aller österreichischen Herrscher ist nicht verträumte Phantastik, es ist das nüchternste politische Programm. Österreich ist der einzige Großstaat auf der Erde, der seit Jahrhunderten die Aufgabe hat, verschiedenartige, verschiedensprachige Völker unter einer zusammenfassenden Rechtsform zu vereinigen. Diese österreichische Aufgabe ist vorbildlich für die zukünftige Entwicklung der ganzen Welt...

Lässt man diese Bemerkung länger auf sich wirken, könnte man meinen, mein lieber Urgroßonkel Richard habe schon damals die Idee einer friedlichen und multikulturellen Gesellschaft oder gar eines geeinten Europa vor Augen gehabt, wenn in dieser Aussage nicht der hegemoniale Anspruch Österreichs enthalten wäre. Die Völker wollten sich nun mal nicht unter österreichischer Vormundschaft „vereinigen" lassen und letztlich führte genau diese Ideologie 1918 zum Untergang der Donaumonarchie.

Zur Erläuterung: Die Abkürzung **A.E.I.O.U.** geht zurück auf den habsburgischen Kaiser Friedrich III. (1415–1493). Sein Wahlspruch lautete: **A**ustriae **e**st **i**mperare **o**rbi **u**niverso (Es ist Österreich bestimmt, die Welt zu beherrschen.) Diese Signatur fand sich sogar auf dem Tafelgeschirr des Kaisers, seinem Wappen sowie auf Bauwerken, wie der Burg in Wiener Neustadt. Unter Erzherzogin Maria Theresia wurde dieser Wahl- und Eignungsspruch auch im Wappen und auf der weltältesten Militärakademie (1752) in Wiener Neustadt angebracht. Er ziert noch heute das Wappen und die Siegelringe der absolvierenden Jungoffiziere.

Die Österreicher selbst nehmen sich allerdings nicht so wichtig wie ihre einstigen Herrscher und haben diesen Wahlspruch vielfältig abgewandelt:

Am End' is' ollas umsunst

Also Eigentlich Ist's Ohnehin Unwichtig

Aller Ehrgeiz ist Oesterreich unbekannt

Auszug aus 120 Liedtexten, den gemeinsamen Werken von Richard Kralik und seiner Schwester Mathilde entnommen:

- „Nun erhebt sich jede Seele" Gebet in d-Moll mit Sopran, Alt, Tenor und Bass im Jahr (1914)
- „In Gottes Namen" für zwei Tenöre und einen Bass (1915)
- „Der Kreuzweg", Weihelied für Soli, Chor, Orchester und Klavierauszug (Kl. A = Klavierauszug)
- „Solange am starken Stefansturm" für zweistimmigen oder vierstimmigen Männerchor und Klavier
- „Der heilige Leopold", ein Oratorium (1933)
- „Blume und Weißblume", ein Märchenspiel in 3 Akten, Kl. A (1912)
- „Unter der Linde", lyrische Oper in einem Akt, Kl. A.
- „Der heilige Gral", Musik zur Dramatischen Dichtung in drei Aufzügen für Solisten, Chor, Orchester (Kl. A) (Sommer 1912)
- „Lukas, der Arzt" eine Erzählung (1895)
- „Zwei Frauen" (1895)
- „Vier Melodramen" (1. Der Traum. 2. Der Hirtenknabe. 3. Die Nonne. 4. Die drei Lehren der Nachtigall.) (1895)
- „Kaiser Karl der Große in Wien", Eine Erzählung (1895)
- „Wie die Stadt Wien gegründet worden ist. Eine Geschichte" (Januar 1904)
- „Marienmonat" für Mezzosopran, Bariton, und Klavier (1924)
- „Lauretanische Litanei" für Singstimme und Orgel oder Klavier (1883)
- „Lieder": 1. Ich bin hinausgegangen. 2. Sage, Sonne, wo sie nun ist. 3. Singet leise, o Cicaden. 4. Das ist der Lohn des Liedes. 5. Hunderttausend Liederkeim. 6. Nacht ist's. für Singstimme und Klavier aus dem „Büchlein der Unweisheit" (1884)
- „Die Liebesbrücke", eine Ballade für Bariton und Klavier (1886)

- „Prinz Eugenius", 27 Balladen für Singstimme und Klavier (1895)

- „Maia", 54 Nummern für Singstimme und Klavier (1895)

- „Lieder im Heiligen Geist", 44 Nummern für Singstimme und Klavier (1897)

- „Marienmonat" für Singstimme, Orgel und Klavier (1924)

- „Der heilige Gral" für Singstimme und Klavier (1924)

- „Tanz-Idylle" für Singstimme und Klavier (1927)

- „Lieder": 4. Das ist der Lohn des Liedes. 5. Hunderttausend Liederkeim. 6. Nacht ist's für Singstimme und Klavier aus „Büchlein der Unweisheit"

- „Gottes Gedanke" für Bass und Klavier (1932)

- „Auf dem Kahlenberg" für Singstimme und Klavier (1933)

- „Anrufung, Tanzidylle"

- „Gebet" für Singstimme und Klavier

Die folgenden sechs Lieder aus dem „Büchlein der Unweisheit" sind eine Gemeinschaftsproduktion zwischen Bruder und Schwester aus dem Jahr 1884. Es sind romantische Weisen, die von der Sehnsucht nach der Liebsten handeln, von der Liebe zur Natur, der ewigen Sonne und der Liebe zum Lied selbst. Mehrmals wird eine Liebste besungen, der man einen Strauß Blumen pflückt, die es aber noch nicht gibt, für die man ein Lied singt, sie es aber nicht hört.

Die Naturbeschreibungen bei „Singet leiser o Cicaden" erinnern etwas an Goethes Jugendgedicht, das er am 6. September 1780 auf der Bergkuppe „Kickelhahn" bei Ilmenau unweit von Weimar mit einem Messer in die Bretterwand einer Schutzhütte ritzte. „Ein Gleiches" wurde von Goethe in der Werkausgabe von 1815 direkt an das Gedicht „Wanderers Nachtlied" aus dem Jahr 1776 gereiht. Der Titel weist darauf hin, dass das Gedicht dasselbe Thema behandelt, also noch ein weiteres (= ein gleiches) Nachtlied des Wanderers darstellt.

Ein Gleiches (Wanderers Nachtlied)

Über allen Gipfeln ist Ruh,
In allen Wipfeln spürest du
kaum einen Hauch;
Die Vögelein schweigen im Walde.
Warte nur! Balde Ruhest du auch.

Zum Vergleich der Text von
Richard Kralik:

Singet leiser o Cicaden!

Singet leiser o Cicaden!

Lasst in Eurem Sang mich baden,

löset meine Seele auf!

Sänftige, o Wald, dein Rauschen,

lass mich in mein Innres lauschen!

Herz, o hemme deinen Lauf!

Plaudre nicht zu laut, o Quell!

Vöglein, singet nicht zu hell!

Haltet droben in den Bäumen:

Denn ich will nun von ihr träumen, denn ich will nur von ihr träumen.

Ich bin hinausgegangen

Ich bin hinausgegangen, wohl in das Feld hinaus.
Blumen zum Strauss zu pflücken, der Lieben zu einem Strauss.
Mein Strauss wird immer grösser, wird schon fast zu voll.
O wenn ich nur schon wüsste, wem ich ihn geben soll,
wenn ich nur wüsste, wem ich ihn geben soll.

Sage Sonne, wo sie nun ist

Sage Sonne, wo sie nun ist!
Wind, wo hast Du sie zum letzten Mal geküsst?
Vöglein, komm her zu mir!
Hast Du keinen Gruss von ihr?

Das ist der Lohn des Liedes

Das ist der Lohn des Liedes, dass sie den Sänger liebt,
dass Töne sie erreget, und gerne Sold ihm gibt.
Was soll ich mir erringen? Was ist mein Lohn und Preis,
wenn die, von der ich singe, nichts von dem Liede weis?

Hunderttausend Liederkeime

Hunderttausend Liederkeime hör ich mir im Innren singen, und
sie bitten mich um Reime, sich beflügelt aufzuschwingen.
Welchen nehm ich anzufangen? Denn es soll auf einmal sein;
und ich kann nicht Allen langen, drum gelingen sie so klein.
Hunderttausend Liederkeime hör ich mir im Innern singen, und sie flehen mich um Reime,
sich beflügelt aufzuschwingen.

Nacht ist's

Nacht ist's, wenn Du jetzt noch wachst, muss ein leiser Hauch dich kühlen;
ob Du weinest, ob Du lachst, meine Nähe musst Du fühlen,
meine Nähe musst Du fühlen oder fasst Dich Traumes wehn,
muss mein Geist vor Dir nun stehn, vor Dir stehn, ja sicherlich;
denn ich denke, denn ich denke hin an Dich, hin (ja) an Dich!

Die romantischen Gedichte und die glühenden Bekenntnisse zu Gott und Kaiserstaat ziehen sich durch einen Großteil der Werke Richard Kraliks. Im politischen Sinne setzt er auf den Erhalt der Ordnung und so verwundert es nicht, dass der Patriot bei Ausbruch des ersten Weltkrieges 1914 einen Großteil seines Vermögens in Kriegsanleihen zeichnete. Er, der kluge Kopf, ließ sich von der umfangreichen

Propaganda des Staates zum Zeichnen dieser Anleihen verleiten. Auf diese Weise wollte er die Heimatfront direkt unterstützen. Um möglichst viele Anleger zu finden, hatte der Staat meist an den Patriotismus seiner Bürger mit dem Argument appelliert, der Absatz der Anleihe habe eine kriegsentscheidende Bedeutung.

Kapitalgeber spekulierten auch auf die Zinsen, die der Staat bei einem Sieg durch Reparationszahlungen finanzieren würde. Für Richard Kralik war es offenbar undenkbar, dass die große Donaumonarchie den Krieg verlieren könnte. Und so kam es, wie es kommen musste. Mit dem verlorenen Krieg und dem Zusammenbruch des Kaiserstaates gingen auch seine Kriegsanleihen verloren und Richard Kralik verlor sein Vermögen. Durch Gespräche mit ihrem Bruder Richard war Mathilde offenbar ebenfalls überzeugt, den Kaiserstaat unterstützen zu müssen, denn auch sie zeichnete Kriegsanleihen und verlor ihr ganzes Geld.

Richard Kraliks „Lieder im Heiligen Geiste" sind Beispiele seines tiefen, christlichen Glaubens.

Vorgesang

Des letzten Weltenalters Regierer, o heiliger Geist!

Von allem, was zwischen Himmel und Erde göttlich heißt,

Zieht es das Herz des Sängers zu Deinem Namen zumeist

Die tiefste Tiefe der Gottheit und unserer Seele bist du!

Du lenkst im stillen Herzen, was ich ersprießliches tu;

In deiner Tiefe finde Das grübelnde Sinnen Ruh!

Du bist, wenn die Kräfte des Willens

Im Bußen erlahmen, nah. Du warst es, den ich rettend,

wenn Leiden kamen, sah.

Wozu du mich auch führest, ich sage: Amen, ja!

Die Inhalte des Gralprogramms finden sich in verschiedenen dichterischen Werken von Richard Kralik, z.B. in der freien Bearbeitung Calderonscher Festspiele (1906) mit folgendem Text:

Vom Glauben nur kommt durch der Musen Kunst

Die rechte Weihe zu des Dichters Kunst

Vom Heiligtum nur nehmt ihr Dichter Kraft

Die euch zu Meistern aller Künste schafft.

Der Dichtertrank, der euch Begeisterung

Einflöße ewig alt und ewig jung,

Er quillt allein im hohen Sakrament,

Durch das ihr Welt und Überwelt erkennt.

Über dies mühevolle Tränental

Hoch strahlt es wunder, ein heil'ger Gral

Am 02.12.1930 schickte Richard Kralik an seine Schwester Mathilde eine Geburtstagskarte, die auf eine harmonische geschwisterliche Beziehung schließen lässt und ihre geistige Verwandtschaft wiedergibt:

Liebe Mathilde!

Gott behüte Dich allzeit, und Dein Streben sei geweiht.

Hohen Musen wie bisher Dir zum Preise immer mehr!

Richard

Als letztes Beispiel geschwisterlicher Zusammenarbeit soll das Werk „Minneleich" genannt werden. Hier ist auch im Vorwort die Handschrift von Richard Kralik einsehbar. Beim Schreiben war es für ihn offenbar ein Genuss, nicht nur wohlgesetzte Worte zu finden, sondern auch das Schriftbild geradezu kunstvoll zu gestalten. Inhalt und Form eines Schriftstücks waren Bestandteil seiner Kunst, er betrachtete sie als untrennbare Einheit. Im Gegensatz zum Schriftbild Richard Kraliks steht das ‚Gekrakel' des Komponisten Alban Berg in seinem Brief an Richards Sohn, Heinrich Kralik. Bei Alban Berg könnte man meinen, das Schreiben sei ihm nur ein notwendiges Übel gewesen, weil es nichts mit der Klangkunst zu tun hat.

Die Stadt Wien ehrte Richard Kralik nach seinem Tod 1934 mit der Umbenennung des einstigen „Weimarer Platzes" im Cottage Wien Döbling zum „Richard-Kralik-Platz".

> Alexanders denkwürdigste Leistung ist sein grosser Minneleich, schon deshalb weil er uns mit der ganzen reichen Melodie erhalten ist. Man sieht, wie nach einer musikalischen Einleitung sich zweiteilige Liederstrophen anschliessen, wie diese in Text und besonders in den Tonweisen meisterhaft kontrastieren, wie sie einander steigern, wie nach dem gehaltenen Zwischensatz (Uns lehren die Märchen) ein lebhafter, immer dithyrambischer sich entfaltender Schwung ins Ganze kommt, (Nun hera, hera!) wie sich dieser zweite Teil, der vielleicht getanzt wurde, in neuen lieblichen Kontrasten ergeht und bedeutend ausklingt. Wir müssen die Meisterschaft der Handhabung grosser musikalischer Formen bewundern, die Feinheit des künstlerischen Gefühls, die die ganze Komposition zusammenhält. Mein Begleitungsversuch soll dazu den ästhetischen Kommentar geben. Textlich ist sowohl der antikisierende Einschlag zu bemerken mit Amor und Paris, mit der Herkunft der Minne aus Troja, als auch das Überwiegen der tragischen Minnestimmung.
>
> Richard Kralik

Handschrift von Richard zu „Minneleich"

Heinrich Kralik

Richard Kraliks zweiter Sohn war Heinrich Kralik (*17.1.1887 in Wien, †26.09.1965 in Wien). Da sich Heinrich Kralik später den Musikwissenschaften annahm, soll sein Lebensweg kurz erwähnt werden.

Sowohl Heinrich, als auch seine beiden Brüder bekamen von ihrer Tante Mathilde Klavierunterricht. Offensichtlich war Heinrich der musikalischste der drei Brüder und so kam es, dass er ein Musikstudium aufnahm. Am Konservatorium der *Gesellschaft der Musikfreunde* studierte er bei Guido Adler Musikwissenschaften und bei Hermann Grädener Theorie. Nach dem Kriegsdienst 1918 arbeitete er 20 Jahre lang beim Wiener Tageblatt. Am 11.09.1929 heiratete er Margarete Prager (*16.03.1906 in Wien, †21.02.1977 in Wien). Im Jahr 1938, nach dem Anschluss Österreichs, wurde er von den Behörden kalt gestellt, denn seine Frau war Jüdin. Heinrich Kralik durfte keine journalistische Tätigkeit mehr ausüben.

Erst nach dem Krieg konnte er sich endlich wieder publizistisch betätigen. Ab 1946 gehörte er dem Redaktionsstab der Tageszeitung „Die Presse" an. Gleichzeitig hatte er die Direktion der Musikabteilung der RAVAG inne (Österreichischer Rundfunk). Als Dozent war Prof. Dr. Heinrich Kralik schon in jungen Jahren durch seine Opern- und Oratorien-Einführungen bekannt geworden, die als Textbücher der Wiener Tagblattbibliothek weite Verbreitung fanden. Einige seiner Werke, die teilweise auch in englischer und französischer Übersetzung erschienen, waren:

Beethoven, eine Skizze seines Lebens und Schaffens
Schuberts Liederzyklen
Die Wiener Philharmoniker, Monographie eines Orchesters, Wien-Leipzig 1937
(Diese Schrift wurde während der Nazizeit verboten)
Das Buch der Musikfreunde, Zürich-Wien 1951
Das große Orchester, Die Wiener Philharmoniker und ihre Dirigenten, Wien 1952
Das Opernhaus am Ring, Wien 1955

Auch die Festschrift zur Eröffnung der wieder aufgebauten Wiener Staatsoper stand unter seiner redaktionellen Leitung. Da während der nationalsozialistischen Zeit die Werke von Gustav Mahler nicht zur Aufführung kamen, nutzte er nach dem Krieg seine Position beim Österreichischen Rundfunk und leitete eine Renaissance des bis dahin verfemten Gustav Mahler ein. Sein Standardwerk über Richard Strauss (1963) war das Ergebnis eines langjährigen freundschaftlichen Kontakts zum Komponisten. Zu seinem Freundeskreis zählten auch zahlreiche andere bedeutende Musiker und Schriftsteller wie zum Beispiel seine Jugendfreunde Erich Wolfgang Korngold und Stefan Zweig bis zu Furtwängler, Böhm und Karajan.

Als Beispiel seiner vielen Kontakte sei hier der Komponist Alban Berg (* 9. Februar

1885 in Wien; † 24. Dezember 1935 ebenda) hervorgehoben. Bergs Werk vereinte Einflüsse der Mahlerschen Spätromantik mit Arnold Schönbergs freier Atonalität und später der Zwölftontechnik. Obwohl Berg sich selbst immer als „natürlicher Fortsetzer richtig verstandener, guter, alter Tradition" sah, gehört er zu den Erneuerern der Musik des 20. Jahrhunderts. Sein Werk war damals umstritten, zählt heute aber zur klassischen Moderne und fasziniert unverändert durch eine charakteristische Verbindung von konstruktiver Strenge und persönlichem klangsinnlichen Ausdruck.

In dem hier abgebildeten, schwer lesbaren Brief an Heinrich Kralik schreibt Alban Berg über das am 8. Januar 1927 stattgefundene Konzert, der Uraufführung seiner Lyrischen Suite mit dem Kolisch-Quartett: „Bei dieser Gelegenheit möchte ich Ihnen für Ihre wohlwollende Rezeption meines neuen Werkes herzlichst danken."

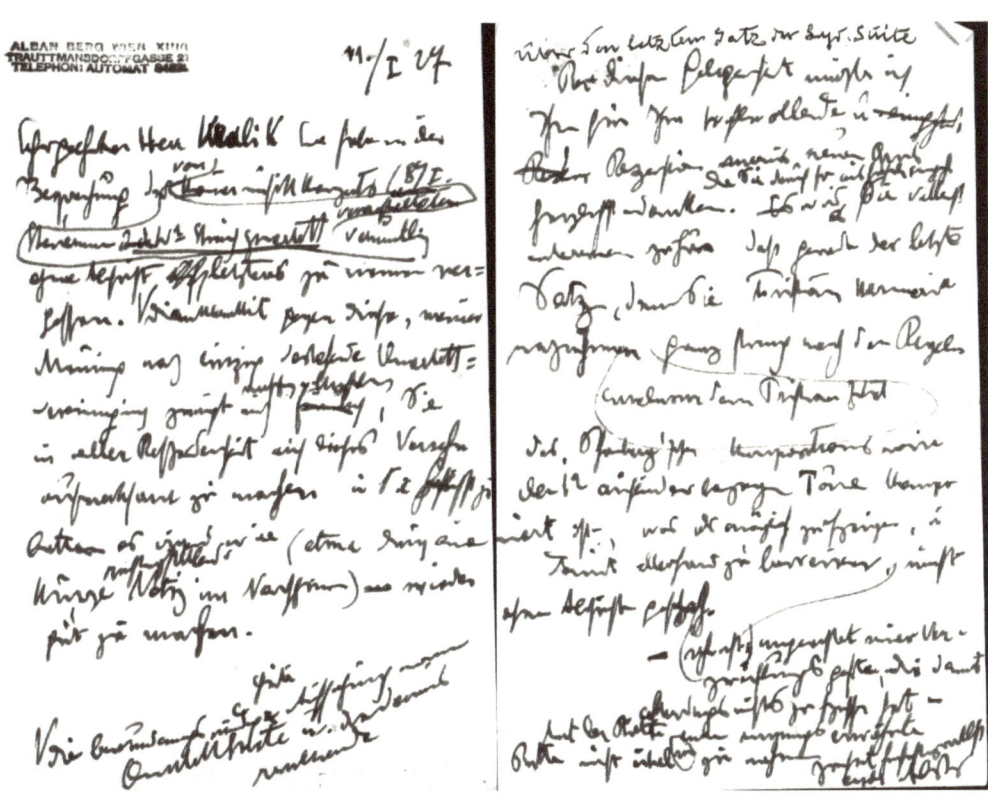

Brief von Alban Berg an Heinrich Kralik vom 11. Januar 1927

Aus anderen Quellen ist zu entnehmen, dass der Komponist dieses Werk selbst analysierte. Berg wies darauf hin, dass die Sätze 1, 3 und 6 sowie die Trios der Sätze 3 und 5 streng zwölftönig komponiert seien, die übrigen hingegen frei atonal. Der Komponist machte auch darauf aufmerksam, dass dem gesamten Werk eine Reihe zugrunde liege, die sich „durch Umstellung einiger Töne" jedoch verändert. Außerdem betonte Berg, dass „jeweils ein Bestandteil (1 Thema oder 1 Reihe, 1 Stück oder 1 Idee) in den folgenden Satz hinübergenommen wird und der letzte wiederum auf den 1. zurückgreift."

Zu Richard Strauss (*11. Juni 1864 in München; †8. September 1949 in Garmisch-Partenkirchen) hatte Heinrich Kralik ein enges freundschaftliches Verhältnis. Nach dem Tod von Strauss schrieb er eine Biografie über ihn mit dem Titel: „Richard Strauss, Weltbürger der Musik".

Ein persönlicher Brief von Richard Strauss an den Freund und Musikkritiker Heinrich Kralik aus dem Jahr 1924 ist von musikhistorischem Wert und soll deshalb hier wiedergegeben werden. In ihm werden die allgemeinen Probleme wie Geldmangel, fehlende staatliche Zuschüsse und persönliche Querelen mit Kollegen der Wiener Opernszene angesprochen. Der Brief enthält die Ankündigung von Richard Strauss, er werde nach seinem Weggang aus Wien nie mehr an die Oper zurückkehren. Interessant ist, dass die „Novitäten", wie Strauss die Musik von Arnold Schönberg bezeichnete, ihm zwar nicht gefielen, er aber dennoch bereit gewesen wäre, sie aufzuführen.

Auszug aus der 1. und 4. Seite des Briefes von Richard Strauss an Heinrich Kralik

Der Wortlaut des Briefes:

Landhaus

Richard Strauss

Garmisch 16.11.24

Lieber Herr Dr. Kralik!

Erst langsam kann ich meine Dankesschuld an alle lieben Freunde abtragen, die sich in den letzten Tagen so tatkräftig für mich eingesetzt haben. Seien auch Sie versichert, daß ich Ihre wertvolle Sympathie u. Zustimmung zu dem, was ich als Oberleiter der Staatsoper geleistet, in aufrichtigster Dankbarkeit voll u. ganz zu würdigen weiß. Was ich habe leisten wollen u. nicht können, steht auf einem anderen Brett u. es würde zu weit führen, alle die Schwierigkeiten u. Hindernisse aufzuzählen, die mich in der Ausführung meiner Ideen gehemmt haben. Die Hauptsächlichsten: wachsender Geldmangel, jährlich verringerter Staatszuschuß, die Inflation und durch sie hauptsächlich die Unmöglichkeit ein erstklassiges Sängerpersonal zu continuierlicher Probenarbeit in Wien zu halten, sind ja allen gutwilligen Kritikern zur Genüge bekannt. Mein Fehler bestand darin, daß meine Collaboration mit Schalk auf idealen Forderungen aufgebaut war, die nun einmal mit Menschenschwäche, wie es scheint, unvereinbar sind. Daß ich mich nur 5 Monate im Jahr unmittelbar der Oper widmen konnte, war von Anfang an bekannt und sowohl von Baron Andrian wie neuerdings von Dr. Schneider gebilligt. Daß Schalk als loyaler Mitarbeiter, sowohl hinsichtlich seines guten Willens, wie seiner Tatkraft versagt hat, war mein Unglück.

Infam ist Spechts Insinuation, daß die Aufführungen, der von mir gewählten Novitäten den Zweck des absurdum führens hatten. Nicht mal diese Novitäten, die er stets als „Dreck" bezeichnete, hätte Schalk aufgeführt. Als ich ihn befrug, ob er besseres wüsste, antwortete er stets mit „Nein". Kann ich dafür, daß nur Durchfälle componiert werden? Ich hielt es aber trotzdem für meine Pflicht, das halbwegs bessere u. zumindesten die Werke der Wiener Komponisten: Kienzl, Zemlinsky, Schmidt, Bittner, Schrecker (nur mit Korngold war Schalk einverstanden) dem Publikum nicht vorzuenthalten, wenn auch unter fortwährender Sabotage von Seiten Schalks – Turnau kann's Ihnen bezeugen –

u. dieselben in möglichst guter Besetzung zu geben (soweit heute überhaupt „erste Mitglieder" für Novitäten zu haben sind) – den Erfolg hatte ich nicht in der Hand. Also Spechts Bemerkung ist die aufgelegte Gemeinheit: ich kann's beweisen, daß ich auch Schönberg und Krenek aufgeführt hätte, da ich prinzipiell nicht auf dem Standpunkt stehe, daß die Novitäten, die ich aufführe, mir persönlich gefallen müssen.

Na, genug von diesen ekelhaften Dingen! Für heute nur so viel, daß ich nicht mehr an die Oper zurückkehre.

Was schon vor 70 Jahren R. Wagner gepredigt hat, hat sich auch mir erfüllt. Immerhin ist der Versuch, dem Repertoiretheater immer wieder mit idealen Forderungen zu nahen, verzeihlich, wenn auch in der heutigen Zeit törichter als je. Ich bin jedenfalls vorläufig von allen Illusionen geheilt; wünsche nur, daß ein jüngerer, arbeitskräftiger, das ganze Jahr im Amte tätiger Nachfolger dem schönen bei allen Schwächen eines Repertoiretheaters doch noch so wertvollen Kunstinstitute besser dienen möge, als ich es konnte. Dann werden wir ja weitersehen.

Mit herzlichen Grüßen

stets aufrichtig u. dankbar ergebener

Dr. Richard Strauss

Heinrich Kraliks Werk, seine Schriften und die Briefwechsel mit berühmten Komponisten und Dirigenten seiner Zeit sind nur ungenügend aufgearbeitet. Sein Nachlass wurde dem Archiv der Wiener Philharmonikern übergeben. Heinrich Kralik und seine Frau Margarete fanden im Ehrengrab der Eltern von Richard und Maia Kralik auf dem Wiener Zentralfriedhof ihre letzte Ruhestätte.

„Musik wie aus dem Vulkan" - Die Rhapsodie f-moll

D as war die Überschrift in der *Rheinischen Post* vom 03. Juli 2007 nach dem Konzert mit Musik von Mathilde. Die Journalistin Frau Petra Diederichs wählte diese Formulierung mit Hinweis auf die vorgetragene Rhapsodie in f-moll. Bei diesem Konzert konnten wir erstmals die Musik von Mathilde hören.

Pressestimmen zum Konzert mit Musik von Mathilde 2007

Es war mir von Anfang an ein Herzenswunsch, zu erfahren, wie diese Musik klingt. Neben der Literatur und Malerei ist die Musik aus meiner Sicht das beste Medium für einen Künstler, seine Gefühle und Stimmungen für die Nachwelt zu konservieren. Die Musik wird so zum Seelenspiegel des Komponisten.

Gemeinsam mit einigen Konzertbesuchern konnte ich in diesen Seelenspiegel Mathildes erstmals hineinschauen, als Prof. Timur Sergeyenia (Dozent für Klavier und Kammermusik an der Königlichen Musikhochschule Gent) am 30. Juni 2007 in der „Alten Kirche" Krefeld ihre Musik zum Erklingen brachte. Wie im ersten Teil des Buches berichtet, war Mathildes Vater Glasfabrikant und seine Elemente demnach Feuer und Sand. An seine Tochter hatte er offensichtlich das Feuer vererbt. Besonders bei ihrer Rhapsodie für Klavier in f-moll kann man das lodernde Feuer eines

Glasschmelzofens erahnen. Auch wenn jeder Komponist/ jede Komponistin eine eigene Handschrift hat, verglichen werden sie doch immer wieder: „hört sich an wie Bach", „hört sich an wie Liszt" … Mathilde schrieb in ihrer Autobiografie, sie betrachte Bach und Liszt als ihre Lehrmeister. Daher ist es nicht verwunderlich, wenn Ähnlichkeiten erkennbar sind.

Die wuchtigen Tastenfolgen erinnern aus meiner Sicht an die Lisztschen Rhapsodien und im zweiten Teil höre ich im Solo der linken Hand eine Orgelkomposition von J. S. Bach. Was ging nur in ihrem Kopf vor, als sie dieses Werk schuf? Es klingt gefährlich, bedrohlich, unheimlich, dann wieder besinnlich, fröhlich und versöhnlich. Der Pianist muss sich sowohl in einen Löwen, als auch in eine klagende, junge Katze verwandeln, um dann letztlich im Schlussakkord dem Rhapsodieungeheuer den Todesstoß zu versetzen, damit es nicht aus dem Flügel kriecht und die Konzertbesucher verschlingt. Vielleicht haben es einige Konzertbesucher so empfunden, ein Durchatmen war jedenfalls wahrnehmbar.

In einigen Musikkritiken (siehe Kapitel 16) aus den ersten Jahren ihrer Schaffensperiode gebrauchten drei Kritiker das Wort „männlich", weil sie sich nicht vorstellen konnten, dass eine Frau diese Musik komponiert hat. Oder war es gewollt, hatte Mathilde bewusst „männlich" komponiert, um in der von Männern

dominierten Musikwelt wahrgenommen zu werden? Hier ließe sich streiten, ob es überhaupt „männliche" und „weibliche" Musik gibt. Wenn Mathildes Rhapsodie den Stempel der Männlichkeit bekommt, dann muss man wohl einigen Nocturnes von Chopin den Stempel der Weiblichkeit aufsetzen! Man wird in Mathildes musikalischem Nachlass jedoch keine „Blümchenmusik" finden!

Herr Sergeyenia hat sich intensiv mit der Musik der Komponistin beschäftigt und diese öffentlich aufgeführt. Sein Urteil stand schon bald fest; er hält die Musik der Bruckner-Schülerin für sehr wertvoll. Die von ihm gespielte Musik kann in Auszügen über die Internetseite www.kralikklassik.de angehört werden.

Finanzielle Notlage

Im Kriegsjahr 1940 hatte Mathilde bereits ihr 82. Lebensjahr erreicht und ihre finanziellen Verhältnisse waren sehr schlecht, sodass sie sich von wertvollem Hausrat trennen musste. Einem Dankesbrief des Oberbürgermeisters der Stadt Wien vom 28. Juni 1940 ist zu entnehmen, dass sie der Stadt Linz ein Bild im Wert von 670 RM aus ihrem Privatbesitz verkaufte.

Einen weiteren Hinweis auf ihre Notlage gibt ihr Antrag um Unterstützung bei der Stiftung „Künstlerdank". Diese nationalsozialistische Einrichtung wurde im Jahr 1938 von Reichspropagandaminister Josef Goebbels gegründet, um Künstlern in Notlagen zu helfen. Hier der Wortlaut ihres Antrags nach Berlin:

Wien XIX / 117, Weimarerstr. 89
Wien, 19.VI.1941

An Herrn Hugo Rasch Treuhänder der Spende „Künstlerdank" , Berlin

Sehr geehrter Herr!

Auf die gütige Empfehlung von H. Th. Seegen erlaube ich mir, mich an Sie zu wenden und Sie zu bitten, mich in die Reihe derer aufzunehmen, die Sie der Gewährung eines Alterssoldes für würdig erachten.

Hierbei will ich nicht nur mein Alter – ich bin 83 Jahre alt- aufführen, sondern auch, da ich noch rüstig weiterschaffe, auf mein nicht unerhebliches Gesamtschaffen hinweisen, das mir zwar auch schönen und ehrenden Erfolg beschieden hat, aber leider materiell so viel wie nichts einträgt. In früherer Zeit öfters im Rundfunk und in Konzerten aufgeführt, war es in der letzten Zeit besonders schwer möglich mit ernster Musik hervorzutreten. Auch ist die Verbreitung meiner Kompositionen durch die Schwierigkeiten, sie in Druck zu legen, sehr erschwert und sind die meisten meiner Arbeit Manuskript geblieben und der Öffentlichkeit wenig zugänglich. Für Kopiaturen fehlt mir das nötige Geld. Dazu kommt meine wirtschaftliche Notlage, so daß es mir kaum möglich ist, in bescheidenster Weise meine Auslagen zu finden.

Von der Versorgungsstiftung der deutschen Komponisten mit einer Beihilfe von RM 50 bedacht, hoffe ich nun durch die Fürsprache des Herrn Kurators auf Ihr freundliches Entgegenkommen, damit mir aus der Spende „Künstlerdank" eine weitere und zwar ständige Beihilfe als Alterssold gewährt werde, was auch meinem Werk zu gute käme.

Im Vertrauen darauf, nicht vergebens gebeten zu haben, zeichne ich im Vorhinein bestens dankend, mit Heil Hitler

Mathilde v. Kralik

Ord. Mitglied der Stagma

Der Begriff „Stagma" ist die Abkürzung für „Staatlich genehmigte Gesellschaft zur Verwertung musikalischer Urheberrechte". Im ersten Kriegsjahr 1939 gab es im Reichsgebiet 3500 Komponisten, 8300 Kapellmeister und Orchestermusiker, 6500 Solisten, Konzertbegleiter und Kirchenmusiker sowie 126 000 Unterhaltungsmusiker. Hinzu kamen 476 Musikverleger, 665 Veranstalter und 130 Agenten. Alle Rechte wurden von der Ende 1933 gegründeten *Stagma* wahrgenommen, diese war Nachfolgerin der damals 30 Jahre alten *Gema*, deren mehrheitlich nationalsozialistisch gesinnte Mitglieder zunächst eine „Selbstreinigung" gefordert hatten und die sich im Herbst 1933 aufgelöst hatte.

Geschäftsführer der *Stagma* wurde Leo Ritter, der dieses Amt schon seit 1928 bei der *Gema* innehatte und Hitlers „Mein Kampf" als Prämie für verdiente Mitarbeiter verschenkte. Bezugsberechtigt waren laut Satzung nur „Personen mit deutscher Staatsangehörigkeit, Angehörige der Berufsstände der deutschen Komponisten, der deutschen Textdichter und der deutschen Musikverleger". Da aber die Reichsmusikkammer unter ihrem Präsidenten Richard Strauss 1934 in ihren Richtlinien festgelegt hatte: „Nichtarier sind grundsätzlich nicht als geeignete Träger und Verwalter deutschen Kulturguts anzusehen", bedeutete dies das Berufsverbot für die damals etwa 8000 in der Reichsmusikkammer organisierten Juden. Um den Schein zu wahren, wurden sie von der *Stagma* als „Wahrnehmungsberechtigte" geführt. Obwohl der Verkehr mit dem Ausland weitestgehend eingeschränkt war, wollte sich die *Stagma* doch die teils immer noch kräftig fließenden Gebühren für jüdische Komponisten nicht entgehen lassen. 1941 betrugen die Gesamteinnahmen der *Stagma* 14 Millionen Reichsmark. Dazu trugen immerhin noch 344 emigrierte Juden bei, davon allein Franz Waxmann mit 26 300 und Emmerich Kálmán mit 14 800 Reichsmark. Da sich die Nazis jedoch jüdisches Eigentum per Gesetz zum Reichseigentum erklärt hatten, wurden die Gelder der Staatskasse gutgeschrieben.

Das System trieb aber auch skurrile Blüten: Arnold Schönberg erhielt noch 1935 in Hollywood eine Schlussabrechnung der *Gema*, und dessen Schüler Anton Webern, der sich in Wien am Rande des Existenzminimums mit Gelegenheitsarbeiten durchschlug, trat in seiner Not der Reichsmusikkammer bei und erhielt aus deren Fond „Künstlerdank" eine monatliche Unterstützung von 250 Mark. Zwei Jahre nach Kriegsende wurde die *Stagma* aufgelöst und konnte laut Kontrollratsbeschluss der Alliierten unter dem ursprünglichen Namen *Gema* die Arbeit wieder aufnehmen.

Ob der von Mathilde am 19. Juni 1941 gestellte Antrag bei der Goebbelsstiftung Erfolg hatte, ist nicht nachweisbar. Befremdlich erscheint uns heute die „Heil-Hitler-Grußformel" am Schluss ihres Briefes. Aber wenn man von den Nationalsozialisten Geld wollte, war diese Grußformel unumgänglich und daraus eine nationalsozialistische Gesinnung Mathilde Kraliks ableiten zu wollen, wäre vollkommener Unsinn. In keinem ihrer Briefe oder Werke ist eine Huldigung des Nationalsozialismus erkennbar.

Drei Jahre nach der Antragstellung starb Mathilde Kralik am 8. März 1944 im Altersheim „Herbstsonne" in der Argentinierstraße. Gemeldet war sie bis zu ihrem Tod in der Wohnadresse Weimarer Straße 89. Die Parte unterzeichneten ihre Schwester Luisa von Deeben und Mathildes Lebensgefährtin Alice Scarlates. Alice verblieb in der gemeinsamen Wohnung Weimarer Straße 89 bis zu ihrem Tod im Jahr 1958.

> Für die liebevolle Anteilnahme und die Blumenspenden anläßlich des Ablebens unserer innigstgeliebten Schwester und Freundin
>
> **Mathilde Kralik von Meyrswalden**
>
> sprechen wir allen Verwandten und Freunden unseren herzlichen Dank aus.
>
> **Luisa Pichler Edle von Deeben**
> **geb. Kralik von Meyrswalden**
> **Dr. Alice Scarlates**

Schlussbemerkung

Die hier zusammengetragenen Dokumente von Mathilde und die Kurzbiografien von Personen, mit denen sie in ihrem Leben zusammentraf, sind kleine Mosaiksteinchen, die nur ein unscharfes Bild wiedergeben. Mathildes inneres Wesen wird uns wohl für immer verborgen bleiben, es sei denn, wir können in ihrer Musik lesen wie in einem Buch. Ihr Intermezzo in d-moll gibt etwas von diesem inneren Wesen wieder. Sie komponierte dieses Stück mit 20 Jahren und legte es am 2. Juli 1878 der Prüfungskommission vor. Nicht umsonst erhielt sie dafür den ersten Preis. Passagen dieses Intermezzos unterstreichen die spätromantische Musikrichtung der damaligen Zeit, vielleicht die eines „weiblichen Chopin".

Mathilde Kralik von Meyrswalden, die einen langen Lebens- und Arbeitsweg gegangen war, blieb ihrem Stil Musik zu komponieren treu. Weder Ruhmsucht noch Zeitgeist konnten sie von diesem Weg abbringen. Es ist bedauerlich, dass wertvolle Musik nicht immer die großen Konzerthäuser erreicht. Dieses Schicksal teilt Mathilde mit vielen vergessenen Komponistinnen. Die tonale Musik stand nach dem Ersten Weltkrieg nicht mehr im Mittelpunkt. Dieser Bruch ist eindrucksvoll in den Werken Arnold Schönbergs erkennbar, dem Pionier der Atonalität. Seine Musik löste sich vollkommen von den Beschränkungen der Tonalität, so gesehen war also kein Platz mehr für spätromantische Kompositionen.

Möge diese Biographie dazu beitragen, Interesse besonders bei Musikstudenten/innen zu wecken, sich näher mit den Werken der Tonkünstlerin zu beschäftigen, denn diese Aufmerksamkeit verdient Mathilde Kralik.

Viele Schätze sind noch nicht geborgen, da es mir nicht möglich war, den gesamten musikalischen Nachlass in der Musikabteilung der Österreichischen Nationalbibliothek (ÖNB MS Kralik Fonds F53 K) zu sichten, geschweige denn musikwissenschaftlich auszuwerten. Besonders dankbar bin ich meinem Freund Prof. Timur Sergeyenia, der sich als Pianist intensiv mit Mathildes Musik beschäftigt und viele ihrer Klavierwerke einem Publikum näher gebracht hat.

Jedem Konzertbesucher sagen Töne vielleicht etwas anderes, jedem eben das, was gerade im innersten seiner Seele schlummert. So gesehen ist es ein Segen guter Musik, dass sie nicht durch Begriffe und Worte dozieren muss, sondern wie eine Daune widerstandslos auf den Grund unserer Seele niederschweben kann und dort angekommen, vielleicht dieses Geheimleben anrührt, um es an die Oberfläche unseres Bewusstseins zu befördern.

Der Schriftsteller Antoine de Saint-Exupéry lässt in seinem Buch „Der kleine Prinz" den Fuchs sagen: *„Man sieht nur mit dem Herzen gut. Das Wesentliche ist für die Augen unsichtbar."* Wenn wir diesen Gedanken übertragen, ist es dann nicht auch so, dass wir nur mit dem Herzen das Wesentliche hören? Wenn wir dazu bereit sind, wird sich uns die Musik erschließen, sie wird unser Herz öffnen und unseren Horizont erweitern.

Familiengrabstätte von Mathilde Kralik auf dem Zentral-friedhof in Wien, Tor II, Gruppe 16 D, Reihe 1, Nr. 1

Pressekritiken zu Mathildes Musik

Als die Nummer 1 in der Wiener Musikszene des 19. Jahrhunderts gilt Eduard Hanslick. Er wurde am 11. September 1825 in Prag geboren und starb am 6. August 1904 in Baden bei Wien. Der österreichische Musikwissenschaftler gilt als einer der einflussreichsten Musikkritiker seiner Zeit. Hanslick wuchs in Prag auf, sein Vater Joseph Adolph Hanslick, der ursprünglich Priester werden wollte und in einem Kloster als Sängerknabe die Liebe zur Musik entdeckte, brach das Theologiestudium ab und widmete sich der Philosophie und Ästhetik. Eine Weile hatte er darin ein Lehramt an der Prager Hochschule inne. Seinen Lebensunterhalt bestritt er als Bibliograph und mit Unterricht, besonders in der Musik. Er war verheiratet mit einer Kaufmannstochter aus Wien.

Eduard Hanslick berichtet in seinen Memoiren, dass er und seine vier Geschwister umfassend vom Vater erzogen wurden. Er „unterrichtete uns in allen Gegenständen selbst, auch im Klavierspiel". Hanslick studierte zunächst Rechtswissenschaften und krönte den Abschluss dieses Studiums 1849 mit einer Promotion. Er erhielt aber auch Klavier- und Kompositionsunterricht bei Václav Jan Křtitel Tomášek. Zufolge der Schilderung in seiner Autobiographie *Aus meinem Leben* studierte er die sämtlichen Etüden Chopins, Henselts und Thalbergs; zudem komponierte er Lieder, von denen ein Heft sehr viel später zur Veröffentlichung kam. Von 1850 bis 1852 arbeitete Hanslick als Jurist in Klagenfurt. Während der Märzrevolution 1848/49 war er als politischer Kommentator auf der ‚falschen Seite' und musste sich beruflich umorientieren, als die Restauration begann. Seine Beamtenlaufbahn verfolgte er nicht weiter und wendete sich stattdessen der Musikwissenschaft zu. In seiner Autobiografie *Aus meinem Leben* (1894) äußerte sich Hanslick entsetzt über das damalige Niveau des Wiener Konzert- und Theaterlebens (das stark auf die späteren Kriegsgegner Frankreich und Italien ausgerichtet war). Bald schrieb er regelmäßig Kritiken für die *Wiener Zeitung*, ab 1855 für die *Presse* und 1864–1901 für die *Neue Freie Presse*. Sein bekanntestes Werk *Vom Musikalisch-Schönen* erschien 1854 und wurde als Habilitation anerkannt. Es war sofort ein großer Erfolg, erlebte in den folgenden Jahren einige Neuauflagen und wurde in mehrere Sprachen übersetzt.

In seiner Schrift bezog er zu der in den 1840er Jahren vorherrschenden Gefühlsästhetik eine Gegenposition. Daraus erklärt sich die berühmteste Aussage dieser Schrift, wonach der Inhalt der Musik aus „tönend bewegten Formen" bestehe. Mit dieser Parallelsetzung von Inhalt und Form nahm er einen Gedankengang aus Hegels *Phänomenologie des Geistes* auf. Dass er das „Ausdrücken" dem „Darstellen" vorzog und erklärte, mit ihm sei die Doppelung zwischen Darstellung und Dargestelltem überwunden, rückt Hanslick in die Nähe der Einfühlungstheorie. Gegner, so Franz Brendel in einer Rezension in der *Neuen Zeitschrift für Musik*, hielten ihm vor, dass über die von ihm bestrittene Möglichkeit einer objektiv verstehbaren Programmmusik erst eine künftige Musikwissenschaft entscheiden könne. 1861 erhielt Hanslick eine Universitätsprofessur für Ästhetik und Geschichte der Musik in Wien und begründete so die Musikwissenschaft als selbstständige universitäre Disziplin.

Hanslick betrachtete die Musik der Wiener Klassik, etwa die Wolfgang Amadeus Mozarts und Ludwig van Beethovens als Höhepunkt der musikalischen Entwicklung und sah in Robert Schumann und Johannes Brahms würdige Nachfolger. Auch deswegen stand er der so genannten Neudeutschen Schule um Franz Liszt und Richard Wagner kritisch gegenüber. Dies hielt ihn nicht davon ab, Schumanns Musikanschauung bisweilen zu kritisieren. Hanslick wird allgemein als polemischer Kritiker und Gegner Wagners angesehen. Die Figur des „Merkers" Sixtus Beckmesser in Wagners Oper „Die Meistersinger von

Nürnberg" war vom Komponisten zeitweise als Parodie auf seinen vermeintlichen Gegner und Kritiker gedacht. Dem entspricht, dass die Figur im zweiten Prosaentwurf des Textbuchs von 1862 den Namen „Hans Lich", später „Veit Hanslich" trug. Dabei wird übersehen, dass Hanslick in der Zeit um 1845, als Wagner die ursprüngliche Konzeption der *Meistersinger* aufzeichnete, noch ein begeisterter Anhänger Wagners gewesen war. Wagner und Hanslick begegneten einander im Sommer 1845 erstmals in Marienbad, wo Wagner sich zur Kur aufhielt, und zwar exakt an dem Tag, nachdem Wagner dort seine erste *Meistersinger*-Entwurfsskizze abgeschlossen hatte. Über Hanslicks Einwände und Vorbehalte gegenüber Wagner und seinem Werk ist die Zeit hinweggegangen. Nachgerade als grauenhaft aber könnte man seine Kritik über Pjotr Iljitsch Tschaikowskis Violinkonzert in D Op. 35 Violinkonzert (Tschaikowski) bezeichnen, die in den Worten gipfelt, es bringe „uns auf die schauerliche Idee, ob es nicht auch Musikstücke geben könnte, die man stinken hört". Dennoch sind seine Aufzeichnungen und ausführlichen Kritiken immer noch lesenswert. Hanslick ist auch als Kritiker Hugo Wolfs bekannt. In die Biographie Anton Bruckners hat er insoweit hineingewirkt, als er in seinem Amt als Professor für Ästhetik über Bruckners Gesuch zur Anstellung als Dozent für Tonsatz an der Wiener Universität entscheiden musste. Hanslick lehnte das Gesuch zuerst ab; doch musste er sich später einer entgegengesetzten Mehrheit in dem zuständigen Gremium beugen.

Abgesehen von Hanslicks pointiert-bissigen, manchmal ungeheuer falschen und doch ebenso unterhaltsamen Aussagen über Komponisten und Werke hat er vor allem eines bewirkt, die Auseinandersetzung mit dem Werk. Man mochte für oder gegen ihn sein, sein Urteil in den Himmel heben oder verdammen - den wachen und fachlich profunden Formulierungen konnte man sich nicht entziehen, die Leser der *Presse* und der *Neuen freien Presse* waren zur Auseinandersetzung mit dem jeweils Kritisierten gezwungen. Natürlich schmerzte es Franz Liszt, als Hanslick seiner *Faust*-Symphonie „geplagte Akkordfolgen, stolpernde Rhythmen, klägliche Melodiebrocken und endlose Wiederholungen eines Motivs, das schon einmal scheußlich ist" attestierte, doch es war das beste Marketing. Leser kauften die Zeitung, um zu erfahren, was Hanslick zu diesem oder jenem eingefallen war, sie versuchten die stolpernden Rhythmen auch zu hören, es wurde öffentlich gestritten, viel Aufhebens um Formulierungen gemacht, kurzum: Es wurde geredet.

Da ist es kein Zufall, dass in Zeiten eines Höhenfluges des kompositorischen Schaffens auch die Musikkritik einen wesentlichen Stellenwert in der Gesellschaft einnahm. Allein die Längen! Eine Rezension konnte über Seiten gehen; bis ins Detail wurde geschrieben und gedacht, Zusammenhänge wurden hergestellt und das Pressegesetz war noch so liberal, dass praktisch alles Gedachte auch geschrieben werden durfte. Sollte uns das heute nicht zu denken geben?

Etwas bedroht die Kritiker-Spezies; dem Zeitgeist entsprechend steigt das allgemeine Interesse an einer reinen Berichterstattung, der wertungsfreien, fröhlichen Ankündigung. Dabei ist es natürlich Aufgabe der Presse, ihre Leser schon möglichst früh umfassend zu informieren - aber das darf stets nur ein Aspekt bleiben. Ebenso wichtig ist es, in den Kulturseiten echte Rezensionen zu finden. Kritiker gehören deshalb in die Veranstaltungen, um sich eine eigene Meinung bilden zu können.

Beschneidet man nun Kritiken - in welcher Form auch immer - kommt der Kreislauf ins Stocken: Ohne Beschäftigung mit der Sache kommt es zum Auskühlen des allgemeinen Interesses, zu einem reinen Konsumieren, zu einem Abbau der untrainierten Muskelmasse. Hanslicks Erbe sollte heute mehr denn je hochgehalten werden. Denn wie hieß es schon Mitte des 19. Jahrhunderts in einem Wiener Theateralmanach? „Die Kritik nenn ich die Feile für den Geist / Gleich dieser glättet sie auch Jenes, was sie beißt."

Der Kritiker-Papst Eduard Hanslick erwähnte Mathildes Namen erstmals am 19. April 1878 in der Wiener Zeitschrift „Neue Freie Presse". Mathilde, erst 20-jährig, war zu dieser Zeit noch Studentin am Wiener Konservatorium und präsentierte die Komposition: „Sonate für Violine und Klavier". Mathildes Vater Wilhelm wurde kurz vor seinem Tod 1877 von Kaiser Franz Josef I. geadelt. Mathilde aber wurde im musikalischen Sinne durch Eduard Hanslick geadelt. Seine Kritik über sie in der Presse kam einem Ritterschlag gleich. Die vier gefundenen Pressekritiken von Eduard Hanslick über Mathilde stammen aus den Jahren 1878 bis 1881:

Neue Freie Presse, 19. April 1878. (Hanslick)

Herr M. Friedberg, der brillante Violinvirtuose [...] eröffnete sein Konzert mit einer Sonate für Violine und Klavier von Mathilde von Kralik. Die Komposition des jungen Fräuleins, einer Musterschülerin des Wiener Konservatoriums, hat uns auf das angenehmste überrascht. Komponistinnen sind selten und begnügen sich meistens mit niedlicher Anfertigung kleinerer Tonstücke. Mathilde von Kralik beweist durch ihre große, viersätzige Sonate, dass sie die Sache ernster nimmt und zu bedeutenderen Leistungen berufen ist. Ein Zug von Gediegenheit, Solidität und fast männlichem Ernste geht durch dieses Stück [...] Der erste Satz tritt kräftig auf und entwickelt sich sehr einheitlich; das Andante gewinnt durch warme, nicht weichliche Empfindung. In beiden Sätzen stößt man auf eigentümliche Gedanken, mitunter auf kühne harmonische Wendungen. Wir halten Fräulein Kralik für ein echtes, ursprüngliches Talent, das, allerdings noch nicht ausgereift, einer schönen Zukunft entgegensieht.

Neue Freie Presse, Wien, 4. Juli 1878. (Hanslick.)

Bei dem am 2. Juli am Konservatorium abgehaltenen Konkurse der Ausbildungsschule für Komposition (Schule Prof. Franz Krenn) hat die Jury, bestehend aus den Herren Direktor Hellmesberger [...] zuerkannt, und zwar [...] rücksichtlich des dritten Jahrganges den ersten Preis (einstimmig) dem Fräulein Mathilde von Kralik.

Neue Freie Presse, 17. März 1880. (Ed. Hanslick.)

Gleich die erste Nummer war eine Rarität: »Trio« von Mathilde von Kralik. Denn sind komponierende Damen überhaupt nicht häufig, so gehören solche, die über das Lied hinaus sich an größere, schwierigere Formen wagen, zu den größten Seltenheiten. Fräulein Kraliks Trio verrät ein entschiedenes Talent von auffallend männlichem Charakter, der sich in trotzigen Motiven, in gewagten Modulationen wohl fühlt und fast ängstlich allem bloß Tändelnden oder Schmachtenden aus dem Wege geht.

Neue Freie Presse, Wien, 20. Oktober 1881 (Ed. Hanslick.)
Musikalische Novitäten. Von Klavierkompositionen, die sich über das Niveau eleganter Salonmusik erheben, nennen wir [...] »und fünf Klavierstücke«, welche von einer talentvollen jungen Dame, Mathilde Kralik, komponiert und ihrem Lehrer, Herrn Julius Epstein, gewidmet sind.

Allgemeiner Literatur-Anzeiger, Wien, 8. März 1879.
Mathilde Kralik. Sonate für Klavier und Violine (d-moll). Wien, Verlag A. Gutmann. (Dr. Th. Helm.) Die Komposition einer Schülerin des modernste Ziele verfolgenden Konservatoriums Professors Anton Bruckner. Für eine Damenarbeit auffallend knapp und gedrungen, klar, durchsichtig, ohne jedes überflüssige Wortgepränge. Die Gedanken scharf und sicher gezeichnet, besonders plastisch im ersten Satze, dessen männlich energischer Rhythmus an einer Komponistin geradezu überrascht.

Tagespost, Graz, 15. Dezember 1880 (C. M. v. Savenau.)
M. Kralik. Sonate für Klavier und Violine. Wien, Gutmann.[...] Die vorliegende Sonate, das Werk einer jungen Dame, spricht entschieden für die ungewöhnliche Begabung der Komponistin. [...] Die Themen der vier Sätze sind gut erfunden und eignen sich zu mannigfacher Verwertung; dabei dürfen wir die melodiöse Seite derselben, als einen der Vorzüge dieses Werkes, nicht unerwähnt lassen. Ebenso anerkennenswert ist der ganzen Sonate eigene Gedrängtheit der Form, ein bei jungen Komponisten nicht allzu oft vorkommendes Maß halten.

Tagespost, Graz, 5. Februar 1882.
Im Verlage von A. Gutmann in Wien sind vor kurzem fünf Klavierstücke von M. Kralik erschienen. Die junge Komponistin hat sich schon durch ihre Klaviersonate mit Violinbegleitung einen guten Ruf in der Musikwelt erworben; sie bewährt und befestigt durch ihr neuestes Werk diesen guten Ruf in anerkennenswerter Weise. Das Heft von M. Kralik enthält: 1. Festmarsch, 2. Träumerei, 3. Liedchen, 4. Intermezzo, 5. Gavotte, unter welchen Piecen ein seltsamer und eigentümlich reizender Zwiespalt herrscht — ein männlicher Geist und eine zarte Frauenseele scheinen hier um die Herrschaft zu ringen. Der feurige Festmarsch, die Gavotte mit dem wild originellen

und packenden Grundthema, das Intermezzo mit seinem tiefsinnigen, schwermütigen Anfange sind Produkte eines scharf überlegenden Geistes, der sich nur zuweilen in etwas zu grellen Dissonanzen und harten Übergängen gefällt. Durch das »Liedchen« und die »Träumerei« geht ein lyrischer Zug — ein inniges, fast schwärmerisches Fühlen spricht sich in ihnen aus. In der Träumerei scheint es ein immer und immer wiederkehrender Gedanke zu sein, der das Herz der Komponistin beschäftigte — ein Gedanke, der aber so lieblich ist, dass man seine oftmalige Wiederholung sehr leicht erträgt. A.

Allgemeine Kunst-Chronik von Dr. W. Lauser 14. November 1885. Über fünf Lieder aus R. Kraliks (Anmerkung: ihr Bruder Richard v. Kralik) »Büchlein der Unweisheit« von Mathilde von Kralik schreibt Dr. H. M. Schuster:

Sie sind musikalisch leicht fließend, interessant und doch ungesucht, trotz einiger anfangs etwas befremdenden Wendungen, dabei aber echt empfunden und von einem Hauch sinniger Poesie durchweht. Allerliebst ist schon das erste in seiner kanonischen Gestaltung mit geschickt gesteigerter Klangwirkung des Klavierparts, reizend der Schluss des zweiten »denn ich will nun von ihr träumen«, wogegen das dritte durch ernstere Haltung absticht, dabei aber wieder sehr schön ausklingt Leicht und lebendig ist das vierte »Hunderttausend Liederkeime« und sehr gedankenvoll das letzte »Nacht ist's«.

Neues Wiener Journal. 26 Oktober 1897

Eine neunhundertjährige Novität.[…] Der szenischen Darstellung von »Fall und Busse Marias« (Drama von Roswitha) ging noch eine Aufführung des berühmten Hymnus der heiligen Hildegardis voraus.[…] Mathilde von Kralik hat den Hymnus für Sopransolo und Frauenchor arrangiert. Das Tonstück machte vorzügliche Wirkung.

Neue musikalische Presse, Wien, 24. April 1898.

»Lieder im heiligen Geist.« Religiöse Gesänge, aus dem Geiste geboren, und nicht aus dem Fleische. Wie Mathilde Kralik hier unbekümmert den höchsten Gedanken nachgeht, das rührt, das ist erhebend. Nazarenische Unsinnlichkeit atmet in ihrer

Musik. Aus antiken und modernen Motiven webt sich hier ein besonderer Stil. Es ist viel herauszuhören aus dem Buche für einen, der hineinzuhorchen versteht.

Neue musikalische Presse, Wien, 8. Mai 1898. (Heinrich Geister.)
Mathilde von Kraliks Trio ist eine geistreiche Arbeit, deren Vorzug weniger in der melodischen Erfindung als in der Disposition, im Aufbau liegt. Wie wenig kann man von einem Kunstwerke sagen […] es ist also gar nichts gesagt, wenn man von dem rhythmisch straffen ersten Satz des Trios spricht, von dem mächtig anschwellenden Zwiegesange der Geigen in der Durchführung, von der feierlichen Pracht des Adagio, von dem über ein einziges Klaviermotiv gepeitschten Scherzo, das sich in ein heißblütiges Finale ergießt. Musik will gespielt und gehört sein. Wenn sich aber Dreie zusammenfinden und dieses Trio spielen, sie werden sich an vielem freuen und gute Dinge erleben.

Signale für die musikalische Welt, Leipzig, 11. November 1899.
Von Mathilde von Kralik sind »Zwölf Jugendlieder« für eine Singstimme mit Klavierbegleitung, denen ein längeres Klavierstück als Einleitung vorausgeht, in geschmackvollem Bande bei Albert J. Gutmann in Wien herausgekommen. Den Liedern liegen Texte von Walther von der Vogelweide, Thibaut von Navarra, Shakespeare, Klopstock, Herder, Goethe und Uhland zugrunde, die von der Komponistin mit erfreulichem Talent und musikalischem Geschick behandelt sind.

Die Zeit, Wochenschrift. Wien, 20. Jänner 1900. R. W[allaschek].
»Weihnachtskantate« für Soli, Chor und Orchester. (Manuskript) Durchaus modern ist trotz des religiösen Stoffes das Orchester behandelt. Der Inhalt des Gedichtes zwingt die Komponistin, die ganze Skala menschlicher Gefühle durchzugehen. Wenn man bedenkt, dass eine Dame unter den gegenwärtigen Verhältnissen bei weitem nicht die orchestrale Praxis haben kann, die einem Manne so leicht zugänglich ist, so ist es zum mindesten staunenswert, wie sehr die Künstlerin ihrer schwierigen Aufgabe gerecht wurde. Gleich der Anfang, wo neben dem Hauptchor und der Solostimme noch ein Knabenchor in lang gehaltenen Tönen die kunstvoll verschlungenen Melodien zusammen hält, zeigt von seltener Geschicklichkeit. Die

Künstlerin verlässt dann den Stil Bachs, um sich in modernen Formen auszusprechen, bald die vier Solisten, bald das Soloquartett zu Wort kommen zu lassen und dann in frischeren Rhythmen und voll tönenden Akkorden dem Schlusse zuzueilen. Die Komponistin fand reichen Beifall.

Ostdeutsche Rundschau. Wien, 19. Jänner 1901. H[ans] W[agner].
Ein neues, ungedrucktes Nonett (Klavier, Streichquartett, zwei Hörner, Klarinette und Fagott) der heimischen Komponistin Mathilde von Kralik errang bei der ersten Aufführung […] einen großen und - mit Vergnügen stellen wir dies fest - wohlverdienten - Erfolg. Fräulein Kralik hat seit ihrem letzten Hervortreten eifrig und mit großem Ernste an ihrer künstlerischen Vervollkommnung gearbeitet. In dem neuen Werke bekundet die hochbegabte Komponistin - eine Schülerin Bruckners - vollständige Formensicherheit, sowie gründliche Vertrautheit sowohl mit der Technik der einzelnen Instrumente als auch mit deren Verwendung und Mischung zur Erzielung reizvoller und charakteristischer Klangwirkungen. Besonders erfreut hat uns der klare Aufbau, die schöne, edle Liniengebung in der Stimmführung, die ungekünstelte, gediegene Kontrapunktik, sowie die anmutige frische Melodik.

Ostdeutsche Rundschau. Wien, 6. Februar 1902.
Streichquartett in A-dur von Mathilde von Kralik. (Manuskript) Es ist dies ein interessantes, an Klangschönheiten reiches Werk, welches großen Beifall erregte.

Narodni Listy. Prag, 2. März 1904. (Übersetzung.)
Ein edles Streben bezeugt die Symphonie in f-moll (Manuskript) von Frl. Mathilde Kralik von Meyrswalden. Die Komponistin ist zwar von den strengen Anforderungen der Symphonie abgewichen, die schon in der Benennung der einzelnen Sätze bezeichnet sind; sie verfolgt eher eine frei gebundene, zu einem Ganzen verschmolzene symphonische Komposition. Nichtsdestoweniger bekundet sie in der Bearbeitung Geschick und ausgereifte Routine, sowie ernste Intentionen.

Fremdenblatt Wien, 8. April 1905

Kompositionskonzert Mathilde von Kralik.

Die zahlreichen Lieder M.v. K.'s entrollten ein Bild ernsten Kunstschaffens. Alle die liebenswürdigen Ideen und Einfälle sind in einwandfreie Form und Tonsprache gebracht. Dass der zweistündige Liedervortrag nicht ermüdend wirkte, spricht genugsam zugunsten der Tonsetzerin. Warmer Beifall, der auch Wiederholungen erzwang, hielt den Abend über an.

Neues Wiener Tagblatt, 16. April 1905.

Ein glückliches Gelingen war dem Kompositionskonzert des Fräuleins Malhilde von Kralik beschieden. Die Gedichte, welche die als Tondichterin sehr geschätzte Dame in Musik gesetzt hat, stammen meistenteils von ihrem Bruder Richard von Kralik. Frau Gutheil-Schoder und Herr Georg Maiki sangen die zahlreichen Lieder, die uns die Konzertgeberin darbot, mit wärmstem Empfinden.

Deutsche Zeitung 16. April 1905.

Mathilde von Kralik muss an erster Stelle genannt werden als Künstlerin, die zu reinen Genüssen lud. Die Komponistin hat ja, banale Texte vermeidend nur solche zur Vertonung gewählt, die an die äußersten Grenzen des Empfindens, sei es ernster, sei es heiterer Art, rühren. Unsere Klassiker der Lyrik kamen da zu Wort als eine Auswahl aus dem Band »Jugendlieder« wo […] M. v. K. eigene Melodien zu finden weiß, ohne dem als unverrückbar zu achtenden Stimmungsgehalt irgendwie, um der bloßen Originalität willen Gewalt anzutun. Der Denker und Dichter, den wir in Richard von Kralik verehren, war fernerhin auch zu vernehmen mit Stücken aus seinem Zyklus »Lieder im heiligen Geist«, »Büchlein der Unweisheit« und »Maia«.

Das Vaterland. Wien, 11. Juni 1905. A. S(chnerich)

Unsere rühmlichst bekannte Komponistin Mathilde von Kralik hat sich nun auch auf kirchlichem Gebiete betätigt. Ihre schöne Messe in G für vier Singstimmen mit obligater Orgelbegleitung machte bei der Aufführung am letzten Sonntag in der St. Peterskirche unter Karl Rouland einen sehr günstigen Eindruck. Am glücklichsten finden wir, wie oft, jene Sätze, bei welchen wenig Text zu bewältigen ist. So ist schon das Kyrie mit dem fingierten Zwischensatz sehr würdig und ansprechend. Den Höhepunkt des Werkes bildet wohl das verklärte Sanctus.

Westfälisches Tagblatt. 1906.

Wie Humperdincks durchschlagendes Märchenspiel dem Zusammenwirken zweier Geschwister sein Entstehen verdankt, so haben sich auch bei der in das Gebiet des Oratoriums einschlagenden Passionsmusik »Der Kreuzweg« (Manuskript), dessen Uraufführung die »Cäcili?« (Dirigent H. Schmidt) sich als Verdienst anrechnen darf, die Geschwister Kralik in geistiger Arbeit ergänzend, die Hand gereicht. Richard von Kralik schildert im Text die vierzehn Leidensstationen Christi von der Verurteilung zum Tode bis zur Grablegung, und Mathilde von Kralik, als aufgeklärte Wienerin in den noch nicht ausgetretenen Spuren der »Moderne« wandelnd, hat den anerkennenswerten Mut, ihr musikalisches Glaubensbekenntnis an einem Stoff zu erproben, der, traditionell betrachtet, im Sinne dieser Kunstrichtung eine spröde Materie in höchster Potenz ist, dessen seelischen Gehalt zu erschöpfen aber gerade den modernen Tonkünstler reizen muss. Das Wagnis ist der Komponistin glänzend gelungen; innerhalb der nicht gerade mannigfaltigen Gliederung des musikalischen Entwurfs bringt sie einen Reichtum an musikalischen Nuancen, Bilder von packendstem Farbenreiz und dabei eine so machtvolle, männlichen — Wagnerschen — Geist atmende Instrumentation, dass wir uns immer wieder fragen mussten, ob es tatsächlich eine Frau gewesen, die mit solchen bis zum Extrem gesteigerten Mitteln Richard Strauss'scher Technik es fertig brachte, in uns die tiefsten seelischen Erschütterungen wachzurufen, uns das Schauervolle der Situation zu vergegenwärtigen, ohne, gerade im Hinblick auf den Stoff, roh zu wirken. Eine gleich glückliche Behandlung zeigt der vokale Teil, der teilweise Stellen von Entzücken der Schönheit bietet.

Literarischer Handweiser, Münster i. W., 1906. Nr. 14. (H. Seh.)

»Lieder im heiligen Geist« von Richard und Mathilde von Kralik (Wien, A. Gutmann). […] Allen jenen aber, die über das nötige technische Rüstzeug verfügen und die gewohnt sind, nicht eher zu ruhen, als bis sie mehr oder weniger sich der idealen Höhe des Kunstwerkes genähert haben, denen seien diese Lieder wärmstens empfohlen. Sie werden ihnen eine immer wieder fließende Quelle tiefster Freuden sein, mögen sie nun sich der Hoheit und Würde des einen oder der Lieblichkeit des andern erfreuen. Sie werden mit mir einig sein in dem Urteil, dass diese Lieder in der ganzen Literatur kaum ihresgleichen haben.

Reichspost, Wien, 10. März 1906. Dr. W. O.
Autorenabend Mathilde und Richard von Kralik. Noch sei der bedeutendsten unter ihren Kompositionen gedacht, des »Prinz Eugene« »Des Kaisers Urteil« ließ Trommelwirbel und Soldatentritt. Akkorde aus dem Prinz-Eugen-Lied und Rezitativanklänge an unser Ohr vorübertönen in engem Anschluss an den Text.
Geradezu gewaltig aber war die Wirkung des zweiten Gesanges » das Grabmal«. Wuchtig wie die Quadern des Stefansturmes selbst, von dem der Sang anhebt, schwollen die Töne hinauf in Wolkenhöhe und sanken wieder hinab, fest und breit. Das war mehr als Musik. Das war Musik und Gemälde zugleich. Es würde schwer halten, zu entscheiden, wem die Palme gebührt: Dem Dichter oder der Komponistin. Es klang wie pindarische Hochkunst aus diesem Werke zweier Geschwister.

Deutsches Volksblatt, Wien, 12. März H[orn]. 1906.
Richard und Mathilde von Kralik stehen in festgeeintem, künstlerischem Bunde. Der allseits bekannte, längst gewürdigte Poet und seine als Komponistin immer mehr zur Anerkennung gelangende Schwester sind eines Sinnes, eines Herzens, wenn es der Pflege der verschwisterten Künste, der Poesie und der Musik gilt. In Richards Versen birgt sich wie oft Musik und aus Mathildens Tönen spricht nicht selten ein tief poetisches Empfinden. So durchdringen und ergänzen sich die beiden Geschwister, von deren idealem Kunsteifer ein kürzlich veranstalteter Autorenabend neues, beredtes Zeugnis erbrachte.

Wiener Deutsches Taffblatt. 10. März 1906.
Max Morold nennt die Lieder desselben Autoren abends »echte und rechte Gesamtkunstwerke, in denen Musik und Poesie nicht bloß einträchtig nebeneinander hergehen, sondern zur untrennbaren Einheit verschmelzen. Im starken, tief gehenden Eindruck, den der Hörer empfängt, bleibt das Wort mit dem Ton, der Gedanke mit

der Liedweise eng und innig verbunden':-. Und über die Sammlung »Prinz Eugen« schreibt er: »Die Art, wie Mathilde von Kralik diese breit ausgeführten, wortreichen Gedichte musikalisch zu bändigen vermochte und wie sie hier, je nach dem Charakter der Strophen, den erzählenden Ton der Romanze mit dem vollen Klang hymnischen Aufschwunges abwechseln lässt, ohne doch den aufrechten Schritt, des Musikstückes zu hemmen, ist um so größerer Bewunderung wert, als die Mittel, die sie anwendet, immer nur höchst einfache sind.«

Westdeutsche Zeitung. Hagen, 9. April 1906.
[…] Grossen Beifall fand der in Text und Melodie gleich ansprechende »Kreuzweg« von Kralik mit seinen eigenartigen, aber doch so ergreifenden und zu Herzen gehenden Weisen.

Hagener Zeitung. Hagen, 10. April 1906,
Mit großem Interesse sahen wir der Aufführung des »Kreuzweg« (Text von Dr. Richard von Kralik, Musik für Soli, Chor und Orchester von Mathilde von Kralik) entgegen. Es werden die vierzehn Stationen des Kreuzweges sowohl durch den erhabenen Text, als auch durch die demselben würdig angepasste Musik in lebhafter Weise vor die Seele geführt... Einzelne Stellen waren geradezu von überwältigender Wirkung. »Das sind die Kriegsfanfaren« ergriff mit Macht den ganzen inneren Menschen. Wie innig bittend erklang dann bei der zwölften Station Sopran mit Chor: »Dass du mit Himmelshelle«. Einen würdigen Schluss bildete das Soloquartett mit Chor. Voll lebendigen Glaubens und fester Hoffnung erklang es: »Nun ist der Leib begraben«.

Neue musikalische Presse, Wien, 25. September 1906 (Dr. Max Vancsa.)
Nun hat Mathilde von Kralik einen Teil ihrer Lebensarbeit, soweit sie der musikalischen Lyrik angehört, in vier stattlichen Liederheften (sämtlich im Verlage Albert Gutmann in Wien) erscheinen lassen und man kann ihr Schaffen nunmehr klarer überschauen, als dies bisher bei gelegentlichen Darbietungen möglich war.[…] Diese vier Liederhefte verdienen vollauf die Beachtung weiterer musikalischer Kreise

und die Künstlerin wird unter den musikalischen Lyrikern nicht mehr übersehen werden können.

Neue Freie Presse, Wien, 26. November 1906.
Zur Feier Karls des Grossen. […] Der zweite Teil der Feier, die mit einer von Mathilde von Kralik komponierten Festouverture (Manuskript) stimmungsvoll eröffnet wurde, brachte ein Melodrama von Richard und Mathilde von Kralik: »Kaiser Karl der Grosse in Wien«. Die Erzählung wurde vom Hofschauspieler Kainz wirksam rezitiert. […] Ernste, heitere und bewegte Weisen, kriegerische Klänge von kräftiger und orientalisch greller Färbung, lyrische Harmonien von schmerzlichem Leid und süsser Versöhnung illustrieren als musikalische Zwischenspiele den einfachen Vortrag der alten Sage. Den Orchesterpart besorgte trefflich der Konzertverein unter Leitung Schalks.

Deutsche Zeitung, Wien, 26. November 1906.
Festfeier für Karl den Grossen. Eine Ouvertüre von Mathilde von Kralik, gespielt vom Orchester des Konzertvereines unter Leitung Franz Schalks, bildete den Beginn. Die Komponistin, durch ihre Lieder und Kammermusikwerke bereits bestens bekannt, ist diesmal mit monumentaler Musik vor die Öffentlichkeit getreten und, wie konstatiert werden muss, mit außerordentlichem Erfolge. Ihre Festouverture ist mehr als bloß dekorative Musik, sie ist in ihrer Essenz ein gediegenes, solid und mit wirksamen Orchesterdetails durchgeführtes symphonisches Werk, das sich über einem gerade in seiner Knappheit heroischen Motiv, einem blanken und schneidigen Hornruf, dem charakteristischen Motive des gewaltigen, ehernen Kaisers, grandios aufbaut. […] Josef Kainz sprach eine Erzählung Richard von Kralik's »Karl der Grosse in Wien« und das Orchester begleitete dieselbe mit einer stimmungsvollen, melodramatischen Musik von Mathilde von Kralik. […] Prächtig und mit metallischer Kraft illustriert in der Musik die Durcharbeitung -des stolzen Kaisermotivs, das Herannahen des fränkischen Welteroberers und das Herausbrechen seiner Kriegerscharen aus den Schlüften - des Wienerwaldes. Die Dichtung, von Kainz vornehm und mit ruhiger epischer Energie vorgetragen und die bezeichnende Musik machten auf die Zuhörerschaft tiefen Eindruck.

Wiener Abendpost, 26. November 1906.

Gestern […] fand im großen Musikvereinssaale die Vorfeier zur Enthüllung des Kaiser-Karl-Denkmales statt. Den Anfang machte eine von Fräulein Mathilde von Kralik komponierte Ouvertüre, die mit der gleichfalls von ihr herrührenden musikalischen Begleitung des Hauptteiles der Feier (Melodram) ein erkennbares Ganzes bildete. Galt nun beides dem Grossen Kriegsherrn, dem mächtigen Staatengründer, dem Schützer und Förderer von Christentum und aller Kultur, so mussten sie den großen, gehobenen Ton anschlagen, der die Komposition auch tatsächlich erfüllt. Der kräftige Atemzug einer männlichen aber gottergebenen Heldenseele durchdrang die Musik und wohl auch die Herzen der Zuhörer.

Literarischer Handweiser, Münster, 1907. Nr 5 (H. Seh.)

Messe für vierstimmigen gemischten Chor und Orgel von Mathilde von Kralik. Wien, Gutmann, 1895. […] Es handelt sich bei dieser Komposition wie bei den jüngst besprochenen Liedern »Im heiligen Geist« um eine hochbedeutsame Erscheinung. Sie ist modern, nicht in dem Sinne, wie man es jetzt so häufig als Empfehlung liest: »mit massigem Gebrauch des Chromas«, sondern etwa wie bei Strauss, d. h. die Komponistin, die in der modernen Musik aufgewachsen und zuhause ist, schrieb nieder, was ihr in jenen ernsten Stunden, da sie an dieser Messe arbeitete, überhaupt einfiel, unbekümmert darum, welcher Stilgattung das Empfundene angehörte. So entsteht allemal etwas, was zu Herzen geht und, wie jedes echte Kunstwerk, sowohl den Kenner wie den Laien entzückt. Dass diese Messe den Kenner befriedigt, bewies mir die Einstudierung insofern, als meine Sänger, denen Palestina, Lassus, Bach von ihren Meisterwerken her bekannt sind, schon bei den ersten Proben Feuer und Flamme wurden. Dass sie aber auch das Volk fesselt, bewies mir die Aufführung. Seit langem hat hier nichts einen solchen Eindruck gemacht wie dieses Werk.

Österreichische Volkszeitung, Wien, 17. März 1908. e. K.

Mathilde von Kralik. Vierstimmige Messe mit Orgel. — Das mir heute zur Beurteilung vorliegende Werk, das gelegentlich seiner Aufführung vor einigen Wochen in der Augustinerkirche unter der Leitung von Kapellmeister Eder in seiner ganzen Schönheit voll zur Geltung kam und berechtigtes Aufsehen erregte, gibt ebenso sehr Zeugnis von der hohen Begabung, wie auch von der vortrefflichen Schulung der Komponistin. Eine beachtenswerte künstlerische Individualität prägt sich in dieser Messe aus — in dieser Messe, die den Stempel der Originalität so zwingend auf sich trägt; die seltsam anmutende tiefe Haltung der Sopran- sowie der Altstimme, der die verhältnismäßig hohe Führung von Tenor und Bass entspricht, macht das Werk zu einem Unikum, das nicht mehr so leicht von dem, der es einmal gehört hat, vergessen werden kann. Die einfache Satzweise, reich an Zartheit und Feinfühligkeit, erinnert oft an alte Kirchentonarten oder an Palestrinas innige Klarheit und doch findet sich so mancher echt moderne Zug in der Messe. Schlicht und einfach gibt sich diese Komposition in allen ihren Teilen, und wo sie auf unser Herz und auf unser Gemüt wirkt, da ist diese Wirkung nie und nimmer gesucht und daher um so tiefer und nachhaltiger. Eine schöne Frucht des Talents und des Fleisses, an der man seine herzlichste Freude haben kann.

Neues Wiener Tagblatt, 25. April 1908.
[…] Weitaus größeres Vergnügen bereitete uns eine andere Komponistin, Fräulein Mathilde von Kralik, die wieder einmal einen eigenen Kompositionsabend gab und durch ihre ausdrucksvollen Lieder und einige sehr gelungene Fragmente aus einer Oper »Blume und Weißblume«, deren Text von Richard von Kralik stammt, neuerlich bewies, dass sie mit Recht in die erste Reihe der Komponistinnen gezählt wird.

Neues Münchener Tageblatt. 18. Mai 1908.
Eine Frau als Komponistin. Man ist in unseren Tagen gerne geneigt, der Frau jede schöpferische Eigenart, Erfindung und persönliche Gestaltungskraft auf musikalischem Gebiete abzusprechen.

Umso mehr Anerkennung verdient es, wenn einmal eine Künstlerin auftritt, die uns durch produktives Schaffen zu anderer Ansicht zu bekehren vermag. Eine solche Kraft ist die Wienerin Mathilde von Kralik. Nach der stillen Art tiefer Frauennaturen, die ihren inneren Reichtum an Begabung und schöpferischer Fähigkeit nur widerstrebend und nach langen inneren Kämpfen der lauten Menge preisgeben, hat sich das bedeutende musikalische Talent Mathilde von Kraliks sieghaft durchgerungen. Sonaten, Chorwerke, Oratorien, Messen, Heldenromanzen, schwermütige Liebeslieder und schelmische, wienerisch-liebenswürdige Gesänge sind die Musenkinder der reich und ernst schaffenden Künstlerin.

Rheinische Post, vom 3.Juli 2007 Petra Diederichs, Konzert in der „Alten Kirche" Krefeld am 30.6.07
Nach der Pause war's vorbei mit der Salonstimmung: Mathilde Kralik von Meyrswalden, die in diesem Jahr 150 Jahre geworden wäre, muss ein vulkanisches Temperament gehabt haben. Mit Fortissimo beginnt ihre Rhapsodie für Klavier. Ein hochkompliziertes, wuchtiges Tastenwerk, bei dem Prof. Sergeyenia durch die wilden Passagen fegte, die Melodie bändigte und zu feinen Figuren modellierte[…] Zum Schluss komplettierte die Cellistin Prof. Judith Ermert das Trio mit Sergeyenia und Prof. Michail Bezverchny. Exaktes Timing der Musiker zahlte sich vor allem in den zarten Momenten aus, die aus dem aufbäumenden Thema aufleuchteten. Wer's gehört hat, wird's so schnell nicht vergessen.

Werkverzeichnis

Mathildes Kompositionen zeigt die Liste mit über 250 Werknummern. Die Werkgattungen repräsentieren das breite Spektrum ihrer Musikproduktion der Zeit: Vom A-capella-Gesang über das Chorwerk mit konzertierenden Instrumenten, bis hin zur Messe, Oratorium, Kantate, Melodram und schließlich dem Sololied mit Instrumentalbegleitung.

Im Instrumentalbereich sind es Orchesterwerke und Kammermusik. Die Dominanz des Klavierliedes erklärt sich u.a. aus der Tatsache, das ihre Schwägerin Maia, geb. von Flattich, Frau ihres Bruders Richard Kralik von Meyrswalden, als Sängerin stimulierend gewesen sein könnte. Mathilde hat in ihren Liedern Texte von über 60 Autoren herangezogen, darunter viele ihres Bruders Richard Kralik von Meyrswalden.

Lied mit Instrumentalbegleitung

- Herbstgefühl, Text: J.W. v. Goethe, 1892
- Zu spät! (3 Frst., B, Kl.) Text: F.W. Weber-Tennyson. 1904 Autogr.
- Trauungsspruch für Hello Rover (SSol, 2S, A, Org./Harm.) Text: Mathilde v. Kralik 1929
- Trauungsweihespruch (2S, A, Org.) 1901
- Vor der Krippe (Bar., Kl.) Text: Karl Domanig, 1907
- Klage, Böhmisches Volkslied (3st. FrCh., Kl.) 1915
- Waldquellchen. Terzett f. Frauenstimmen (2S, A, Kl.) Text Louise Koch-Schicht 1927. UA 1917 Konzertsaal der Sezession. Frauenkompositionskonzert.
- Über des Traumes blühende Beete (2S, A, Kl.) Text: Leo Grünstein
- Chanson (A, T, Kl.) text Paul Verlaine 1907
- Ave Maria in D (SSolo, BarSolo 1923, Org., VISolo, ASolo, Org.) 1915
- Marienmonat (mezzo, Bar., Kl.) Text: Richard Kralik v. M. 1924

- Frühling (S, T, Kl.)Text: Dr. Max Hartwich 1927
- Ländliches Lied (2 Singst., Kl.) Text Gautier-Cornelius
- Zwischen dir und mir (MezzoS, T, Kl.) Text: Leo Grünstein
- Ave Maria in F (2 Singst., Org) 1929
- Mutterlied (2 Singst., Kl.) Text: Mathilde Kralik v. M. 1927
- Gebet (2S, Kl.) Text: Max von Weissenthurn.
- Minnelied der Margarete von Österreich (gest. 1530) (2S, A, Va. D'amore) Wien 1.6.1918
- Phantasie in e-Moll (Singstimme, Klavier, Violine), Text Kurt Erich Rotter aus Sterbende Träume, 1928
- Weihnachtsreigen (Singst., Ob., Kl.) 1936

Lied mit Klavier

- Lauretanische Litanei, Text: Richard Kralik v. M. 1898
- Der Rosenkranz, Text: Richard Kralik v. M., 1883, gedruckt 1898 bei Gutmann
- Lied der Sappho (1. Ich kann nicht süsse Mutter, 2.Der Mond ist schon hinunter, 3. Ach die gliederlösende böse Liebe, 4. Lieblicher Abendstern, 5 .Komm, o Cypris, 6. Erstorben wirst du liegen) (Singst., Kl,) Altaussee 183
- Sonett (Singst., Kl.) 1883
- Lieder (1. Ich bin hinausgegangen, 2. Sage Sonne, wo sie nun ist, 3.Singet leise, o Cicaden, 4. Das ist der Lohn des Liedes, 5. Hunderttausend Liederkeime, 6. Nacht ist's) (Singst. Kl.) Text: Richard Kralik v. M. aus Büchlein der Unweisheit, gedruckt bei Gutmann 1884
- Dämmerung (Singst., Kl.) Text: Josef Winter 1885
- Die Liebesbrücke, Ballade, Text: Richard Kralik v. M., 1896
- Du bist gewarnt (Singst., Kl.) Text: Baumbach 1886
- Legende von Hufeisen (Singst., Kl.) Text: J. W. von Goethe
- Ja, Heil dem Weib (Singst., Kl.) Text: Walther von der Vogelweide Okt. 1893
- Lied im Hl. Geist (Singst., Kl.) Dez. 1895
- Prinz Eugenius, 27 Balladen (Singst., Kl.) Text: Richard Kralik v. M.
- Die drei Lieder (Singst., Kl.) Text: L. Uhland, 1895
- Maia (54 Nrn., Singst., Kl.) Text: Richard Kralik v. M.
- Im Garten von Schönbrunn (Singst., Kl.) Text: W. O. Noltsch. 1896

- Lieder im Heiligen Geist (44 Nrn., Singst., Kl.) Richard Kralik v. M. gedruckt bei Gutmann 1897
- Die Taufe Christi (Singst., Kl.) Text: Papst Leo XIII., übersetzt von Edmund Behringer, gedruckt bei Gutmann 1898
- Felicitas, Sang zu Vilmas Gedicht 1884 (S,Kl.) Mai 1898
- Wenn wir zu Gott uns wenden, Betsingmesse in D (Singst., Org)
- Requiem (Bar, Org) 1906
- Aus Tagebuchblättern aus Mädchenzeit (S. Kl.) Text V.B. 1881
- Das meister Lied (Singst., Kl.) Text: Mathilde Kralik v. M. 1902
- Lebwohl (Singst., Kl.) Text: Josef Seeber 1906
- Abschied (Singst., Kl.) Text: Fr.Th. Vischer 1907
- Mein Lied sei Feuer (Singst., Kl.) Text: Franz Eichert, Höhenfeuer-Sturmesharfen 1907
- Vivat Österreich (Singst., Kl.) Text: Joseph von Eichendorff März 1908
- Schilflieder (1.Drüben geht die Sonne scheiden, 2.Trübe wird's, 3. Auf geheimem Waldespfade, 4. Sonnenuntergang, 5. Auf dem Teich) (Singst., Kl.) Text: Nikolaus Lenau. 1909 vergl. Alban Berg Sieben frühe Lieder
- Nächtlicher Ausblick (Singst., Kl.) Text: Stephan Milow 1916
- Dragonerlied, Text: Theodor Lehnstorff, 1914
- Das Lied des Lebens (Wie lang schon ist's) (Singst., Kl.) Text: Rudolf Meißner. Januar 1918
- Im Rosengarten (Singst., Kl.) Text: Oswald Menghin. 1918
- Kaiserlied (Singst., Kl.) Text: Heinrich Ritter von Turzansky, 1918
- Kaiserin Zita Lied, Text: Heinrich Ritter von Turzansky, 1918
- Runenlied Text: Rudolf Meißner 1919
- Marienmonat (Singst., Org./ Kl.) Text: Richard Kralik v. 1924
- Der heilige Gral Text: Richard Kralik v. M. 1924
- Die Totenmesse (Singst., Kl.) Text: Oswald Menghin Vätersage 1924
- Der Alte (Singst., Kl.) Text: Gisela von Berger 1925
- Die heilige Familie (Singst., Kl.) Text: Oswald Menghin Vätersage 1926
- Zu Heidelberg (Singst., Kl.) Text: Marianne von Willemer 1927
- Lass diesen Kelch vorübergehen (Bar./ B, Kl.) Text: Fritz Lemmermayer 1927
- Flügel meiner Seele (Singst., Kl.) Text: Hilde Bergmann 1927
- Tanz-Idylle (Singst., Kl.) Text: Richard Kralik v. M. 1927
- Andere sehen an meiner Frauen, X. Tanz-Idylle (Singst., Kl.)

- Komm, sing ein schönes Lied, XXVIII. Tanzidylle (Singst., Kl.)
- Was wissen Eines wir vom Andern (Singst., Kl.) Text: Dora von Stockert-Meynert Juni 1927
- Auf der Eisenbahn (Singst., Kl.) Text: Fr. Th. Vischer. 1927
- Rückschau und Aufblick (Singst., Kl.) Text: Mathilde Kralik v. M. Dez. 1927 zum eigenen 70. Geburtstag
- Drei Lieder. (1.Bitte an Michael. 2. Es standen zwei Mädchen. 3. Augenblicke 1928 (Singst., Kl.) Text: Fritz Lemmermayer 1927/28
- Paroles d'amour (Singst., Kl.) Text: W. O. Noltsch, aus der Wiener Wertherzeit 1928
- Frühlings-Einzug (Singst., Kl.) Text: Christine Anger-Nilius 1928
- Verständnis (Singst., Kl.) Text: Fritz Lemmermayer April 1928
- Schubert! (Singst., Kl.) Text: L.P. Mai 1928
- An Josefine Redlich zu 16. September 1928 (Singst., Kl.) Text: Mathilde Kralik v. M.
- Carpe diem (Singst. Transpon. F. tiefe St. Kl.) (Singst., Kl.) Text: Edmund Schwab 1929
- Sonne (Singst., Kl.) Text: O. Rennefeld, Urgeschwister 1928
- Das Christkind kommt (Singst., Kl.) Text: Oskar Egon Wawerka 1929
- Prolog St. Michaels (Singst., Kl.) Text: Hans Reinhardt, ausgewählte Gedichte 1929
- O Nacht (Singst., Kl.) Text: Christian Morgenstern. 1929 , aus der Taufe gehoben von Frau Josefine Redlich und ihr gewidmet.
- Vier Lieder (1.Fragezeichen. 2. Liebe, 3. Schiffe, 4. Traum (Singst., Kl.) Text: Adrienne Sarold 1929
- Christnacht (Singst., Kl.) Text: Oskar Egon Wawerka 1930
- Im Grünen (Singst., Kl.) Text: Enrica Handel-Mazzetti 1882 (1931)
- Wo wirst Du sein (Singst., Kl.) Text: Edmund Schwab 1931
- Pfingstsonntag (Singst., Kl.) Text: Edmund Schwab 1931
- Kindergebet (Singst., Kl.) Text: Edmund Schwab 1931/ 1939
- Immer weiter (Singst., Kl.) Text: Edmund Schwab 1931
- Lied nach der Trennung (Singst., Kl.) Text: Kurt Erich Rotter 1931
- Lass ab von der Liebe (Satz-Singst.., Kl.) Text: Volkslied aus dem Schwarzwald 1931
- Das Mädchen (Singst., Kl.) Text: Edmund Schwab 1931
- Sommerlied (Singst., Kl.) Text: Edmund Schwab 1931
- Gebet des Menelaos (Singst., Kl.) Text: Euripides, Helena 1931/32
- Gottes Gedanke (B., Kl.) Text: Richard Kralik v. M. 1932
- Ein Liebeslied (Singst., Kl., Duett, Vl., Vc) Text: Adrienne Sarold 1932

- Erfüllung (Singst., Kl.) Text: Adrienne Sarold 1932
- Auf dem Kahlenberg (Singst., Kl.) Text: Richard Kralik v. M. 1932
- Maienmorgen (Singst., Kl.) Text: Chr. Anger-Nilius 1933
- Wien (Singst., Kl.) Text: Richard Kralik v. M. Januar 1934
- 64. Sonett von Shakespeare (Singst., Kl.) Text: Marianne von Schrutka 1934
- Fantasie (Singst., Kl.) Text: Dora von Stockert-Meynert 1934
- Zwei Liebchen (Singst., Kl.) Text: E. Mörike 1934
- Fünf Lieder (1. Aufblick, 2. Akkord, 3. Adagio für Cello, 4. Junges Volk, 5. Dank am Morgen) (Singst., Kl., nr.3 Vc ad lib) Text: Anton Wildgans 1936
- Wehnachtslied (Singst., Kl.) Text: Anna Kann 1937
- Der Brunnen (Singst., Kl.) Text: Oswald Menghin 1938
- Hausspruch (Singst., Kl.) Text: Oswald Menghin 1938
- Die Hand des Bauern (Singst., Kl.) Text: Oswald Menghin 1938
- Rauhnacht (Singst., Kl.) Text: Oswald Menghin 1938
- Der Nussbaum (Singst., Kl.) Text: Oswald Menghin 1938
- Die Wallfahrt (Singst., Kl.) Text: Oswald Menghin Juni 1938
- Bitte an den Genius (Singst., Kl.) Text: Anna Kann 1941
- Akkord (Singst., Kl.) Text: Anton Wildgans 1934
- Vor dem Tabernakel, 2 Lieder (Singst., Harm.) Text: J. Seeber
- Abends (Singst., Kl.) Text: Edmund Schwab
- Anrufung, Tanzidyll Text: Richard Kralik v. M.
- Bauernliebe (Singst., Kl.) Text: Oswald Menghin
- Musikalischer Eindruck (Singst., Kl./ Orch.) Text: Christian Morgenstern, Mensch Wanderer
- Friede (Singst., Kl./ Hrf.) Text: Domanig
- Ich lieb die Marie vom Gerngroß (Singst., Kl.) Text: Artur Rebner
- Johanniszeit (Singst., Kl.) Text: Adolf Müller
- Komm mit mir (Singst., Kl,)
- Lach Kind (Singst., Kl.)
- Das Lied des Lebens (Singst., Kl.) Text: Rudolf Meißner
- Märzmorgen (Singst., Kl.) Text: Edmund Schwab
- Preislied der deutschen Ehre (T, Kl) Text: Walther von der Vogelweide
- Rosenketten (Singst., Kl.) Text: Oswald Menghin Zyklus Ins goldene Land

- Segen (mittl. Singst., Kl.) Text: Domanig
- Silbernebel (Singst., Kl.) Text: Edmund Schwab
- Sinfonie (Singst., Kl.) Text: Adrienne Sarold
- Sonntag (Singst., Kl.) Text: Edmund Schwab
- In der Vaterstadt (Singst., Kl.) Text: Fr. Th. Vischer
- Walzerpreislied des Neuen Wiener Journals (Singst., Kl.) Im Herzen von Wien, auch als Lied ohne Worte zu spielen
- Weihnachtslied (Singst., Kl.) Text: Malea-Vyne
- Wiegenlied (Singst., Kl.) Text: Malvine Mauthner
- Gott ist nur Einer (Singst., Kl.fragm.)

Opern

- Blume und Weißblume, Märchenspiel in 3 Akten. Mit Text ihres Bruders Richard, nach dem Volksbuch Flos und Blankenflos. Aufführungen am 13. Oktober 1910 im Stadttheater Hagen/ Westfalen und am 29. Oktober 1912 in Bielitz/ Schlesien.
- Unter der Linde, Lyrische Oper in einem Akt mit Text ihres Bruders Richard. Die Oper blieb unaufgeführt.
- Der heilige Gral, Musik zur dramatischen Dichtung ihres Bruders Richard in 3 Aufzügen. Premiere 1912.

Oratorien

- Pfingstfeier, ein liturgisches Oratorium. Text P.W. Schmidt 1925/ 26
- Der heilige Leopold, mit Text ihres Bruders Richard. Premiere in Klosterneuburg, Stiftskellersaal am 10.12.1933

Orchesterwerke

- Fest-Ouverture in G-Dur Januar 1897
- Fest-Ouverture Karl der Große in Wien Juni 1906

Orchester mit konzertierenden Instrumenten

- Violinkonzert in d-Moll (1. Satz 1937, 2. Satz im Dez. 1936)

- Fest-Ouverture in G (gr.Orch) Januar 1897
- Fest-Ouverture „Kaiser Karl der Große in Wien" (grOrch, Kl. A) Juni 1906

Solowerke: Klavier

- Reigen Januar 1882
- Festmarsch
- Träumerei
- Liedchen
- Intermezzo
- Gavotte
- Klaviersonate f-moll, Rhapsodie 1903
- Präludium
- Passacaglia
- Fugato
- Polonaise
- Schubert-Huldigungsmarsch 1928. s'gibt nur a Schubert, Stadt - s' gibt nur a Wean

Solowerke: Orgel

- Interludium
- Festmarsch, 1907
- Offertorium in E-Dur, 1907

Vokalmusik (A capella)

- Herr, erhöre uns, Deutsche Messe in C.
- Herr, vor Dir beugen wir uns, Betsingmesse in G. Kennwort : Seelig im Glauben
- Vater, hör den Ruf der Armen, Betsingmesse in G. Kennwort Continua pietas.
- Omnes de Saba, Gradula (4st. Chor)
- Intermezzo (4st. Chor) Text: F. Grillparzer 1982
- Der Geist der Liebe (4st. Chor) Text: Nathalie Herzogin von Oldenburg 1903
- Nun erhebt sich jede Seele in d-moll, Gebet (S,A,T,B) Text: Richard Kralik v. M. 1914
- Donauwacht (4st. Chor) Text: Mathilde Kralik v. M. 1915

- Drei Quartette (Das Kleine Gotteshaus. Das Volkslied Asphodelen (4st. FrCh.) Text: Leo Grünstein 1926
- O Christ (4st. Gem. Chor) Text: Christian Morgenstern 1930
- Lied der Schwermut (4st. Gem. Chor) Text: Edmund Schwab
- Zwei Gesänge (1. Sommerwege. 2. Sommerabend) (3st. FrCh.) Text: Edmund Schwab 1930
- Deutscher Sängergruß (Das Deutschen Wunderhorn durchgestr!) (2T, 1B, 4st. Gem. Chor./ Kl.) Text: Mathilde Kralik v.M.
- Einkehr (Bei einem Wirte wundermild) (4st. Gem. Chor)
- Der Frühling zieht ein (2S, A) Text: Mathilde Kralik v. M. Wien 1940
- In Gottes Namen (2T, B) Text: Richard Kralik v. M. 1940
- Frau Nachtigall. Deutsches Volkslied (3st. Frauenchor) 1931
- Muttersorge (3 Singst.) Text: Annette von Droste-Hülshoff 1940
- Lindenzeit (2S, A) Text: Edmund Schwab
- Maientag (3S, A/T)
- Morgennebel (3st.FrChor)

Kammermusik

- Sonate (Violine und Klavier), 1878
- Trio (Klavier, Violine und Cello), 1880
- Fantasie (Klavier, Cello), Januar 1929
- Nonett (Klarinette, Fagott, Horn) 1912
- Deutsche Tänze aus der Ostmark (2 Klarinetten, Cello, Viola) 1943

Messen (Offertorien usw.)

- Messe in B-Dur (Introitus, Graduale, Offertorium, Communio), 1903
- Messe in g
- Der Kreuzweg, Weihelied (Soli, Ch., Orch/ Kl. A) Text: Richard Kralik v. M.1897/98
- Hymnus der Heiligen Hildegardis (S, FrCh,) gedruckt bei Gutmann 1898
- Der Tanz (2S,A 3st. FrCh, Vl, Vc, Kl. Kl. O. Trio) 1922/ 1933 Text: Friedrich von Schiller
- Salve Regina (VlSolo, SSolo, FrCh, ad lib. Orgel, VlSolo, ASolo, Vc, Org) 1915

- Minneleich (Soli, Ch., Kl.) Text: Meister Alexander 13. Jh slg. Richard Kralik v. M. 1927
- Asperges me (Singst., Ch. Unisono Org.) 1901
- Justus ut Palma Offertium (SSlolo, 4st. Gem. Chor, unisono Orgel) 1907
- Du sonnige wonnige Welt (SSolo, 4st. GemCh., Kl.) Text: F. W. Weber
- Ave Maria (4st. FrCh., Org. 1898, bearbeitet f. S, und Org. 1936)
- Ecce Saverdos (nach Thema von Anna von Baumgarten, ihr gewidm.) (4st. gemCh., 4 Pos., 4st. Ch., Orch., Org) 1906
- Intermezzo (5st. gemCh, Kl.) Text: F. Grillparzer 1928/29
- Festlied zur Geburtstagsfeier von Josefine Redlich (4st. gemCh, Kl.) Text: Fritz Lemmermayer 1928
- Chöre zur Papstfeier in St. Gabriel (2 Ch, Orch, Kl. A) 1929
- Lied der Schwermut (4st. gemCh, Kl., 2 Va/ ad lib) Text: Edmund Schwab (Gewitterzeichen) 1930/33
- Erde (4st. gemCh., Kl.) Text: Edmund Schwab
- Alla hu (4st. gemCh, Kl., A) Text: Fr. Rückert
- Os justi, Graduale (4st. gemCh, Org) 1917
- Diffusa est Graduale (4st. gemCh, Kl., A) Text: Oswald Menghin 1938
- Tagelied (4st. gemCh, Kl. Text: Oswald Menghin 1938
- Ave verum in B (3st. FrCh, Kl) Text: Neidhard Fuchs, April 1931 „Zur Bearbeitung für einen Minnereigen für den Damenchorverein"
- Solang am starken Stefansdom (2st. MCh, Kl., 4st. MCh.)1928

Kantate

- Volkers Wacht (die Wacht an der Donau), Festgesang, Soli und Chor mit Text ihres Bruders Richard Kralik v. M. 1907/ 1908

Melodram (Sprechstimme u. Klavier)

- Lukas, der Arzt Text: Richard Kralik v. M. gedruckt bei Gutmann 1895
- Zwei Frauen : Richard Kralik v. M. gedruckt bei Gutmann 1895
- Vier Melodramen (1. Der Traum. 2. Der Hirtenknabe, 3. Die Nonne, 4. Die drei Lehren der Nachtigall) : Richard Kralik v. M. gedruckt bei Gutmann 1895
- Kaiser Karl der Große in Wien Text: Richard Kralik v. M. gedruckt bei Gutmann 1895

- Drei Melodramen (1. Die Totenmesse, 2. Spielmanswunsch, 3. Der Lindenbaum) Text: Oswald Menghin April 1925/26
- Wie die Stadt Wien gegründet worden ist. Eine Geschichte Text: Richard Kralik v. M. 1904
- Prinzesslein im Vierblattklee, Text: E. Reimer-Ironside, Juni 1912
- Jean D'Arcs Todesweg, Text von Alice Freiin von Gaudy, 1920
- Der Flieger (SprSt., Vl, Hrf) Text: Victor Wittner

Auswahl Notendeckblätter

Lukas der Arzt

Der Rosenkranz

Lieder im heiligen Geist

Prinz Eugenius

Quellennachweis

1. Österreichische Nationalbibliothek, Musikabteilung „MS Kralik Fonds F53 K"
2. Gesellschaft der Musikfreunde Wien, Archiv
3. Sophie Drinker Institut für musikwissenschaftliche Frauen- und Geschlechterforschung Bremen
4. Zeitschrift für Musik, Wien 1934
5. Clemens M. Gruber: „Nicht nur Mozarts Rivalinnen, Leben und Schaffen der 22 Österreichischen Opernkomponistinnen"
6. Eva Marx/ Gerlinde Haas: „210 Österreichische Komponistinnen vom 16. Jahrhundert bis zur Gegenwart", Residenz Verlag
7. Archiv „Frau und Musik", Frankfurt am Main
8. Heidi Brunnbauer: „Im Cottage von Währing/ Döbling, interessante Häuser, interessante Menschen"
9. Rauchberg, Helene (1934-35): "Prof. Dr. Elise Richter", in: *Die Frau* 42/7, 417-419.
10. Kanduth, Erika: Elise Richter. Wissenschafterinnen in und aus Österreich. Leben - Werk –Wirken. Hg. Von Brigitta Keintzel/ Ilse Karotin
11. Richter, Elise: „Summe des Lebens. Hg. vom Verband der Akademikerinnen Österreichs". WUV Wien 1997
12. Richter, Elise: Erziehung und Entwicklung in Führende Frauen Europas. Hg. Von Elsa Kern. Erich Reinhardt München, 1928
13. Mag. Thierry Elsen, wiss. Mitarbeiter des FWF – Forschungsprojekts „Elise und Helene Richter" unter der Leitung von ao. Univ.-Prof. Dr. Robert Tanzmeister, Institut für Romanistik der Universität Wien.
14. Martin Doerry: „Nirgendwo und überall zu Haus"
15. Wolfgang Wendel: „Meister des Bogens"
16. Revue et Gazette Musicale de Paris 1845
17. Privates Familienarchiv von Karl Liko und Renate Kralik von Meyrswalden, Wien

18. Maria Laglstorfer: „Mathilde Kralik von Meyrswalden im Spiegel der Zeit" . Diplomarbeit Wien 2004
19. Hans Rott Gesellschaft, Wien
20. Arnold Schönberg Center, Wien
21. Archiv der Stadt Linz
22. „Österreichische Geschichte" Holzhausen, Wien 1913, S. 629

Der Autor

Rochus Kralik (Ritter) von Meyrswalden wurde 1951 in Fürstenberg/ Oder geboren. Mit dem Ziel, Medizin zu studieren, machte er eine Ausbildung zum Krankenpfleger. Doch in der Zeit nach dem Abitur formte sich ein neuer Berufswunsch und er nahm stattdessen ein Ingenieurstudium an der Technischen Universität Ilmenau im Fach Biomedizintechnik auf. Sein Studium schloss er 1973 mit dem Diplom ab. Nach der Arbeit in verschiedenen Krankenhäusern leitet er heute die medizintechnische Abteilung am HELIOS Klinikum Krefeld.

Im Rahmen seiner Familienforschung wurde Rochus Kralik v. M. erstmals auf eine Vorfahrin aufmerksam, die in Wien zum Ende des 19. Jahrhunderts eine bekannte Komponistin war. Da er selbst etwas Klavier spielt, war sein Interesse geweckt, mehr über diese vergessene Komponistin der Spätromantik zu erfahren. Seine über drei Jahre andauernden Recherchen förderten viele Dokumente, Bilder und Anekdoten zu Tage, die nunmehr in die Biografie seiner Urgroßtante Mathilde Kralik von Meyrswalden Eingang gefunden haben.